学問と野球に魅せられた人生

88歳になっても楽しく生きる

池井　優

芙蓉書房出版

はしがき

「生命線がいいですね。長生きしますよ。金運はありませんね。お金には縁が薄いが、人運に恵まれます。いつもいい人との出会いがあると出ています」

もう数十年前のことになります。手相を見てもらう機会がありました。

「当たるも八卦、当たらぬも八卦」、占いを信じたり、ましてやそれに従って行動するつもりはありませんでしたが、振り返ってみると、この時の易者のいったことは、まさにそのとおりとなりました。

本当に人運は良かったのです。しかも、一生を左右するような時にそうした人が現れるのです。大学に残ることができたのも、はじめての海外留学も、定年後の身の処し方もすべてそうした人々のお陰でした。

さて、大学に残ってやろうとしたのは次の三つでした。

第一は、研究者として専門の日本外交史について研究を進め、学会で報告し、論文を書き、著書を出すことです。論文は慶應法学部の紀要『法学研究』、日本国際政治学会の『国際政治』を中心に約六〇編寄稿しました。著書は『日本外交史概説』が増補版、三訂版と長くスタンダードなテキストとして、慶應のみならず他大学でも使用されたのは嬉しいことでした。後世に残るようなテーマで大著を世に出すことができなかったのは心残りでしたが、ゼミ、あるいは他大学、他学部から大学院に進学し、指導した人たちがユニークなテーマの研究を博士論文として完成させ、著書として刊行してくれました。

満州と朝鮮半島における日英露三国の鉄道権益をめぐる利害関係に着目し、同盟の成立・変質過程を分析した「日英同盟の展開と鉄道問題―同盟の成立及び変質過程の研究」、日露戦争後日米両国の財界が互いを貿易相手国として認識し、相互に実業訪問団を組織し交流した実績を分析した「日米民間経済外交―一九〇五～一九一一」、硬骨のジャーナリスト石橋湛山の国際認識に着目した「石橋湛山研究―小日本主義者の国際認識」、日本の植民地政策を朝鮮と満州に例をとり、日本の現地有力者取り込み、現地農村掌握政策の展開過程とその結果を比較検討した「日本統治下の朝鮮と満州の研究―日本の政策と現地社会の対応と比較」、サンフランシスコで発生した日本人学童隔離問題をアメリカの国内問題―連邦政府と地方政府の関係と日本に対応に目を付けた「サンフランシスコにおける日本人学童隔離問題」など十一人が博士号を取得、博士論文を書籍にしたところ評価され、吉田茂賞を受賞する労作が出、その後大学の職を得るなど優れた研究者が生まれたことは誇りです。

第二は、教育者として学生を指導することです。授業は十分準備し、受講する学生が理解しやすい魅力ある講義をすることを心掛けました。日本外交史は幕末から戦後まで一回ごとに完結するよう、例えば第一講「ペリー来航と日本の対応」、第二講「幕末維新期における列強の対日政策」……と順を追って進めましたが、他学部一、二生向けの「政治学」は大統領選挙の年には、テレビが選挙の行方に大きな影響を及ぼした例として、ケネディ対ニクソンが討論を行った際、ラジオでこの討論を聞いた人は六対四でニクソン、一方テレビで見た人はハンサムでネクタイ、背広までテレビを意識して臨んだケネディを七対三で選んだことなどを取り上げました。好評だったのは「江川事件」が起こった時取り上げた「ドラフトの政治学―なぜ江川と巨人は対応を誤ったか」、モスクワ五輪ボイコットの時講義した「参加することに意義があるオリンピック」が、参加しないことに政治的、外交的意義を見出した「オリンピックの政治学」でした。

ゼミの指導については、本文のなかでくわしく書きましたが、体育会競走部の部長、体育会三九部を総括する体育会理事、応援指導部長、文化団体の書道会会長、放送研究会会長を引き受け、教室以外での学生の面倒をみることもやりました。新入生歓迎会や競技会に顔を出し部員を激励したり、合宿に参加して部員の練習に接することもありました。

海外の大学でも教える機会がありました。アメリカのコロンビア大学、ミシガン大学、ジョージ・ワシントン大学、中国の南京大学、台湾の政治大学で、講義や学生の指導をおこない、米、中、台の学生たちの日本理解に多少の貢献ができたかと思います。

第三は、啓蒙活動です。卒業生はもとより一般の人々にも、専門のことをわかりやすく解説することもやろうと決めていました。したがって、各地にある慶應の卒業生の集まり「三田会」やロータリークラブから講演や卓話を依頼されると喜んで引き受けました。またマスメディア―新聞、雑誌、ラジオ、テレビなどから寄稿、出演を頼まれると時間の許す限り受けることにしました。とくに全国的に影響のあるNHKには積極的に出ることにしました。

「NHKこころをよむシリーズ―オリンピックと日本人」(ラジオ第二放送、二〇一三年四月～六月)、「NHKカルチャーアワー歴史再発見―近代日本外交のあゆみ」(ラジオ第二放送、二〇〇六年一〇月～二〇〇七年三月)、「NHKカルチャーラジオ―歴史再発見・渋沢栄一に学ぶ生き方と知恵」（ラジオ第二放送、二〇二一年三月〜六月）に出演すると、ラジオ第二放送という地味なメディアにもかかわらず、九州や北海道の友人、知人まで聞いて感想が届き、その反響に改めて驚きました。

あとは趣味に生きることです。野球については「草野球から大リーグまで」、すべてに関心をもっており、趣味の域を越えましたが、懐メロ好きから歌謡界の大スターだった藤山一郎に関心を持ち、調べました。上野の音楽学校で学びクラシックの歌手を目指しながら破産しかけた家計を救うため流行歌を歌い、大ヒット、軍の要請で南方に慰問にいき、敗戦とともに捕虜となったが、アコーディオンと歌で、収容している人々のみならず看守やイギリス軍将校まで明るい気持ちにさせたこと、日本歌手協会会長として歌手の地位向上と努力したことなど「国民栄誉賞」受賞にふさわしい活動を藤山家所蔵の資料などを使って『藤山一郎とその時代』（新潮社、一九九九年）にまとめたのです。

若い頃から胃が弱く、特にアメリカで胃潰瘍にかかって以後、健康には人一倍気を付けるようになりました。タバコはもともと吸わず、酒はビールコップ一杯程度、食事は決められた時間にとり、腹八分目、睡眠時間は最低六時間、麻雀、競馬などギャンブルには無縁、毎日散歩を中心の運動は欠かさない……と、長生きのための条件作りの結果が、米寿につながったと思います。

一生を振り返って「自伝」が出せることの喜びを改めて感じています。

二〇二二年一一月吉日

池井　優

学問と野球に魅せられた人生
―88歳になっても楽しく生きる―　目次

第二章　外交史研究者として

第三章　野球に魅せられて

一　アメリカ野球の魅力

第一章 ❖ 我が八十八年の人生

一　出生から大学卒業まで

出生と父の死

　この世に生を受けたのは昭和一〇年（一九三五年）一月二五日です。偶然出てきた「へその緒」の箱書きに「午前五時半誕生」と記してあるので早朝の出産だったことがわかります。

　昭和一〇年といえば、国内では東京帝国大学美濃部達吉教授の「天皇機関説」が問題化し、国外ではヒトラー率いるナチス・ドイツが再軍備を宣言するなど軍国主義の傾向が次第に色濃くなる年でした。以後、私の一生には戦争がついて回ることになります。

　父池井新彌《しんや》は、伝染病研究所に研究員として勤務する医師でした。父は熊本出身、医師の家系でした。大名細川家に仕えるご典医で、城差し回しの駕籠に載って「殿様のお脈拝見」にいったと伝えられています。しかし、廃藩置県で大名制度が消滅、加えて祖父が亡くなると急に父の家は没落しました。

　三人の男の子を残された祖母は〝肥後もっこす〟の女性版のような気丈な熊本女でした。長男は体格が良く強い性格だったので学費免除の陸軍士官学校へ進ませ軍人に、次男は地元の商業学校へ、三男即ち父は「医師にしてくれること」を条件に養子に出したのです。養子にいった池井家がどういう家だったかは分かりません。

池井という姓は平凡だが、あまりありません。池がつく姓は池田（勇人、大作）、池上（彰）、池内（淳子）、池江（璃花子）、売れっ子作家池井戸潤などがありますが、池井となるとはんこ屋の三文判にはなく、これまで池井姓を名乗る方にお目に掛かったのはたった一回です。忘れもしません。二九歳の誕生日、はじめてアメリカへ留学するため羽田空港へいった時です。一九六四年一月二五日、当時留学といえば一家はもとより知人、友人にとっても「ビッグイベント」でした。見送りも多数とあって、空港の待合室に一部屋をとり「池井優君歓送会」の看板が立ちました。それを見て「私、池井ですが」と中年の紳士が名刺をくれました。その日ハワイのスプリングキャンプに出発する大毎オリオンズ（現ロッテ・マリーンズ）のビジネス・マネージャーでした。

池井家に養子にいった父は熊本医専で学び、卒業後上京、伝染病研究所に研究員として採用されたのです。伝染病研究所（通称伝研）は、一八九二年日本における伝染病の原因、予防、治療などの研究を目的として、ドイツ留学から帰国した北里柴三郎を所長に迎えて発足しました。北里は肥後熊本の出身、熊本医学校から東京医学校で学びました。父が伝研に入所した時すでに他界していましたが、熊本の縁があったのかもしれません。伝研で父は博士論文に取り組みました。昭和七年に書いた手書きの論文「種痘後脳炎ノ成立機転ニ関スル実験的研究」とそれを印刷した『実験医学雑誌』が屋根裏から出てきました。黄色く変色した論文の執筆者の肩書は「伝染病研究所第四細菌血清学部研究生」となっています。この論文は、当時の東京帝国大学に学位請求論文として提出され、医学博士を授与されることになります。

医学博士号を取得し、母と結婚した父は実験で帰宅が遅くなる日が続きます。新婚後「主人の帰りが遅くて……」とこぼす母に、母方の祖父は言ったそうです。「〝者〟と付く職業は夜が遅いんだよ。医者、易者、芸者、役者、新聞記者……」。講演もやっていました。日時は不明ですが、「結核の予防について」と題する原稿が出てきました。

「ただいまご紹介いただいた池井です。結核は恐ろしい病気です。日本が国運を賭して戦ったあの日露戦争の戦死者より結核でなくなる年間の死者は多いのです。しかし、恐れることはありません。予防すれば防げるのです……」。

講演用に書いた手書きの原稿は、赤のペンで何箇所も訂正や加筆がなされ、熊本訛りが治らず気にしていた父が十分準備したことが伺えます。

やがて父は開業を考えました。大病院勤務や研究者より「街のお医者さん」として生きていくのが自分に合っているとおもったのでしょう。内科医として開業するにはどこがよいか。土地探しが始まりました。しかしそれは徒労に終わりました。なんと父は結核に侵されたのです。伝染病研究所の所員が罹病することになったのでした。長男の私が生まれて喜んだのもつかの間、妻と一歳一〇ヵ月の息子を残して父は天国へ旅立ちました。葬儀の日、悲嘆にくれる母に対し、大勢の弔問客にニコニコする息子の姿に「坊やはお父さまが亡くなったことが判らないのね」と人々の涙を誘ったそうです。

教育ママに育てられて

二歳にならない幼児を残された母は、どう生きていくか考えました。本郷の大きな家を売り、祖母を伴って郊外の借家に引っ越してまず出費を抑えました。東横線の「府立高等」駅（後の都立大学駅）から歩いて七分の八畳、六畳、四畳半三間の小さな家でした。昭和一二年当時、駅から家まで薬局と八百屋しか店がなく、下町のにぎやかなところで過ごしてきた祖母は「あまりの違いに涙が出た」といいます。

支出を抑えるとともに収入は、母はかねてから当時の国定教科書の手本を書いておられた西脇呉石先生に師事し得意だった書道を教えることで生計を立てることにしました。幸い、女学校時代の友人のお子さん、病院の看護婦さんなどを相手に「出稽古」、自宅で週一回書道教室を開き「お習字」を教えることで収入の道を確保したのです。

母の情熱は、子どもすなわち私の教育に向けられました。幼稚園は電車で一時間もかかる自由学園、そして小学校は歩いて五分とかからない地元校を避け、電車に乗っていかなければならない師範学校の付属小学校を目指したのです。普段着で登校する普通の小学校ではなく、袖に線の入った制服を着せて〝付属〟に通わせるのが母の夢でした。こうして第一師範付属で学ぶことになりました。昭和一六年四月「サイタ、サイタ、サクラガサイタ」の国語教科書からスタートする一年生になったのです。

この年三月、国の方針によって小学校は国民学校と名を改め以後卒業するまで国民学校でした。師範学校は教員養成の専門学校であり、教員はエリート揃いでした。クラスには陸海軍の軍人の子弟、当時は珍しい自家用車を持っている実業家の息子など恵まれた家庭の子が多く、母子家庭の通学者は自分以外にはいませんでした。母の次の目標は息子の成績をあげることでした。家に帰るとその日習ったことを必ず復習しました。試験の日は朝五時半に起きて、漢字の書き取り、算数の予想問題など必ずやっていきました。従って成績はいつも一番、唯一の苦手は体操でした。鉄棒の逆上がりがなかなかできませんでした。こればかりは母もどうしようもなかったようです。

こうして家事は祖母にまかせ、もっぱら書道を方々で教える生活が定着していったのですが、世の中は戦争の方向に向かっていきました。昭和十二年には盧溝橋事件をきっかけとする中国との戦争が始まり、昭和一五年にはナチス・ドイツ、ファシスト・イタリーと日独伊三国同盟を結び、「世界新秩序」を目指し米英と対立する道を進むことになりました。なお昭和一五年は神武天皇即位以来二六〇〇年に当たり「紀元は二六〇〇年、ああ一億の胸は鳴る……」と歌いながら旗行列をしたことを思い出します。

なお、陸軍士官学校を卒業した叔父は熊本の師団に配属になり、東京の軍人会館で行われる会合に出席するため上京すると、軍服姿で「優、元気にしちょっか！」と訪ねてくれました。「熊本のおじさん」の立派な様子は子ども心に自慢でした。戦後「多くの部下を死なせてしまった」と、叔父は地元の小さな神社の宮司となり、亡き部下の霊を弔って生涯を終えました。二番目の叔父「代田のおじさん」は実業家として成功し、叔母に内緒でそっとお金の入った厚い封筒を母に渡してくれたと聞きました。

戦争の時代─「欲しがりません、勝つまでは」

「帝国陸海軍は本八日未明、西太平洋において米英と戦闘状態に入れり」

ラジオから流れるアナウンサーの声、大本営発表による日米開戦を告げる臨時ニュースでした。昭和一六年一二月八日、日本は中国との事変すら片付かないのにアメリカ、イギリスとの開戦に踏み切ったのです。小学校いや国民学校一年生にとってそれが四年九ヵ月に及ぶ戦争下の生活を余儀なくされる始まりになるとは思いもしませんでした。

昭和一七年に入ると食塩、味噌、醤油の通帳配給制、医療切符制が実施に移され、われわれは少国民とよばれて戦争に協力することを求められました。学校では「皇軍の大戦果」が朝礼、教室の授業で教えられ、日清、日露とかつて戦争に負けたことのない大日本帝国の栄光が説かれる毎日でした。しかし、物資の不足は日を追って明らかになり、そこで出来た標語が「欲しがりません、勝つまでは」でした。開戦一周年を期に公募して三二万のなかから選ばれた一〇編のひとつで、あとは「さあ二年目も勝ちぬくぞ」、「その手ゆるめば戦力にぶる」などでした。

「欲しがりません、勝つまでは」を実践するため、週一回は「日の丸弁当」になりました。おかずなしで弁当の真ん中に梅干しをひとつ入れて「日の丸」とするアイディアです。抜け道を考えました。まず弁当箱にご飯を薄く敷く、そこに鰹節、佃煮などをいれてその上にご飯を盛り、梅干しをのせるというやり方です。まさに「策あれば対策あり」の生活の知恵でした。

昭和一八年になると、ガダルカナル島からの撤退、アッツ島の日本軍全滅、これを「玉砕」と呼んで美談とし、理工系以外の学徒徴兵猶予制限が撤廃され、文系の大学生が学生服を脱いで兵役につくまでになったのです。三田の山からの多くの塾生が戦場へと赴きました。戦後、三田に建てられた「平和来」と題する彫像に添えて小泉信三元塾長は次のように記しておられます。「丘の上の平和なる日々に征きて還らぬ人々を思う」。

翌一九年に入ると、戦局は圧倒的に不利となり、東京、大阪、名古屋など都会や工業地帯はアメリカ軍による空襲にさらされることになりました。そうした事態に伴い、学童疎開が実施に移されたのです。都会の国民学校三年生以上を空襲の恐れのない地方へ移す学童疎開は個人疎開と集団疎開に分けられます。はじめ叔父の住む小田原の手前の国府津にいったのですが、海岸に近く、米軍の艦砲射撃の恐れがあると、集団疎開に切り替えました。行った先は信州信濃の寒村のお寺でした。

長野県下伊那郡上久堅村の興禅寺での集団生活にいい思い出はありません。同じ集団疎開でも漁村の温泉宿に割り当てられた学校は良かったのです。海産物があり、なにより宿泊の設備が整っていました。農村は働き手の男性が軍隊に召集され、農業は老人や女性の負担となり、都会からやってくる学童に食糧を提供するのは大きな負担となりました。またお寺はトイレ、お風呂など集団で生活するにはまったく不備であったことは当然です。夜になると、東京の家が恋しくふとんの中で泣きました。

母へ出すハガキも先生に目を通してもらってからポストに入れるため、〝検閲〟を考慮し、「戦地の兵隊さんに負けずぼくもがんばっています」と子ども心にホンネを隠して書いていました。食事がお粗末でひもじさから気分がいらだち、それがいじめにつながりました。村の子には「おめえら生意気だ。ラジオと同じ言葉をしゃべる」とにらまれました。

いなご、蛇などが貴重な蛋白源でした。夢中になって捕まえて食べたい、なご、や蛇のやまかがしでした。時代は移り、伊豆のゼミ新歓合宿でいなごの佃煮が出た時、ゼミ生はだれも気持ち悪がって手を付けようともしませんでした。

　昭和二〇年八月一五日がやってきました。全員お寺の本堂に集められました。

「今日は重大な放送があるので皆で聴きましょう」

　ラジオから流れる「耐え難きを耐え、忍び難きを忍び……」、天皇陛下の「玉音放送」でした。国民学校五年生にとってその放送は理解できませんでした。第一にラジオの性能が悪く、雑音混じりではっきり聞き取れない、第二に内容が難し過ぎる、第三に昭和天皇独特の話し方が原因です。しかし、これで戦争が終わったらしいと一瞬思いました。誰かが言いました。

「先生、日本は戦争に負けたのですか」

　これまで「神州不滅」、「本土決戦」など必勝を教えてきた師範学校出の教師には過酷な質問でした。

「いや、負けたのではない。一端矛を収めて出直すということだ」

　先生も困ったと思います。疎開児童には、戦争に負けた悔しさより、これで親のもとへ帰れるとの嬉しさが先だったことは確かでした。

　こうして集団疎開の生活は終わりました。それから四〇年、「集団疎開先を訪れよう」との企画がありました。即座に言いました。

「絶対にいかないよ。いい思い出なんてひとつもないもの……」

戦後の混乱のなかで

戦争が終わったからといって、疎開先からすぐ東京に戻れたわけではありません。交通事情が悪く、結局帰ってきたのは一一月に入ってからでした。新宿に着いて辺りを見た光景は忘れられません。辺りは焼け野原、ビルがぽつん、ぽつんと建っているものの、外壁だけで中はすべて空襲で焼けていたのです。驚いたのは進駐軍と言われたアメリカ兵でした。白人というよりピンク色の肌をして大柄な体格の軍服姿で颯爽とジープを乗り回す。戦争で疲弊し痩せ細った日本人とはあまりにも違います。そこへ親を亡くした浮浪児、パンパンと言われた売春婦が群がる、戦争に負けるとはこういうことかと実感したのでした。幸い、家は戦災を免れ、第一師範付属の校舎もすぐ使えました。

学校が始まりましたが、驚いたのは教科書を鋏《はさみ》で切り取ったり、墨を塗ったことです。たとえば一ページが「アカイ、アカイ、アサヒ、アサヒ」、二ページが「ススメ、ススメ、ヘイタイススメ」なら一ページは残し、二ページは墨を塗って消す、三ページと四ページが軍国主義助長の内容なら切り取るといったやり方です。当時はすべて国定教科書ですから、北は樺太から南は台湾まで、日本領ではすべて同じ教科書を使用していました。戦時中は「教科書は大切にしなさい」と教えられ、畳に置いても怒られたのに、なんと鋏で切り取ったり、べたべた墨を塗ったのです。この体験は強烈でした。価値観が変わったことの象徴でした。虱《しらみ》退治のDDTの白い粉を頭からぶっかけられたのも思い出のひとつです。

開国以来の無残な敗戦に打ちひしがれたわれわれに希望を与えたものが三つありました。第一は「リンゴの歌」です。戦時中、軍歌か国民歌謡ばかりの耳に飛び込んできた流行歌「赤いリンゴにくちびる寄せて……」に始まる明るいメロディは、まさに平和の到来を告げるものでした。第二は「川上の赤バット、大下の青バット」に象徴される「職業野球」の復活でした。当時はまだプロ野球は「職業野球」と呼ばれていたのです。戦時中、野球はアメリカ生まれの「敵性スポーツ」の代表であり、徹底的に弾圧されました。戦前から野球は春と夏の甲子園を舞台とする中等野球（現在の高校野球）、東京六大学、都市対抗、さらに昭和九年のベーブ・ルース来日を機会に発足した職業野球など日本では大変な人気がありました。占領政策を円滑におこなうため占領軍が積極的にバックアップしたこともあって野球は急速に復活したのです。第三は古橋広之進など日本人の水泳選手が次々に打ち立てる世界新記録でした。

なかでも夢中になったのが、野球でした。野球はプレーするにも、ボール、グラブ、バットなどが不足し、ゴムまりを地面に転がし手で打つゴロベース、人数が揃わないときは一塁と三塁しかない三角ベースなどを考え、布製のグラブや竹の棒でやったものでした。見る野球は東京六大学野球も復活し、プロ野球とともにラジオの実況放送を含めて大変な人気となりました。人気選手は巨人の川上、東急の大下でした。風呂屋へいくと下駄箱を川上の背番号16にするか、大下の３か迷ったものです。

当時の娯楽といえば、ラジオと映画でした。占領とともに、ラジオは聴取者参加型のアメリカのスタイルが取り入れられました。夕方の「カムカム英語」に始まり、夜は、最初のヒントが「動物か、植物か、鉱物か」から回答者が二〇の質問をする間に正解を出す「トゥエンティ・クエスチョンズ」の日本版「二十の扉」と、回答者の知識を問う「インフォメーション・プリーズ」をアレンジした「話の泉」が人気番組でした。「二十の扉」の正解はラジオを聴いているひとには「陰の声」があらかじめ教えてくれます。どのようにして正解にたどり着くのかが楽しみでした。

司会は藤倉修一アナウンサー、回答者は医師で画家の宮田重雄、童話作家関谷五十二、女優柴田早苗、推理小説作家大下宇陀児といったメンバーでした。

第一回の第一問は「竜宮城の乙姫様」でした。

「それは動物です」

「人間ですか?」

「そうです。人間です」

「実在する人物ですか?」

「残念ながら実在はしませんね」

「架空の人物とすると、小説とか童話、お伽噺にでてきますか?」

ここで、回答者に見えないように、大きな紙で正解を知らされている会場の人々から拍手が起こります。

「その人物は男性ですか?」

「いえ、いえ、女性です。男性では絶対になれません」

「童話、お伽噺にでてきますね」

「そうです。お伽噺になくてはならない女性です」

会場の拍手が一段と大きくなります。

「かぐや姫ですか」

「残念ですね。ちょっと違います」

「判った！　竜宮城の乙姫様でしょう」

「ハイ、正解です」

「話の泉」はその道の専門家がゲストとなって雑学を競う番組です。音楽評論家堀内敬三、詩人サトウ・ハチロー、映画監督山本嘉次郎、新聞記者渡辺紳一郎などが回答者でした。名司会者和田信賢が問いかけます。

「いろはかるたからの出題です。いろはかるたの〝い〟は犬も歩けば棒に当たるですが、これは関東地方で使われています。さて関西での〝い〟はなんでしょうか？」

「一寸先は闇でしょう」

「そうです、ご名答！」

「ご名答」が当時の流行語になるなど、一家でラジオを楽しむことが庶民のささやかな娯楽でした。

六三制、野球ばかりがうまくなり

戦後の混乱のなか、占領政策によって日本の従来の制度はつぎつぎと改革されていきました。そのひとつが教育制度でした。昭和二二年四月に発足したのが、小学校六年、中学校三年を義務教育とし、男女共学を柱とする六三制です。第一師範は東京学芸大学となり、われわれ第一師範付属国民学校は東京学芸大学付属小学校、そして新設された付属中学の一回生となりました。男女共学といってもA組、B組は男子、C組は女子で、同じ教室で学ぶことはありませんでした。このB組はとんでもないクラスでした。悪ガキの集まりです。気に入らない授業だと「エスケープ」といって全員で教室を抜け出し、近所の神社にいってしまう、冬のストーブ用に石炭運びをやらされると、「面白くない」と石炭を教室に向かって投げつけ「ガチャン、ガチャン」と窓ガラスを割る「石炭事件」を起こしたのです。

やがて中学三年になり、高校受験に備える必要もでてきました。しかし、問題児ばかりのクラスですから、担任の引き受け手がありません。やむなく教頭の山地英太郎先生が引き受けることになりました。本来、教頭はクラスを担任することはないのです。その直後に起こったのが「飲酒事件」でした。ある朝、山地先生が登校すると事務員がそっと囁きます。

「先生、実は昨夜三年B組の何人かが用務員の部屋で酒を飲んで歌を歌って大騒ぎしました」

「本当かね」。

日頃の態度からして誰がやったか見当がつきます。そこで首謀者を呼び出します。おそるおそる教頭室にやってきた首謀者に、山地先生は静かに語りかけます。

「君たち、昨夜は飲んで歌って楽しんだようだな。先生もそういうことが大好きなんだ。今度やる時はわしも呼んでくれよ。だが、酒はいかんよ。判ったな」。

怒鳴られるか、殴られるか、停学になるかと覚悟して出頭した「悪ガキ」はこの先生の対応に驚くと同時にほっとして、以後B組は変わっていきました。たった一年間の担任でしたが、この時の生徒は山地先生を忘れず、私自身も教育者の在り方を学びました。間もなく先生は東京教育庁に転勤となり、直接生徒と触れ合う機会はありませんでした。しかし、山地先生も「三年Ｂ組」が忘れられない存在だったようで、先生を囲む会は長い間続き、そこでは「飲酒事件」が話題になりました。

「いまだから言うがね、あの事務員も酒が大好きだったんだ。あいつにも飲ませておけば告げ口されることはなかったんだよ」。

私も本を出したり、エッセイを書いたりすると先生にお送りしました。必ず読んで直筆の礼状が届きました。息子さんから言われたことがありました。

「ご本を頂戴するのは有り難いのですが、父は夢中になって読み始めるので、睡眠時間が短くなって……」

先生はご長寿でした。九九歳―白寿を迎えた折、東京までおいでいただくのは大変だから、先生の自宅に近いホテルに一室を借りてわれわれがそのホテルまで行くことにし、息子さんに連れられておいでいただくよう手配しました。記憶力抜群の先生はわれわれの名前をすべて覚えておられました。百歳までは大丈夫だよ、その言葉どおり先生は百三歳で天寿を全うされました。

中学時代をおくった昭和二二年から二五年の三年間、日本は連合軍の占領の時代、食べることが精いっぱい、教育は「一億総ざんげ」から「民主化」が叫ばれ、まさに占領軍が大手を振っている時代でした。クラスメイトで軍人の子弟は戦時中の羽振りの良さから、父親の追放によって一挙に貧乏のどん底に落とされる悲劇も目のあたりにしたのも忘れられません。

当時の娯楽はラジオと映画でしたが、最も印象に残ったのはルー・ゲーリッグを描いた「打撃王」でした。名優ゲーリー・クーパー主演、ベーブ・ルースは本人が出演していました。「六三制野球ばかりがうまくなり」の少年の夢は「ヤンキー・スタジアムでホットドッグを食べながら大リーグのゲームを観ること」になったのです。

　アメリカ野球がらみでもうひとつ衝撃的であったのは、昭和二四年一〇月に来日したサンフランシスコ・シールズでした。日本は巨人はじめ全日本軍を含め七戦全敗、しかもシールズは大リーグの下のマイナーリーグ３Ａのチームと聞いて、アメリカと日本の差に驚いたものでした。当時、大リーグはナショナル・リーグ八球団、アメリカン・リーグ八球団、全一六球団（現在は三〇球団）でしたが、３Ａとはいえ大リーグに匹敵する実力はあったと思います。

　シールズの試合ではじめてコカコーラ

（右から）
東京海上火災保険専務　青木壮太郎
住友重機械工業社長　小西岑生
日本サテライトシステムズ副社長　阪本恭彦
慶應義塾大学教授　池井優
国立音楽大学教授・二期会会員　石光佐千子
国際メディアコーポレーション部長　小林千鶴子
東京大学名誉教授・東京農業大学教授　和田照男
プロント社長　石光勝

　昭和二十二年、小学校卒業直前に教育制度が変わり、我々百三十八名は、自動的に学芸大学附属世田谷中学校の第一期生になった。終戦直後の飢餓時代で、先生方は教材や紙を入手するのに苦労されたそうだが、生徒にとってはもっけの幸い。紙がないため、テストも宿題もなし。学芸大学の広大な敷地で日が暮れるまで遊び呆けた学校生活はまさに天国だった。

　青木は、いつどこにいても面倒見のいい親分的存在。堂々たる貫禄で、附中の同窓会長を十七年つとめた。プロ野球のFA制や大リーグの紹介などでマスコミに登場する池井は、もちろん野球少年だったが、金馬の落語もうまかった。テレビ東京の営業部からテレショップの新会社に転じた石光は、[illegible]から衣装を借りて演じた「ベニスの商人」の時の恰好がおかしくて、今でも語り草だ。よく"宝塚ごっこ"をしていた美人のほうは、芸大在学中に日本音楽コンクール第一位になり、ミュンヘンでデビュー。ドイツ歌曲で名をはせる。卓球部主将の小西は、防大一期生で海将に。尊父は山本連合艦隊の航空隊司令であったが、本人は自衛艦隊司令官になった。"チビ"の阪本は、前住友商事常務。背も伸びたが、仕事も大空に向かい、八月末、日本最初のデジタル放送の衛星を打ち上げた。附小時代から秀才の誉れ高かった和田は、頭の形から"ガクさん"。長らく東大農学部長をつとめた。文化放送でドタバタ番組を演出した小林は、NHKで国際共同制作の仕事をする傍ら、トフラーの「第三の波」などを同僚と共に訳している。（小林）

『文藝春秋』のグラビア「同級生交歓」（平成7年11月号）

とホットドッグが球場で売られました。友達三人とお金を出し合って買ったコカコーラ、一口飲んで「アメリカのサイダーは薬臭いな」と言ったのを覚えています。基本に忠実なシールズの野球は凡打でも全力疾走する「S式」を草野球にまで影響を与えました。

なお、東京学芸大学付属中学一回生は、その後各界で活躍する人材が出て『文藝春秋』平成七年一一月号のグラビア「同級生交歓」に登場しました。

やがて高校を受験することになりました。当時は進学適性検査（進適）の点数で志望校が決められるシステムでした。しかも公立校は学区制によって勝手に選べないようになっていました。進適の点数が伸びなかったこともあって、都立青山高校にいくことにしました。旧四中の戸山、旧六中の新宿と同じ学区でしたが、青山にせざるを得ませんでした。

都立高校から待望の慶應へ

東京都立青山高校、かっての府立十五中、場所は外苑前から徒歩五分、神宮球場のすぐ前でした。校舎は元兵舎、教員は戸山、新宿にコンプレックスがあり、なかには日本共産党の党員であることを公言する数学の教師もいて、「青山でなく赤山だ」と陰口をたたかれる有様でした。そうしたことで、高校には特にこれといった思い出はありませんが、春と秋、土曜日の授業、時には月曜日の授業の教室に「ウォー」という大歓声が聞こえてきました。隣り合わせの神宮球場の早慶戦の応援の声でした。

早く、高校を卒業して大学へいきたい、慶應に入りたいと考えていました。家族、親戚を含め慶應と一橋が多く、早稲田はほとんどいませんでした。特に母方の祖父は福澤諭吉先生を尊敬し、自分の名を「諭吉」の吉をとって「芳吉」と改名したほどでした。従って進学するなら慶應、国立なら一橋と決めていました。

問題は、数学が本当に苦手なことでした。とにかく数字に弱く、ゴルフで一桁の足し算を間違えるほどです。一橋はもちろん、慶應の経済、法学部もすべて入試科目に数学があり、これを避けるには文学部しかありませんでしたが、文学部に行く気はありませんでした。すべて落ち、浪人せざるを得ませんでした。当時、慶應と言えば経済学部が看板でした。浪人しても経済は再び落ち、三田の法学部政治学科の合格者発表の掲示板に自分の受験番号を見た時は嬉しいよりほっとしました。昭和三〇年当時はまだ制服制帽でしたから、学生服は従兄弟のものを譲り受け、ボタンだけペンのマークの慶應のものに変えました。帽子はフライパンと呼ばれた慶應帽を買って、いよいよ慶應の一員になったと実感したのでした。当時の慶應文科系の授業料は二万二〇〇〇円でした。大卒の銀行員の初任給が五六〇〇円の時代です。

人の運命は判らないものです。もしあの時第一志望の経済学部に合格していたら、卒業後商社かメーカーに入り、仕事はきちんとこなすものの人を押しのけてまでやる性格ではないので、恐らくどこかの支店長どまりで平凡な人生を送っていたことでしょう。

四月におこなわれた入学式、日吉の並木道を歩いていると両脇に各クラブの勧誘の「出店」が並んでいます。目を止めたのが「放送研究会」でした。当時はまだラジオの時代、テレビが一般家庭に普及するのは昭和三九年の東京オリンピックからです。

「放送研究会はどういう活動をしていますか」

「四つのパートがあるの。制作、技術、アナウンス、放送劇団ね。ラジオドラマに興味があるなら劇団ね」

ちゃきちゃきした感じの女性部員が説明してくれました。

昭和二〇年代から三〇年代にかけてラジオドラマ全盛時代、連続ドラマは「鐘の鳴る丘」、「君の名は」など伝説に残るものをはじめ、毎週金曜日には通称「金ドラ」と呼ばれる単発のラジオ劇が放送されていました。菊田一夫、堀江史朗、北条秀司など著名な劇作家、作家が書き下ろしたラジオドラマが夜八時から一時間流されていたのです。かねてから芝居や落語に関心がありましたが、舞台に出るのは嫌でラジオドラマならいいかなと考え、選んだのが放送研究会（放研）でした。さらに野球をやるため軟式野球の同好会グリンバーグに入りました。

こうして慶應の一年生の生活はクラブ活動が中心になりました。週二回放研の講習、劇団の一年生は一〇名、慶應高校、慶應女子高の出身者六名は高校時代からの放送研究会経験者でした。週二回、三田から四年生が講習に来てくれました。その一人が中江陽三さん、のちにNHKのアナウンサーになり、放研同期の女性と結婚、お孫さんが早稲田実業の選手として甲子園出場、ホームランを連発して大スター清宮幸太郎（現日本ハム）になるとは夢にも思いませんでした。

講習は基礎発音から始まりました。「ア、イ、ウ、エ、オ、ア、オ」。口をあけて正確に発音するのです。次はアクセントです。「橋の端を箸を持って通る」の「ハシ」の微妙なアクセントの違いを直されました。その次は鼻濁音です。学校の「ガ」は濁音、大学の「ガ」は鼻濁音です。最近のタレントや民放のアナウンサーはすべて濁音で済ますケースが目立ち、言葉が汚く聞こえます。早口言葉「この竹垣に竹立てかけたのは竹立てたかったからです」、「隣の客はよく柿食う客だ」などいまでも覚えています。やがて、短い台詞になり、ようやく一年生を中心に一本のラジオドラマを作ることになりました。木下順二作「昔ばなし聴き耳頭巾」、ある頭巾をかぶると木、鳥、虫などの声をすべて判るというドラマでした。演出を担当する二年生の制作部員がこの作品を選んだのは登場する人物、木、鳥などが多く、新人の劇団メンバー全員に役が振れるとの理由だったようです。

アナウンス部員の「木下順二作『ラジオドラマ昔ばなし聴き耳頭巾』をお送りします。配役……」の紹介アナウンスに始まり、効果は制作、マイクのセット、録音の手配などは技術が担当し、三〇分のドラマが出来上がりました。私の台詞は「ようよう楠よー、気あんべえはどうだ」しかありませんでした。

放送研究会の四年間で一番思い出に残っているのは夏の合宿です。新潟県妙高山のふもとにある慶應医学部の赤倉山荘での三泊四日の合宿、木造の質素な建物で蚕棚のような所での雑魚寝で、食事もご馳走はありませんでしたが、研究活動はせず、もっぱら親睦の行事が組まれ、野尻湖散策、妙高登山、演芸会などを満喫し、特に最後の夜、山荘の庭で満天の星空の下キャンプ・ファイヤーを囲んで歌った「放研合宿の歌」―「またまた来るまで赤倉のあの峰、この川、あの日あの時歌ったKOBSよ」を口ずさむと、あの青春時代が甦ってきます。だが、その後赤倉山荘は火事で全焼、何年か経って再建されたと聞き、五十年振りに当時の仲間と訪れました。信越線の最寄り駅「田口」は「妙高高原」と改称され、あの木造の山荘は近代的なホテルのような建築物に代わっていました。

こうして放送研究会は大学放送連盟（大放連）のドラマコンクールに四年連続優勝するなど充実した四年間でした。放研の仲間、特に昭和三四年卒の一〇期とは年一度の会合でお互いに元気を確認しあっています。

授業、ゼミ、東京六大学野球

慶應は通学には大変便利でした。自宅のある都立大学から日吉まで東横線で二〇分。三年から三田にいくようになっても東京駅南口行のバスで四〇分。グリンバーグの野球は多摩川の河川敷のグラウンド、生活の範囲はすべて一時間以内で済みました。

法学部政治学科ではP組になりました。当時法律学科はA組からH組、政治学科はI組からP組の各八クラスでした。第二語学はフランス語としました。現在では、ドイツ語、フランス語の他、中国語、スペイン語も選択肢にあるようですが、当時は独、仏以外はありませんでした。政治学科は「あほう学部おせじ学科」と揶揄される存在で、体育会の部員の多くは政治学科でした。P組にも全日本代表に選ばれたサッカーの二宮寛君はじめ、卓球部、柔道部など体育会の選手が何人かいました。体育会ではありませんでしたが、巨人の水原監督の長男新太郎君もいて、現在でも親しくしています。このP組で出会ったのが英義道《はなぶさよしみち》君です。経済を落ちて政治学科にはいったこと、そして英君との出会いが運命を変えることになります。

大学に入学したからには授業を熱心に受けようと教室にはよく出ました。日吉のキャンパスは米軍に接収されていた名残りで、語学はかまぼこ型の教室での授業でした。率直にいって大学の授業は期待したほどのものではありませんでした。授業に出て真面目な一年を送ったため成績はＢ二つであとはすべてＡでした。成績が良く、経済的に問題がある家庭の塾生には慶應義塾奨学金制度があることを知り、利用した結果、翌年の授業料が半額になり、少々親孝行ができました。放送研究会と軟式野球の同好会グリンバーグ、そして家庭教師をやったため、毎日が忙しく、麻雀は封印しました。当時、麻雀全盛時代、日吉駅で降りて、校舎のある側に出ず、反対側の雀荘に直行、一日過ごす「強者」もいた時代です。

週末は草野球をやるか、神宮球場で六大学野球のリーグ戦を見ることで過ごしました。当時の東京六大学はスターが揃っていました。慶應に藤田、佐々木、早稲田に木村保、森徹、立教に長嶋、杉浦、本屋敷、明治に秋山・土井のバッテリー、法政に中野……と、後にプロ入りして大活躍する人材がファンを沸かせていました。

あの当時の六大学の選手で一チームを作ったらプロでもリーグ優勝するほどの力はあったと思います。人気もプロより上でした。金曜日の一般紙に「今週末の東京六大学野球の予想」が出たほどです。もっとも当時は東大を除いて各大学ともスポーツ推薦の枠があり、慶應でも「野球部なのに四〇〇点満点で三桁とった」と自慢していた時代です。一般受験生は最低六割すなわち四〇〇点満点なら二四〇点とらなければ合格点に届かないのに、野球部員が三桁――一〇〇点とって入ったと威張っていたおおらかな時代でした。プロ野球が本当の人気スポーツになるのは長嶋が巨人に入団した昭和三三年からです。

三年に進級するに際し、ゼミを選択することになりました。特に深くも考えず、英義道君とともに議会政治の林烈《はやしたけし》先生のゼミに入りました。不幸なことに、林先生はわれわれが卒業する送別会の席上気分が悪いと早めに帰宅され、病院で診断を受けた結果咽頭癌と判明しました。手術は成功し、一命はとりとめましたが、発声が著しく困難となり、その後授業などできない状態となり、慶應義塾の計らいによって通信教育学部で過ごす道を選ばれたのでした。従って、ゼミの仲間とも卒業後はすっかり疎遠になりました。

落語研究会での活躍

三年になって落語研究会に入りました。昭和二〇年代から三〇年代にかけては落語全盛時代でした。志ん生、文楽、円生、三木助、小さんなど名人、上手がＮＨＫはじめ開局した民放で毎日のように古典落語の名作を披露していました。新宿末広、人形町末広、上野鈴本、神田立花など寄席も多く、東横落語会、三越落語会などあらかじめ演者と演目を発表し、じっくりきかせるホール落語も盛んになりました。話すことに興味があったので、放送劇以外に落語も演じてみたいと思うようになりました。

慶應の落語研究会は、会長の「学生の落語研究会は聴いたり、研究するもので、やるものではない」ともっぱら寄席や独演会を訪ねる、あるいは「江戸落語と上方落語の違い」、「寄席囃子のさまざま」などあるテーマを研究して発表する方針を貫いてきました。しかし、会長が代わり「実演可」となりました。そこで入会したのです。やるからには「プロに教えてもらおう」と若手の春風亭橋之助を三田の鮨屋の二階に招いて毎月二回稽古を付けてもらうことにしました。「あたしは中学しか出てないが、慶應の学生さんと友達付き合いができて嬉しいよ」

と謝礼なし、鮨の折詰をお土産に持って帰るだけで懇切丁寧に教えてくれました。

落語は座布団に座り、手拭いと扇子だけで多くの登場人物を演じ分ける日本独特の芸です。上下《かみしも》があり、横丁の隠居を八つぁんが訪ねるときは「そこへきたのは八つぁんかい」、「ご隠居さん、こんちわ、いい天気ですね」と二人の会話は、上《かみ》がご隠居、下《しも》が八つぁんと体の向きが変わります。扇子や手拭いも手紙、財布、煙管、刀などさまざまな使われかたをします。

基本を教わると小噺に入ります。

「向こうの原っぱに囲いができたってね」

「へー」

「鳩がなにか落としたよ」

「ふん」

やがてストーリーのある噺に取り組むことになります。登場人物が少なく、笑いがとれるくすぐりの多い噺からのスタートです。その典型が「道具屋」です。そして各人がそれぞれひとつの噺をマスターするようになりました。私は「浮世床」を選びました。江戸時代の庶民の憩いの場であった床屋での他愛ない対話からなる噺です。

そうなると人の前でやりたくなる、まず「犠牲」になったのは家族です。本格的デビューは銀座ガスホールの口演でした。幸い好評で、余勢を買って地方の養老院慰問を考えました。名古屋以東の養老院をいくつか調べ「慶應の落語研究会の学生ですが、三月の春休みを利用して慰問に伺いたいと思います。もちろん謝礼などは一切不要です。ご都合をお知らせください……」の手紙を出しました。

こうして、養老院慰問の旅に出たのですが、岐阜ではこんなことがありました。岐阜の駅に着くと、岐阜市の助役さんが迎えにきてくれました。養老院に到着し、着替えを済ますと院長さんが広間に集まったお年寄りに語りかけます。

「今日おいでくださったのは、市長さんが卒業された慶應大学の学生さんです。わざわざ来てくれたのでそのつもりでよーく聞きなさい」

用意された高座の座布団に座りお辞儀をしても誰も拍手をしません。聞く方も皆お辞儀をしたのです。助役さんも院長さんも頭の毛がないことを枕にしました。

「齢をとると、頭の毛がなくなる方と白くなる方がいますが、どちらが長生きするかというと、なくなる方ですね。つるは千年、はげは万年……」

大学院に進学、研究者の道へ

こうして楽しい大学生活もいよいよ最終学年を迎えることになりました。四年になって、就職を考えなければなりません。どのような職業が向いているか。数字に弱いので銀行はない、放研にいましたがラジオ、テレビなどは行く気はありませんでした。なんだかちゃらちゃらしている雰囲気が嫌だったのです。そこで商社、メーカーを選択肢に入れました。経済学で寡占（オリゴポリー）―独占（モノポリー）でなく市場を三社か四社で占有している―という形態があることを知り、価格協定ができて安定している企業、例えばビール、ガラスなどに狙いを定めました。

一方、教職への興味も捨てられませんでした。教壇から学生に語り、魅力ある授業をおこなうことも夢でした。教職課程を受講し、慶應高校での実習も経験しました。教員免状を取得することも考えていました。慶應幼稚舎の先生になるのも悪くないなと思ったこともあったのです。当時、就職協定はきちんと守られていました。四年の秋、一〇月一日が解禁日でした。

こうした時、クラスメイトの英義道君から思わぬ話があったのでした。「親父のもとで研究しないか。大学院に進まないか」でした。早速、英修道先生にお目に掛かりました。

「君に大学院進学を進める理由はいくつかある。早速、英修道先生にお目に掛かりました。

「君に大学院進学を進める理由はいくつかある。慶應に間もなく定年制が施行され、後継者を探す必要がある。幸い君は成績もいいし、息子の親友でもある。それに母ひとり子ひとりで大学に残れば転勤もない……」

有り難い、そして嬉しいお話でした。おずおずと母に相談すると大賛成してくれました。

「専門は違うが、お父さんと同じ研究者の道を歩むなんていいじゃないの。大学院にいっても生活はなんとかなるから」

早速母は英先生宛に「よろしくお願いします」との手紙を毛筆でさらさらと巻紙に書いてお送りしたのでした。

こうして九月に大学院法学研究科政治学専攻の修士課程を受験し、就職課へは「就職希望せず」の届けを提出しました。こうしてその後慶應義塾の教員として過ごす道がひらけたのです。

昭和三三年は慶應義塾創立一〇〇年に当たり、一〇月に完成した日吉記念館に一一月八日、昭和天皇をお迎えして盛大な記念式典が行われました。記念切手の発行、百年史の刊行、記念論文集の作成などさまざまなイベントが行われた一年でした。その時まさか創立一五〇年の式典に出席できるなど考えたこともありませんでした。

「もはや戦後ではない」と『経済白書』が書いたのは昭和三一年、しかし昭和三三年当時、「神武景気」が去って「鍋底景気」といわれる不況が訪れ、就職はそう簡単ではありませんでした。クラスメイトがどの企業にするか悩んでいるなかで、大学院進学を早々と決めて悠々としていました。思えば慶應を中退した石原裕次郎主演の「嵐を呼ぶ男」など日活のアクション映画と、長嶋が巨人に入団し話題の中心となってプロ野球人気に火をつけた昭和三三年でした。

卒業式は昭和三四年三月、日吉記念館で行われました。それから五〇年以上が経過し、老朽化したため取り壊され、新記念館が六一年経った令和二年に完成しましたが、新型コロナウイルス蔓延のため立派な建物ができながら、卒業式も入学式も中止になり、利用することができない状況になったのは残念でした。

二　アメリカ留学─充実した一年の海外体験

海外留学へ出発

はじめて海外に出たのは一九六四年のことでした。石川忠雄先生のお口添えによってアジア財団から資金がでることになったのです。往復の旅費に加え、滞在費として月三三〇ドル、どの大学にいってもよく、学費は免除、帰国後の義務はないという条件でした。留学先の大学はどこにするか、深く考えることもなく、ハーヴァードにしました。ハーヴァードは歴史と伝統を誇るアメリカナンバー1という単純な理由だったかもしれません。

羽田を出発したのは一月二五日、二九歳の誕生日でした。一〇月に開催されるオリンピックに向けて東京はいたるところで工事が行われ、騒音のなかでの旅立ちでした。いまならなんでもないアメリカ留学ですが、当時は本人にとっても周囲にとっても大きな出来事であり、家族、親戚、友人など盛大な見送りを受けての出発でした。

はじめて乗った飛行機、〝大〟の用を足そうとトイレに入ったが、どう使うか判りません。

なんと馬蹄形の上にしゃがみ込んだのです。入ったドアに向き合って腰かけるという発想がなかったのです。ホノルルの空港の足の部分が空いてるトイレで「正しい使い方」を学んだのです。逆に日本に来た外国人が一番戸惑ったのが和式トイレでした。一九五〇年代から六〇年代にかけて日本プロ野球で活躍した選手を訪ね歩いた際、約三〇人の元選手のうち一人だけこう言いました。

「俺は和式トイレでも困らなかったよ。なにせキャッチャー経験者だからね」

なお、はじめての留学とトイレをめぐるトラブルについては月刊『文藝春秋』二〇一五年二月新春号の読者投稿「素晴らしき高度成長時代」の一編に選ばれ「「洋式トイレに戸惑って」として掲載されました。

降り立ったのはハワイのホノルル空港、時差の関係で二度目の誕生日を海外で迎えることになりました。「晴れた空そよぐ風……」あの「憧れのハワイ航路」に象徴される「常夏のハワイ」と、日米開戦の火ぶたを切った真珠湾攻撃のハワイが頭のなかで整理がつかず、複雑な心境でした。時差で眠れず、午前四時に目が覚め、黄色いポロシャツ姿で朝日の昇るワイキキの海岸を散歩して、「ああ、海外に来たんだ」と実感したのでした.

ハワイからサンフランシスコへ、サンフランシスコで

留学出発時のパスポート

の目的は今回の資金を提供してくれたアジア財団の本部に挨拶にいくことでした。無駄なお金を使わない、英語に慣れる、そのためにはタクシーは使わない、バスと電車を利用する、それを実践するため空港からダウンタウン行きのバスに乗り、終点で降りてカーニーストリート五五番地の本部まで歩きました。重い旅行カバンをぶらさげて―当時は車のついた持ち運びに便利な旅行用カバンはありませんでした―三〇分、六ブロックも歩いてアジア財団本部にたどり着き、「バスターミナルから徒歩で来たの！」と受付のおばさんにあきれられました。当時のアジア財団の代表はジェームス・スチュワート、あのハリウッドを代表するスターとまったく同姓同名でした。そのスチュワートさんが来日した際、飛行機の乗客名簿で名前を見た新聞記者が「あのスターがお忍びで来日した。単独インタビューで他社を出し抜こう」と張り切ったら全く別人だったとのエピソードがあります。

サンフランシスコからロサンゼルスへ。何よりも驚いたのはフリーウェイを時速一〇〇キロで疾走する大型車の群れでした。車といえば、信号で止まるものだと思い込んでいた身にとって六車線の道路をノンストップで飛ばす有様は驚異でした。車に窓からシェパードが半分顔を出しています。

「アメリカは犬も車に乗るんだ」

驚きの連続でした。ロサンゼルス郊外の南カリフォルニア大学にピーター・バートン教授を訪ねました。バートン教授は、かって母のところへ「ベルテンと申します。行書を教えてください」と近所の本屋の紹介でやってきた日本語ペラペラの「ヘンなガイジン」でした。まだ高校生だったため「ベルテンさんがどういう職業の人か」まったく関心がありませんでした。帰国するとき「お世話になりました」と粗品と記したプレゼントを置いていったのには「日本人以上だ」とそのマナーにびっくりしました。それから何年か経って「ベルテンです。また日本にきました。今日は友達のモーリを連れてきました」。モーリとはコロンビア大学のジェームス・モーリー教授でした。

バートン教授はアドバイスをくれました。「あなたの専攻分野ではハーヴァードではライシャワーでしょう。しかし、ライシャワーは大使として日本にいっています。あのモーリを覚えていますか。モーリはコロンビア大学の東アジア研究所の所長で日本政治外交史の専門家です。ハーヴァードよりコロンビアの方が向いていますよ」。

そこでいきなりボストンにいかずニューヨークで下車し、コロンビア大学にモーリー教授を訪ねることにしたのです。ここで大きな失敗をします。ニューヨークの空港からバスでグランドセントラルステーションへ、地図で調べるとここから地下鉄で一一六丁目で降りるとコロンビア大学の前に出ることになっています。ところが一一六丁目で下車し、周りを見ると黒人ばかりが目につきます。なんと地下鉄の路線を間違えハーレムのど真ん中で降りてしまったのです。ところが、間違えたことに気が付きません。「コロンビア大学はどこですか」と訊ねて同じ一一六丁目の大学にたどり着いたのでした。

モーリー教授にお目に掛かり、「バートン先生からハーヴァードよりコロンビア大学の方が向いているとのアドバイスをうけましたが……」とお伝えしたところ、「ハーヴァードは私の母校です。一旦ハーヴァードへいって様子をみて合わなかったらコロンビアへおいでなさい」とのことでした。知らないとは恐ろしいことです。コロンビア大学のすぐ前に地下鉄の駅があるにもかかわらず、またもとのハーレムの真ん中の駅まで戻り、費用節約のため予約したあったマンハッタンのＹＭＣＡに戻ったのでした。

ニューヨークから飛行機でボストンへ、空港に法学助教授でアメリカ政治専攻の太田俊太郎さんが迎えにきてくれました。ボストンは雪でした。ハーヴァードはボストンから地下鉄で十数分のケンブリッジという街にあります。太田さんの下宿に取りあえず落ち着いて、翌日ハーヴァード大学を訪れました。伝統を誇るアメリカの名門大学に雰囲気がキャンパスに入っただけで伝わってきます。

しかし、困ったことは、太田さんとケンブリッジの街にでると、やたらに日本人に会うことでした。「広島大学の畑先生、今度慶應から来た池井くんです。どうぞよろしく」という調子です。取りあえず落ち着いた下宿も太田さんの他、東芝の技術者、京大の助教授と三人も日本人がいて、当然すべて会話は日本語、アメリカでは英語を磨こうと考えていたのに全く期待はずれでした。

専門に近い分野では入江昭さんが准教授としておられましたが、英語で話すことはありません。やはり、コロンビア大学に移った方がよいのではないか。こうした考えを決定的にしたのは、コロンビア大学で開かれた日本セミナーでした。驚いたのは、ボストンからニューヨーク行きの飛行機に乗った際、乗り込んでから機内でチケットを客室乗務員から買ったことでした。日本ならバスでしか、考えられません。国土の広いアメリカでの近距離の飛行機の利用を改めて知ったのでした。

コロンビア大学の日本セミナーはイエール、プリンストン、ニューヨーク州立など東部の大学の日本研究者が集まり、実に充実した時を過ごしました。同時に感じたのは、大学の雰囲気です。ハーヴァードが東大なのに対し、コロンビアはスタッフが皆温かく、慶應的でした。大都会ニューヨークの街に位置することも三田で過ごした身には親しめるものでした。

コロンビア大学で学ぶ

こうしてハーヴァードには一ヵ月もいず、ニューヨークに出てきたのでした。コロンビア大学ケント・ホールに落ち着き、東アジア研究所の一員となってようやくアメリカでの研究生活をスタートさせたのでした。住まいはどうするか。ゴキブリの這い回るような、大学近くの安アパート（週一二ドル）、貧乏留学生が選んだアパートの隣り部屋の住人はテキサスから来た歴史学を学ぶ西部男、シャワーは彼と共用でした。

モーリー教授のもとで快適な留学生活が始まったのですが、まず与えられたのは、ブラウンバッグランチ・セミナーでの発表の機会でした。修士論文で取り上げた「辛亥革命と日本の対応」を話すようモーリー教授がアレンジしてくれたのです。

ブラウンバッグランチ・セミナーとは、研究所所属のスタッフや大学院生が文字どおり茶色の紙袋にサンドイッチをいれて昼休みに集まり、コーヒーを飲みながら研究報告を聞いて報告者に質問したり、意見を交わす小規模の集まりです。学会報告にデビューする前のアカデミックな集会でした。幸い、報告は好評でした。後に書き直して、アメリカを代表するアジア関係の専門誌『Journal of Asian Studies』に掲載されることになりました。

コロンビア大学で出会った一人のアメリカ人研究者と生涯の友人となりました。マイクことマイケル・オクセンバーグ夫妻です。マイクと奥さんのロイスと親しくなり、いろいろ話しているうちに、そこからアメリカ社会の一面が見えてきました。マイクの父はベルギー国籍のユダヤ人の宝石商でした。ナチスドイツの勢力拡大、その勢力がベルギーに及ぶ危険を感じ、アメリカに移住し、フロリダで生まれたのがマイクでした。気候の良いフロリダで高校まで青春をエンジョイしたマイクは「ダディ、ぼく、フロリダ・ステイト・カレッジにいくつもりだ」と言った途端、親父は烈火のごとく怒りました。「フロリダの大学に行くくらいなら、高校でやめて俺の宝石商を手伝え。お前は東部のいい大学にいってドクターか、ロイヤーか、プロフェッサーになるんだ」。

ユダヤ系アメリカ人は、芸能界、財界、ジャーナリズムの世界などでアメリカ社会で成功しています が、医師、弁護士、大学教授が「教育パパ」の目標なのです。こうしてマイクはペンシルベニア州のスワスモア・カレッジに入学します。アメリカにはハーヴァード、イエール、プリンストン、コロンビアといったいわゆる「アイビー・リーグ」の伝統あるユニバーシティ以外に少人数教育を看板にするカレッジがいくつかあります。冬季オリンピックの滑降で日本人唯一のメダリスト猪谷千春が学んだダートマス・カレッジ、ハーヴァード大学入江昭教授が通ったハヴァフォード・カレッジなどです。

スワスモアを卒業したマイクは中国研究を志し、大学院に選んだのはコロンビア大学でした。一九五〇年代から六〇年代のアメリカは、アジア研究を活性化させようと各種財団が奨学金をだして若い研究者を育てようとしていました。スワスモアの後輩ロイスと結婚したマイクは、奨学金を得て物価の高いニューヨークでも研究生活を送ることができたのです。

ロイスとの「結婚秘話」も興味津々でした。ユダヤ人のマイクに対し、ロイスはドイツ系移民の家系でした。ナチスドイツがユダヤ人を迫害し、強制収容所に送りこみ大量の死者を出したことは周知の事実です。

「ロイスの気持ちは判っていたが、家族に反対されたらどうしようかと思ったよ、大学教授だったロイスのお父さんに長い手紙を書いたんだ。ぜひ二人の結婚を認めて欲しいと」

「どういう返事がきたんだい」

「娘と君が結ばれることで、かってのドイツとユダヤの忌まわしい過去の清算になれば幸いだとの返事が来た時は嬉しかったなあ」

「それで結婚式はどういう方式でやったの」

「ユダヤ教のラビとキリスト教の牧師に来てもらって両方の形式でやったよ」

コロンビア大学近くのアパートに落ち着いたマイクとロイスは現代中国の研究を進め、中国語を学び、さらに香港で研修を積むことになりました。香港に行く際、日本に立ち寄り私の母にも会い、以後マイクが日本にくれば拙宅に、アメリカにいけば彼の家に泊めてもらうことになりました。

博士号を取得したマイクはコロンビア大学からミシガン大学さらにスタンフォード大学へと移りますが、この間カーター政権の中国政策のブレーンを務めるなどワシントンで実務に就き、その能力は高く評価されていました。しかし、皮膚がんに侵され、六〇代で他界したのは惜しまれてなりません。

コロンビア大学の東アジア研究所には、日本、中国を研究する研究者、大学院生が集まっていました。なかには戦時中、戦争遂行と戦後に備え設置した「陸軍言語学校」、「海軍言語学校」の卒業生もいて、流暢な日本を話す教授もおられました。日本文学のドナルド・キーン教授、社会学のハーバート・パッシン教授です。

コロンビア大学で良かったのは、東アジア図書館が充実していることでした。学術書、研究書のみならず、小説、それも松本清張、池波正太郎なども揃っていることでした。

ニューヨークの楽しみ方

ニューヨークはなんといってもアメリカ文化の中心です。美術館、博物館、映画館、ミュージカル、音楽会、スポーツ、レストランなど、楽しむことには事欠きません。

最大の楽しみ、大リーグ観戦については別のところで詳しく書きますが、ミュージカルを見るのも夢のひとつであり、乏しい資金をやりくりして足を運んだものでした。ニューヨークといえばブロードウェイ・ミュージカル、「南太平洋」、「サウンド・オブ・ミュージック」、「雨に唄えば」、「王様と私」など日本で楽しんだミュージカル映画の〝本物〟を本場の舞台で観るのもニューヨークで過ごす間に経験したいことのひとつでした。

オードリー・ヘップバーン主演で映画化された「マイ・フェア・レディ」はコロンビア大学東アジア研究所のおちゃめな秘書デール・アンダーソンさんを誘って一緒に見ました。彼女のアパートまで迎えにいき、ルームメイトの「エンジョイ、ユアタイム」の言葉に送り出されて普段は乗らないタクシーで劇場へ。ロンドンで下品な言葉しか話せない花売り娘イライザが言語学者のヒギンス教授の指導で上品な言葉をマスターし、上流社会のパーティに出るまでになるお馴染みのストーリーです。「一晩中踊り明かそう」などよく知っている曲も居り込まれ大いに楽しみました。ストーリーを知らない、言葉のやりとりで笑わせるミュージカルはついていけません。その年のベストミュージカルに与えられる「トニー賞」に輝いた「ハロー、ドーリー」はプログラムを丁寧に読み、二度見てようやく理解できました。ルイ・アームストロングが歌った主題歌を聞くことだけでも十分満足できたのでした。

もっと庶民的なものは、ラジオシティ・ミュージックホールのショーと映画のセットの催しです。日本でいえば日劇です。華やかなラインダンスとポピュラー音楽が売りです。特にハロウィンのときなど子供を含む家族全体で楽しめる「特別企画」を堪能したものです。密かな楽しみは「仏教会館」で時々おこなわれる「日本映画の会」です。黒澤明、小津安二郎といった監督の日本を代表する名画ではなく、勝新太郎や市川雷蔵の時代劇です。物好きのアメリカ人も来るので映画には英語の字幕が付きます。これが実に面白い。「姐さん、街道で待ってますぜ」(Miss I'll wait you on the highway)。

いまから考えて、しまったと思うのは世界的に有名なニューヨーク・フィルハーモニーのコンサートやメトロポリタンオペラに一度もいかなかったことです。クラシック音楽は敷居が高く、入場料も高いと思い込んでいこうとも思わなかったのですが、日本では服装を整え、高額な料金を払って〝鑑賞する〟といった雰囲気ですが、ニューヨークでは、とくに土曜日昼のマチネーなど普段着の庶民が手頃な入場料金で見られるものだったのです。

さらにニューヨークのいいところは、美術館、博物館巡りができることです。お気に入りはメトロポリタン・ミュージアムです。一八六四年七月四日、アメリカの独立記念日にパリに集まったアメリカ人の間で「われわれもミュージアムを持とう」との声にはじまった動きは六年後の一八七〇年のオープンとなり、その後古今東西の美術品を地域、文明、技法を問わず蒐集し、フランスのルーブル、イギリスの大英博物館と並ぶ世界に誇る規模となったといわれます。

日本の美術館は混んでいてゆっくり見られませんが、メトロポリタンはウィークデーにいけば空いていて特定の絵画のみに絞って、展示室の椅子に座り、好きな絵を三〇分でも一時間でもじっくり鑑賞することができます。特に気に入ったのは、ミレーの「乾草の山」とフェルメールの「水差しを持つ女」でした。驚いたのは、この美術館が国立でもニューヨーク市の援助で成り立っているのではなく、私立だということです。しかも当時入場料は無料、帰りに身分に応じた寄付をしていくのです。貧乏留学生として一ドル、少し余裕がある時は三ドル置いてくることで世界の名画や彫刻が楽しめたのでした。

自然史博物館も好奇心を満たしてくれました。先住民族の極彩色のカヌー、恐竜の骨、……。

ニューヨークで一番安上がりな楽しみはセントラルパークの散歩とサイクリングです。人工的に作られた公園ですが、大都会の真ん中によくこれほどの広さと自然を取り込んだと思われる植物、池、岩などを巧みに配し、午前、午後、夕方など時間帯でも、春と秋など季節に応じても変化し、若い女性のジョギング姿も魅力的でした。

海外にいって食事が合わない、日本食でなければだめという日本人はかなりいますが、大学の学生食堂、マクドナルドのハンバーガー、チェーン店のサンドイッチなどでなんとかなりましたが、時々コロンビア大学に近いニュームーンイン（新月酒家）という中華料理店でチョプスイという安い中華を味わい、一ヵ月に一回ぐらいは「安芸」という戦争花嫁あがりの女将のいる安い日本料理店でうどんやカレーライスを味わったものです。

一年間のニューヨークにおける生活は金銭的にはぎりぎりでしたが、大いに楽しみ多くの友人にも恵まれ、実に収穫の多い人生の一齣となりました。ニューヨークは第二の故郷、コロンビア大学は第二の母校ともいえる存在になりました。それが九年後のコロンビア大学に客員准教授として招かれることにつながったのでした。

アメリカからヨーロッパ、香港、台湾を経て帰国の途へ、ところがロンドンで思わぬことが起こりました。

ミス・ジャパンとの旅―そして恋に落ちなかった

一年間のアメリカでの留学を終え、向かった先はイギリスでした。

このイギリスで予想もしないことが起こったのでした。大英博物館の貴重書を閲覧したいと申し込んだところ、大使館の紹介状が必要であるといわれ、ロンドンの日本大使館を訪れました。文化広報担当の係官は、こう言いました。

「紹介状は書いてさしあげます。ところでちょっとお願いがあるのですが、実は当地で明後日からおこなわれるミス・ワールドのコンテストに日本代表が来ています。一人で来て困っている様子で、大使館になんとか面倒を見てほしいと連絡がありましたが、こちらも公務が極めて多忙です。で、恐縮ですがホテルにいって様子をみてきてくださいませんか。行ってくださるなら、ホテルに電話しておきます」

世界一の美女を決める四大コンテストといわれるのは、ミス・ユニバース、ミス・ワールド、ミス・インターナショナル、ミス・アースです。この中で、日本で一番知られているのはミス・ユニバースです。一九五三年、マイアミのロングビーチで開催された第二回大会に出場した日本代表の伊東絹子が三位に入賞し、日本中の話題をさらいました。胴長、短足、大根足と思われていた日本女性が遂に世界に通用するようになったのか、そこで生まれたのが「八頭身美人」でした。八頭身とは頭が身長の八分の一という古代ギリシャ人の理想像からとったものといわれましたが、「八頭身ではなく八等身が正しい」との論争まで発展するほどでした。東京大森のある映画館では、伊東絹子の等身大の切り抜き看板を立てて「これを通り抜けられるお方は世界的美人です！」と宣伝、通り抜けられた女性に招待券を出して人気を集めたのでした。その後もミス・ユニバースは一九五九年に児島明子、二〇〇七年に森理世が栄冠に輝くなど日本にもっとも馴染みのあるミスコンテストとなりました。

では、ミス・ワールドに参加するため日本からやってきた日本代表は一体どのような女性なのか。ミス××というイメージからすると、大柄でグラマーで美人であることをひけらかし鼻もちならない女というイメージが先にきます。しかし、大使館からの依頼もあり、なかば興味をあったので、ホテルを訪れました。ガードマンがアポイントメントがないと会わせないと言います。日本大使館から依頼されてきたのだと名刺をだすとようやく取り次いでくれました。

フロントで待っていると、出てきたのは予想に反して和服を着た小柄な可愛らしい感じの女性でした。訳をきくと、その年は東京オリンピックがあり、オリンピック騒ぎに忙殺され、日本ではミス・ワールドの予選をする時間がなかった。しかし、オリンピックの開催国なのに誰も送らないというわけにはいきません。彼女の父親が大阪の市長と知り合いということもあって「お宅のお嬢さんを是非送ってほしい。行けば日本航空と日本大使館がすべて面倒を見てくれるから」というので来たところ、空港に迎えに来たのは日本航空の現地職員で、大使館は本省からアテンド依頼の連絡が来ていないからと、なにも面倒をみてくれないというのです。外務省の出先機関―大使館、領事館などは本省から便宜供与の通達がないと動きません。総理、大臣クラスをはじめ有力な政治家などトップランクのもてなしをしますが、今回のように直接の連絡のない場合は動いてくれないのです。

「もう寂しゅうて帰りとうて……」

大阪の大きな問屋のお嬢さんで、初めて経験する海外旅行と、期待が裏切られた寂しさから泣かんばかりの風情です。同室のミス・コーリアの付き添いが日本語が話せるので面倒をみてくれているのですが、「ミス・ジャパンは昨日からほとんどなにも食べていないの。このひと、病気になってしまうよ」というのです。ミス・コーリアは、海外にいったらわれわれは助けてくれる人なんて誰もいないんだからとにかく気持ちをしっかり持ってという意気込みで出てきたのに対し、ミス・ジャパンはすべて面倒を見てもらえるとの前提で来ている、心構えが違うのです。

「いま、なにが一番困っていますか」

「食事が全然のどを通らないんです。特に洋食がまったくだめで」

「では、日本レストランにいきましょう」

「いいえ、外出禁止です」

ミス・ジャパンは様子がわからないまま、いつ集合をかけられてもいいように、部屋のなかで和服を着てじっと待機しているのです。

「では、こうしましょう。ぼくが日本料理店にいって、なにか作ってもらってきますから待っていてください」

いまなら、ロンドンにも日本料理店は何十軒とありますが、当時はほんの二、三軒、そこへ飛び込んで事情を話し、簡単な折詰弁当を作ってもらってホテルに引き返しました。

こちらもロンドンで研究の予定もあり、つきっきりで世話をするわけにはいきません。そこで東京銀行ロンドン支店長の奥さんに世話を頼み、コンテストは無事終わりました。はじめからミス・ワールドになる野心などさらさらなく、大阪市長から頼まれて出てきただけに、役目を無事果たしたということで、ようやく彼女にも元気が戻ってきました。

「これからどうするんですか」

「パリ、チューリッヒ、ローマと回ってローマから香港にいくと、父が迎えに来ることになっています」

「その間、ずっとひとりですか」

「そうです。現地の大使館と日本航空の支店が面倒を見てくれるということなので」

「それは危険ですね。現にロンドンだって大使館も日航もほとんどなにもしてくれなかったじやないですか」

ロンドン滞在中面倒を見てくれた東銀支店長夫人が言います。

「このお嬢さんひとりじゃ、とても心配で出せませんよ。せっかくだから池井さん一緒に行っておあげなさいな」

こうして、パリ、チューリッヒ、ローマとなんとミス・ジャパンのボディガードを務めることになったのです。幸いパリでは慶應文学部仏文科ＯＢの日本航空パリ支店の職員が街をくまなく案内してくれました。特に「パリの夜は十時過ぎに始まるのです」と深夜まで小さなシャンソンの店など、通常の観光客がいかないようなところまで見せてくれました。昼間はシャンゼリゼ、モンマルトル、ルーブル美術館などいわゆる観光名所を二人で歩いたのです。当時はまだ海外旅行は自由化されていませんでしたが、少数の日本人と街で出会います。

「新婚旅行ですか」

日本舞踊の名取である彼女は、パリの街を和服姿で、帯を矢の字に締め、楚々とした姿で歩くと目立ちました。

「いいえ、新婚旅行ではなく、ボディガードです」

「それにしてはあまりお強そうじゃありませんな」

パリからチューリッヒに移ると、ここでも慶應ＯＢの日航支店長が歓待してくれました。だが、スイスの名物料理、肉とチーズで食べるフォンデュを食べている最中、彼女は突然気分が悪くなり、食べたものをすべてもどしてしまったのです。あわててホテルに戻り、支店長の手配で医者を呼ぶと熱が出てきたことが分かりました。医者は「インフェクシャス・デジーズ」

ではないかと言います。スイスでもチューリッヒはドイツ語圏です。医者はあまり英語が得意でないらしく、こちらはドイツ語はできず英語で話すのですが、どうも要領を得ません。インフェクシャス・デジーズは伝染病だ。だがこちらの素人考えでは、ロンドンの気疲れとパリの夜の案内による寝不足がたたっての過労が原因だと思われました。まさか独身男性がひとりで彼女の部屋で看病するわけにはいかないので、現地でガイドをやっている日本人女性に一晩ついていてもらうよう手配しました。幸い、二日休むと彼女はすっかり元気を取り戻しました。小柄で細いが、普段から日本舞踊で鍛えていたからでしょう。

こうしてローマを見物し、コロセウムの前で写真など撮り、レオナルド・ダ・ヴィンチ空港で香港行きの飛行機に乗せました。

「これはパリ、チューリッヒ、ローマで撮った写真のフィルムです。早く見たいでしょう。帰国したら写真屋に出して現像、焼き付けをしてください。二枚ずつ焼いて一枚を東京の母あてに送ってくださいませんか」

ここでボディガードとしての役割は終わりました。これで二人が恋に落ちれば、平凡なラブストーリーです。だが、こちらは大学の助手、まだ簡単に結婚できるような身分ではないし、相手は関西の問屋のお嬢さん、住む世界がまったく違う。そんなことから、五日間行動を共にしながらも「日本を代表してやってきた」彼女を無事に案内して帰国させることだとの責任感が先に立ち、愛とか恋とかの気持ちは一切なかったのでした。

一か月後、帰国すると、ミス・ジャパンから母あてに丁寧な礼状と焼き増しした写真が届いていました。話はここでは終わりません。現在の家内と結婚し、新婚旅行で大阪を訪れた際、彼女に電話をしてみました。

「まあ、結婚しはったんですか。おめでとうございます。どちらのホテルにお泊りですか。お話ししたいことがあるので伺います」

ホテルにやってきた彼女が言います。

「実は、私も池井さんの知ってはる方と婚約致しまして……」

「僕の知っている人、誰ですか？」

なんと彼女の相手とは、夜のパリの街をくまなく案内してくれたあの日航社員でした。そういえば、思い当たることがありました。帰国して半年ほど経ったとき、その日航の社員が三田の研究室を訪ねてきたのです。

「お久しぶりです。ところで彼女がどうしていますかね」

「丁寧なお礼状はもらったけれど、会ってもいないし、元気にしているんじゃないですか」

要するに彼女との仲を探りに来たのでした。こちらが秋に結婚する予定があることまで聞いて、おそらくすぐ大阪へと飛んでいったのでしょう。

翌年、東京で行われた結婚披露宴に招かれました。

「新婦とヨーロッパで過ごした時間をはじめ優先順位からいうと、いま新郎の席に座っているのが私でも不思議ではなかったのですが！」

テーブルスピーチは大うけでした。

在香港日本総領事館の特別研究員に

香港にある日本総領事館に特別研究員としていかないかとの話があったのは一九六八年のことでした。外交の研究者として日本外務省の出先機関がどのような活動をしているのか、実際に接するいい機会であると、家内と一歳になった娘を連れて羽田を出発したのは、八月のことでした。

当時、中国では文化大革命の最中でした。一体文化大革命とはなにか。「八億人民の精神革命説」をとなえる中国研究者もいました。といって単純に政権内部の権力闘争なのか。紅衛兵が暴れまわり、学校では教師が、工場では上司が「造反有理」の名の下に批判され、ときは「反動分子」の三角帽をかぶせられ、つばまで吐きつけられる有様は異常でした。貴重な文化的遺産が「封建時代の遺物」、「ブルジョア思想の産物」として破壊され、焼き捨てられる、そんな異常な状態がしばらくつづき、日本はじめ世界の学生運動にも少なからぬ影響を与えました。

一九六八年八月の時点で、中国では紅衛兵が暴れまわった文化大革命が新しい段階に入ったところでした。紅衛兵によって学校も職場もあまりにも秩序が乱れた点を考慮し、「労働者毛沢東思想宣伝隊」が社会の各単位に入り、事態の収拾に乗り出した時でした。

中国とくに政権内部はどうなっているのか、今後はどういう方向に向かうのか、アメリカはじめ世界各国が見守るなか、日本の香港総領事館も情報の収集と分析に大きな力を注いでいました。情報源はなにか。

第一は公開情報です。中国共産党の機関紙『人民日報』はじめ、香港で発行されている新聞、雑誌記事を集め、それを読みこんで分析するのです。親中国系、文革に批判的な親台湾系、香港政庁に近い中立系を読んで、その内容を読み比べることです。

第二は非公開情報です。中国内部の機密文書がなんらかのルートで流出し、入手できることがあるのです。そのなかには香港製の「偽情報」も多く、その真偽をふくめて分析することです。あるとき「中国人民解放軍空軍作戦案」という文書が持ち込まれました。「極秘××部」の表紙から始まり、いかにも「それらしい」文書です。もし本物なら中国空軍の作戦が明らかになるトップクラスの情報です。航空自衛隊の専門家に分析してもらう前に果たして本物かを検討することにしました。すると、かつてつかまされた「偽文書」と活字が同じであることが判明したのです。アメリカ、日本などが香港で中国に関する情報収集をおこなっていることを利用し、「情報は売れる」と香港の印刷所で刷られたもっともらしい「偽文書」でした。

非公開情報でもっとも信頼できたのは、文革の嵐のなかで生活し、中国人の夫と死別したなどの理由で香港に出てくる日本人です。こうした何人かの日本人に話を聞くと断片的ながら、庶民がどのような日常生活をおくっているのか、毎日の食事の内容は、病気になったときの薬や医師は……など「毛主席万歳」の風潮のなかでの暮らしぶりが見えてきます。

こうしているうちに、文化大革命は混乱が収まり、一九六九年四月、中国共産党第九回全国人民代表大会が開かれ、その記録映画が香港の映画館でも上映されました。毛沢東や周恩来の映像や声に接することはなかなかないので、封切り初日に映画館に駆け付けました。この大会は毛沢東、林彪の新指導部体制が成立し、新しい党組織は毛を最高指導者に、林副主席を毛の親密な戦友として後継者に指名すると同時に、劉少奇は裏切り者、スパイとして国家主席の地位を追われ、党から永久に追放することを明らかにした大会でした。

万雷の拍手に迎えられ、毛沢東が登場します。

「同志們、中国共産党第九次全国代表大会、現在開始」

独特の湖南なまりの毛沢東の開会宣言で全国大会は始まります。林彪の政治報告、そして決議案を承認し党の決定として通過させるか、毛は会場を埋めた党員に問いかけます。

「賛成、不賛成？」

不賛成があることなど考えられません。「毛主席、何をためらわれておられます」と会場全員が静まりかえります。毛はゆっくり会場を見渡し、おもむろに「通過」と口にします。満場、緊張から解放され、嵐のような拍手です。その間の良さ、カリスマ指導者の面目躍如の瞬間でした。

この記録映画を合計三回見ました。興味深かったのはこの映画を見た香港チャイニーズの反応です。この映画を入場料まで払ってみようという香港人は中国に興味がある人たちです。毛沢東が画面に登場すると映画館内に拍手が広がります。周恩来の登場には「うん、頼れる政治家だ」といった雰囲気が流れます。ところが、後継者として指名された林彪が「毛語録」を振りながら出てくると、「こんな人で大丈夫なのかな」といった空気が映画館中に広がったのです。やせていて顔にもリーダーらしい威厳が感じられません。

毛沢東夫人江青が人民服姿で登場すると、なんと映画館の観客が笑い出したのです。江青夫人はかって上海で藍蘋の芸名で映画や演劇の俳優として活躍し、中国共産党の根拠地であった延安に入り、毛沢東と結婚しました。彼女の過去の経歴と性格から政治活動は禁止されていましたが、文革のなか「革命京劇」などを提唱し、次第に文藝批判の分野から政治の世界で権力を振るうようになったのです。「なんだい。上海の三流女優が毛沢東にとりいって、偉そうな顔をするな」が笑い声に込められていました。

その後、林彪は毛沢東暗殺に失敗し、ソ連に逃亡する途中乗った飛行機がモンゴルで墜落し死亡したとされ、江青は毛沢東の死後、文革の首謀者として逮捕され、裁判の結果死刑判決を受け、無期懲役に減刑されましたが、獄中で自殺して生涯を終えました。

香港は免税天国、ヨーロッパから立ち寄る人も多く、総領事館もそうした人たちの対応に追われました。空港の出迎え、見送りを主な仕事とする館員もいました。香港の空港は九龍地区にあり、総領事館は海を渡った香港島にあります。ほとんどの日本人スタッフは香港島に住んでいましたが、一人は啓徳空港の近くにあえて住居を定め、出迎え、見送りに支障がないように準備していました。「朝起きると天気予報を聞き、天気図に目を通し、さらに航空会社に電話して飛行機の到着、出発が予定どおりか確認します」。とくに偏西風の影響などで予定より早く着いた場合、まだ迎えにきていないのではないかと半ば不安に思いながら到着口を出てくると「日本総領事館の〇〇でございます」と待っている、まさにその道の〝プロ〟の仕事です。

有力な政治家や国会議員がやってくると、総領事以下緊張します。ショッピング、観光以外にさまざまな要求に応じなければなりません。「あの総領事は気が利かないね」「あの大使はダメだよ」と外務省にねじ込み、アフリカに転勤させたと豪語する〝大物〟もいます。

こんな例を耳にしたことがあります。河野一郎といえば、総理候補にあげられながら、ついにその夢をはたすことなく亡くなった実力者でしたが、あくが強くわがままなことでも知られていました。農林大臣時代、カナダを訪れた際、空港で儀仗兵の閲兵をやりたいと日本大使館に申し入れてきました。総理、大統領など国賓ならともかく、一大臣に対しそんなことはできないのは常識です。しかし、頭からできませんではご機嫌を損ね、大使の今後に影響するかもしれません。知恵を絞り、河野大臣の到着に合わせ、派手な服装をしたカナダ人二十人が空港に並んで〝閲兵〟をおこなったのでした。軍隊ではなく、森林警備隊に依頼してのパフォーマンスでした。

香港にいる間に、東南アジアを回る機会がありました。私的旅行でなく、香港日本総領事館特別研究員としての視察旅行です。数か国を歴訪しましたが、印象に残ったのは、マレーシアとベトナムです。マレーシアに到着し、大使館を訪ねると大使が出迎えてくれました。

「本来なら今晩夕食にご招待したいところですが、大使館の現地職員の結婚披露宴がありましてね。どうでしょう、披露宴に出席なさいませんか。お祝いなどはこちらで手配しますから」

マレーシアの首都クアラルンプールのホテルでおこなわれた披露宴に出ることになりました。大使クラスになると現地職員のそうした会には出ないのが普通です。会場にいくと、マレーシアの華僑同士の結婚らしく、中国語が飛び交っています。大使がお祝いのスピーチのため立ち上がりました。英語か日本語で通訳が入るとおもったら、なんと大使はこう言ったのです。

「今日は中国系の方々の結婚披露宴なので、かって習い覚えた中国語でご挨拶します」

満場大拍手です。

日本の大使はいい人だ―こうした噂はおそらく華僑の間だけでなく、マレーシアに広まったことでしょう。外交官の隠れた功績を見る機会に接したのでした。

次はベトナムです。アメリカはなぜ勝てないのか。それは、日本大使館に駐在している防衛庁の武官の説明ではっきり理解できました。武官は言います。

「近代戦対近代戦ならアメリカは絶対に負けません。この戦争は近代戦対ゲリラ戦です。だからアメリカは勝てないのです」

では、ゲリラ戦とはどのような戦い方をするのか。ゲリラ戦とは戦っては隠れるという戦い方です。どこに隠れるのか。①地形に隠れる、②外国に隠れる、③民衆に隠れるです。ベトナムはゲリラ戦の三要素をすべて備えていたのです。

地形的にベトナムは、北はジャングル地帯、南はメコンデルタと、ゲリラが隠れるには最適の条件を備えています。アメリカはジャングルに隠れるのを阻止しようと大量の枯葉剤を撒いたりしましたが、あまり効果はありませんでした。第二の「外国に隠れる」ですが、ベトナムはラオス、カンボジアと国境を接し、地続きで「ホーチンミン・ルート」がめぐらされていたのです。

第三の「民衆にかくれる」ですが、北の工作員はサイゴンはじめ南ベトナム各地に散らばり、長く住み着いて土地になじみ、隙をついてサイゴンの米軍将校専用のレストランに時限爆弾を仕掛けるなどの工作をおこなったのです。工作員とは限りません。野菜売りのおばさんが爆弾運びの役割を演じるなど、アメリカ兵は絶えず神経をとがらせ、不安解消のため麻薬の力を借りる兵隊が出てくるのも当然でした。さらに、この戦争にはアメリカ国民の支持がないのが問題でした。「なぜ遠い東南アジアの地で貴重なアメリカ人の血を流さなければならないのか」、国内でもベトナム反戦運動が次第に盛り上がってきました。

大使館に頼んで、英語の判る現地職員にサイゴン近郊を二時間あまり案内してもらいました。二、三日前にベトコンによって破壊された橋、畑のなかに野菜をつぶすようにして停まっている米軍のトラックなどを見るにつけ、「この戦争にアメリカは勝てない」との感想を強くもった東南アジア視察旅行でした。

五十三年前に一年過ごした香港が中国に返還され、「一国二制度」が踏みにじられ、今日のような姿になるとは、想像もできませんでした。

三　結婚、母の死、転居

　海外留学から帰り、年齢も三〇歳になりました。慶應での地位も助手から専任講師となり、結婚しても生活できる目途が立ちました。結婚相手はどうするか。本当は慶應卒の女性で日吉、三田の思い出を語り合えるひとが望ましかったのですが、意中のひとは留学中に他の男性と結ばれ志を果たすことはできませんでした。

　結婚するに当たって一番気を使ったのは母の気に入るかです。父が亡くなった時二歳であった息子の教育と成長に生きがいを感じて過ごしただけに、母と合わないひとは絶対に避けなければなりませんでした。第二は相手の家庭環境です。今後地味な研究者として一生を送るだけに、贅沢に育った「お嬢さん」はいけません。義父になるひとは東京工大の出身、東京農工大で化学の教授をしていたのですが、マカロニ会社の社長をしていた弟が北海道沖で起きた洞爺丸事件の犠牲となって急逝し、あとを継いでマカロニ会社の経営に携わっていました。したがって理系と文系の違いがあるとはいえ、研究者の生活が判る家庭で育ちました。さらに一人っ子の自分に対し、相手に兄弟の多いのも気に入りました。はじめてのデートのあと石神井公園近くの家に送っていくと、弟と妹がぞろぞろ出てきました。すぐ下の弟は東北大学法学部の学生、妹は慶應文学部の一年生、下の弟は早稲田の高等学院に在学中という四人兄弟でした。家内は短大卒でしたが、こちらが望んだのは、料理が上手で家計をやりくりしてくれる「専業主婦」でした。

母も気に入ってくれ、結婚したのは一九六五年一一月のことでした。結婚披露宴には折から来日中のコロンビア大学のモーリー教授も出席され、スピーチをしてくださいました。

「イケイサンワ、ニューヨークノコロンビアダイガクカラ、ヨーロッパヲヘテ、オヨメサンニオカエリニナリマシタ……」

初めて聞くモーリー先生の日本語でした。

驚いたのは、結婚して一ヵ月も経たないうちに母が亡くなったことでした。結婚後、世田谷区尾山台の小さな家を借りて住んでいたのですが、母が亡くなったので、二歳から三〇歳まで住んだ都立大学の家に戻りました。ところが築三〇年の古い木造住宅は老朽化し、日当たりも悪く、ねずみが天井裏を走りまわり、汲み取り式のトイレなど問題が多く、大雨の時は家の前の川が増水し床上浸水まで経験しました。もう限界だと、どこかへ引っ越そうと考えました。

二つの選択肢がありました。第一は交通に便利な都心のマンション、第二は郊外に土地を購入し、家を新築するかです。かねてから知っている建築業者に相談するとこう言われました。

「現段階でマンションの耐久年限は三〇年、しかも災害に対する法律の保護はまだまだです。例えばマンションの一階に住んでいて二階にボヤが発生、消防車がきて放水しボヤは収まったものの一階のあなたの部屋の家具も衣服も使い物にならなくなったとしても、何の保証もありません。郊外に土地を買って家をお建てなさい。たとえ火事で家がまる焼けになっても土地は焼けませんよ。あなたに万一のことがあっても、奥さんは下宿人を置いて生活できるではありませんか」

それもそうだと納得するとともに、自分の職業との関連でも考えました。企業に勤務するサラリーマンと違い、毎朝決まった時間に満員電車に揺られていくことはありません。少々遠くても郊外に土地を購入し、家を建てるのが良いとの結論に達しました。空いた電車なら少々遠くても本を読む時間にすればよい。ではどこに土地を求めるか。研究室は三田、授業も大半は三田ですが、日吉キャンパスへの出向もあります。とすると千葉、埼玉方面でなく、神奈川、川崎方面です。幸い絶好の相談相手がいました。東急の開発課に勤務していた慶應の放送研究会の後輩です。当時、東急は大井町線の溝の口から先に路線を延長し、田園都市線として開発、発展させようとしていました。

「ジープで案内しますから、長靴を履いてきてください」

案内された一帯には山林と原野といった風景が広がっています。数年前、東急関係者が土地の視察にくると「山賊に注意」との立札が立っていたという話が伝えられるほどの場所でした。どうしてこんな所を開発しようとしたのか。東急の総帥五島慶太の構想から生まれたものでした。通常、鉄道は大都市と大都市―大阪と神戸を結ぶ阪神、阪急、東京と横浜間の東横、京浜、大都市と行楽地を結ぶ伊豆急などが常識です。

しかし、五島の発想は違います。これからの鉄道会社は電車で人を運んで利益を得るだけではない、鉄道沿線に宅地を開発し、土地と住宅で稼ぐ、鉄道の駅から宅地までバスを運行する、大きな駅前にはデパートをオープンする、宅地にはスーパーマーケットを設置する……。人を集め、運び、生活に直結した施設を提供するといった考えです。

こうしたアイディアによって開発を進めていった田園都市線沿線は、将来大いに発展する可能性があり、決めることにしました。東急の後輩の説明によってブロックごとに中心となる駅があるが、青葉台は第三ブロックの中心になる、ということは急行の停車駅にもなり、二等郵便局も開局、デパートもオープンするとのことです。こうして、田園都市線がまだ開通していない段階で一坪（三・三平方メートル）四万円、八三坪（三三二万円）を購入したのでした。母の残してくれた三〇〇万円が役に立ちました。

「いいことをしましたね。いまいくらになっていると思いますか」

バブルの最盛期のことです。案内してくれ、購入に当たって面倒をみてくれた後輩がいいます。

「坪五〇万ぐらいまでいったかい」

「いえ、いえ、四〇〇万です」

なんと買ったときの一〇〇倍になったのです。

電車が開通するのを待って家を建てました。建築は三井ホームに依頼しました。大手なら何かあったときの補償、アフターサービスも良いと思ったのです。青葉台駅から徒歩約一〇分、高台で日当たりのよいのが利点です。建築に当たって二つ注文を付けました。学生を招くため、一階の一部屋に十分なスペースをとること、二階の書斎に本が増えることを考慮し、頑丈な本棚を作ることでした。家が完成し、引っ越しをすることになります。ゼミの一期生が手伝いにきてくれました。

「青葉台の駅を降りて改札口を出て左方向に一〇〇メートルぐらい進むと医王堂という薬屋がある。そこから右の方角を見上げると白い壁に赤い扉の家が見える。それを目指してきてくれ」

こんな乱暴な教え方で来られるほど周囲に家はほとんどなく、閑散とした場所でした。一二月の冬の最中、まばらな家の間を寒風が土煙りをあげて吹きすさぶなか、ゼミ生が言いました。

「すごいところに越しましたね。満州みたいですね」

荷物の運び入れが終わり、お茶を飲んでいると冬の淡い夕日が新築の家の白い壁を照らしていました。

「ホワイトハウスの完成おめでとうございます」

交通は不便で、昼間は電車の間隔が三〇分に一本、買い物は東急系の東光ストア、銀行は横浜銀行だけでした。ブルドーザーを使って急激な開発を進めたため、大雨が降ると低いところに水が溜まり、帰宅途中、警察のゴムボートに乗ったことさえありました。その反面、空気がよく、溝の口のトンネルを抜けると電車の窓から入ってくる風がひときわさわやかになるのを実感しました。自然は豊富で、トンボも蝶々も池にはザリガニがいて、子どもと捕りに行くのが楽しみでした。

期待以上に青葉台は発展しました。急行停車駅となり、田園都市線の新玉川線との相互乗り入れで都心まで四〇分でいけるようになり、駅前にはデパートがオープンしました。ただし大団地ができ、どっと人口が増えたため、娘が小学校に入学すると、一年生がなんと一六組まであったのには驚きました。校庭に急造のプレハブ校舎が並んでいました、

四　海外の大学で教える

コロンビア大学――一九七三年〜七四年

海外の大学で教えたはじめての経験はコロンビア大学でした。一九六四年に過ごした第二の母校であり、今回は家内と小学校一年生の娘朝子を連れての渡米であり、新しい経験ができるとわくわくする気分でした。ハワイ経由、ロサンゼルスでディズニーランドを訪れ、ニューヨークに着きました。住まいはどうするか。幸い、コロンビア大学でミュージコロジー（音楽学）を専攻する教授が一年間ローマに留学するので、家具、食器、ピアノなどすべて揃ったアパートを借りることができました。

かつてコロンビア大学の近く、モーニングサイドハイツは高級アパートが並ぶ地域でしたが、ハーレムに近く、治安が悪くなるにつれ、富裕層は皆郊外に移り、いまでは大学の関係者など限られたひとが居住していました。ですから、このアパートもかつての名残りで堅牢で贅沢な造り、エレベーターもエレベーター・ボーイが運転する旧式なものでした。エレベーター・ボーイといっても陽気な黒人のおじさんでしたが、このアパートに評論家が住んでいた時のことを懐かしそうに語ってくれました。

「あるとき、アーサー・ミラーさんが評論家を訪ねてお見えになったんですよ。誰が一緒にきたと思う。あのモンローさんだよ。私はボーと見とれて、四階で止めるのを間違えて五階まで行っちゃったんだ」

当時、マリリン・モンローはミラー夫人だったのです。

住まいが決まり、次は娘の通う学校の選択です。公立か、私立か。幸い、住んでいたアパートから歩いて通える範囲に私立のいい小学校があることを知り、見学にいきました。先生がチャペルに案内し「ここにはエンジェルがいるんですよ」と言います。「エンジェルがいるこの学校にいく」。娘は先生の一言が気に入り、早速入学の手続きを済ませました。

日本で小学校一年に入学、四月から七月から通って九月から始まるニューヨークでの新しい学校生活が待っていたのでした。初日、学校から帰ってきた娘が言います。

「みんな変な言葉を話しているよ」

「それは英語だよ」

「先生がすぐ〝コワイ〟〝コワイ〟って言うよ」

「明日よく聞いてごらん」

翌日、帰ってきた娘が言いました。

「ビー、コワイ……だよ」

なんと「be quiet」（静かにしなさい）でした。

日一日と、娘は英語に慣れ、話せるようになります。一週間後、学校を訪ね、担任のサスノフスキー先生にお会いしました。

「アサコが早く英語をマスターするよう、自宅でも英語を話してください」

「とんでもありません。われわれの英語はきわめて不正確です。一年後日本に帰るので、日本語の能力が落ちないように家では日本語で通します。学校で正しい英語を教えてくださいませんか」

ニューヨークは移民の街、多民族の街とあってクラスも白人、黒人、中南米系、アジア系とさまざまでした。先生は実に上手に生徒に教えてくれました。

「猫がいます。むこうから亀がやってきました。猫は寄ってくる亀に向かって背中を丸めフーッといいますね。そのフーッがFの正しい発音ですよ」

こうして娘はすぐに英語にも慣れましたが、最初に覚えたのは「I want to go pipi」（おしっこがしたい）でした。

さて、九月の新学期開始によって「戦後日本の対外関係」を英語で教えることになりますが、自分の英語がどの程度アメリカ人学生に理解してもらえるか、そのためにどのような準備をするか悩むことになりました。そこで考えたのが、日本語のよくできるティーチング・アシスタントの活用です。ティーチング・アシスタント（TA）は教授が学生に教える際その手助けをする大学院生で、TAをやることで授業料が何割か免除されるのです。

東アジア研究所のカーチス所長の紹介で若い女性が研究室にやってきました。

「エッセンベルと申します。週二回先生のお手つだいを一〇時間することで授業料が半額になるので、資料を図書館で探せ、学生のレポートの訂正などなんでもやりますのでおっしゃってください」

日本語ぺらぺらの女子学生です。

「あなたなんでそんなに日本語が上手いの」

「私はトルコ人です。父が外交官で日本のトルコ大使館勤務の時、国際基督教大学の高校で日本語を勉強し、父のアメリカ転勤に伴いワシントンのジョージタウン大学で日本研究をはじめ、いまコロンビア大学の大学院で百姓一揆の研究をしています」

「こうしましょう。次の授業のテーマについて私が日本語であなたに講義しますから、英語でメモをとってください。それをもとに教室で講義しますから」

「判りました」

こうして週二回、エッセンベルさん相手に講義の準備に入りました。

「今日のテーマは日中国交回復です」

「Sino-Japanese Normalization」

「正常化には、国際的背景と国内的背景があります」

「International background　and Internal background」

ものすごく頭のいい彼女は、こちらのいいたいことをすぐさま適確な英語で表現してくれました。そのメモをタイプして予習し、教室で講義するとwell prepared lecture（よく準備した講義）と受講生の評判も上々でした。しかし勝手が違ったのは、受講している学生が授業の最中に手を挙げて質問することでした。日本では「なにか質問はありませんか」と問いかけても手を上がる学生はほとんどいず、いても授業が終わってから個人的に聞いてくるのが普通です。エッセンベルさんの協力で授業は無難に進められましたが、突然の質問は想定外です。そこで学生に言いました。

「I never speak Engrish in Japan, So you do understand my Japanese acsent English. If Any question, please speak cleary, briefly and slowly」

エッセンベルさんはこのＴＡの仕事を「週二回家庭教師について戦後日本外交の歴史を勉強しているようで最高ですよ」と喜んでくれました。

二〇人ほどがこの講義を受講していましたが、そのなかで一人ひときわ目を引く黒人がいました。アメリカにいる黒人とはまったく雰囲気が違うのです。授業が終わるとその黒人が話しかけてきました。

「アフリカの外交官です。このレクチャーはアジア、特に日本の対外関係について詳しくない自分にとって大変参考になります。ついては近々先生を国連にご招待したいのですが……」

出された名刺を見るとなんとタンザニアの国連大使でした。やがてサリム大使のお招きで国連本部を訪れることになりました。タンザニアとザンビア間の鉄道を中国の協力で完成した記録映画「TAN-ZAN Railway under Construction」の上映会に招待してくれたのです。

会場の入り口にタンザニア、ザンビア両国の国連大使が並んで招待客を出迎えます。サリム大使が、ザンビアの大使に「コロンビア大学の客員教授プロフェッサー、イケイです」と紹介してくれました。ザンビアの大使が「よくおいでくださいました。プロフェッサーはサリム大使のご友人ですか」

「No Ambassador Sarim is My student」（いいえ、サリム大使は私の生徒です）

サリム大使はその後母国に帰り、外務大臣になったことを知りました。

こうして、コロンビア大学を中心とするニューヨークの生活が始まりました。家内は朝、娘を学校に送っていくと、バスや地下鉄を利用して美術館や博物館巡りやティファニーなど五番街の有名店のウインドウ・ショッピングを楽しんでいました。

エッセンベルさんが言います。

「わたし、結婚することになりました。結婚式に出てください」

「おめでとう。ところで結婚の相手はどんな方で、結婚式はどこで挙げるのですか」

「結婚相手はコロンビア大学の大学院でエンジニアリングを専攻しているトルコからの留学生です。結婚式は父が駐米大使なのでワシントンのトルコ大使館で行います。ちょうど桜の季節ですからポトマックの桜のお花見を兼ねて、奥さん、お嬢さんと三人でおいでください」

「お祝いをあげたいが、なにがいいですか。なにか希望がありますか」

「わたし、ご飯が大好きなので自動炊飯器をいただけますか」

ワシントンで自動炊飯器を売っているか判らなかったので、ニューヨークで買い、それを抱えて結婚式に出席したのでした。かってのオスマントルコ帝国の威容を思わせる壮大なトルコ大使館での簡素ながら荘重な挙式に参列し、一九一二年に当時の東京市長尾崎行雄が寄贈したポトマック川河畔の桜を楽しみました。真珠湾攻撃にはじまる日米開戦の折も切られることなく存続した桜、印象的だったのは「NO PICNIC」（宴会禁止）の看板でした。日本のお花見のように、花の下で酒を飲み、お弁当を楽しむのは一切禁止、しかし年に一回「Cherry

Blossom Festival」（桜まつり）が開かれるのです。

エッセンベルさんは結婚し、コロンビア大学で博士号を取得して、トルコに帰り、駐米大使だった父上は外務大臣になり、一家は母国で恵まれた生活を送っていると信じていました。ところが、父上が政変に巻き込まれ外相の地位を追われたとのニュースがはいってきました。エッセンベルさんはどうしただろう、消息が途絶えて数年が経ちました。

さて、コロンビア大学の一学期が終わって試験をすることになりました。しかし、アメリカ人の書くハンドライティングは癖があったり、汚なかったりで、とても読めたものではありません。学生に言いました。

「君らのハンドライティングは、僕にとってはサンスクリットみたいなものだ。判読不能だ」

ではどうするか。そこで考えたのは「テイク・ホーム・エグザム」です。問題を家に持ち帰り、タイプで打って提出する方式です。ただ自宅で書くとなれば、何を参照してもよく、他人の力を借りることも可能です。そこで問題に工夫を凝らします。「日中国交回復と米中接近をキーパーソンの動きを中心に比較検討せよ」といった問題なら簡単には答えられません。こうしてタイプした答案を提出してもらい、採点しました。驚いたのは、日本に帰国してから「自分への採点は厳しすぎるのではないか。Aプラスだと思ったらAであった。訂正できないか」とクレームが届いたことです。なぜこんなに成績にこだわるのか。成績によってさらに高額の奨学金がもらえると知って理由が分かったのでした。

こうして家族とともに大都会ニューヨークで過ごした一年は、日本からやってくる文化人のジャパン・ソサエティにおける講演会など貴重な体験となりました。

テッド・ウィリアムス少年野球学校に体験入学—一九七三年六月

せっかくアメリカに一年滞在するのだから、人ができない体験をなにかできないかと考えました。新聞の広告で目に留まったのが「Ted Williams Baseball Camp for Boys」（テッド・ウィリアムス少年野球学校）でした。

テッド・ウィリアムスと言えば、ボストン・レッドソックス一筋、特に一九四一年にはあと二試合を残して打率三割九分九厘五毛、四捨五入すれば四割です。監督に「二試合やすむか」といわれ「そんなことで獲った四割など意味がありません。あと二試合出ますから」とダブルヘッダーに出場、六打数四安打で打率を四割二厘に乗せたという伝説的な強打者です。名前を貸しているだけで、ウィリアム自身が教えてくれることは期待しませんでしたが、一体アメリカでは子どもにどのように野球を教えているのか知りたくて、キャンプの責任者宛てに手紙を出しました。

「コロンビア大学に日本から来ている三八歳の客員教授です。ご存じのようにベースボールは日本でも大変盛んですが、アメリカで子どもたちにどのようにベースボールを教えているのか、知りたいのです。体験入学をさせてくださいませんか」。

「日本のプロフェッサーがわが校に関心を持ち体験入学を希望され、嬉しい限りです。ゲストとしてお迎えします。一週間お過ごしください。費用は一切不要です」

なんと、無料で子どものための野球学校を体験できる、勇んでボストン郊外のキャンプに向かったのはいうまでもありません。八歳から一八歳までの少年のための施設です。

キャンプの朝は鳥の声で明けます。一三七エーカー（約五四八平方キロ）の広大な敷地に、林の中を切り開いて野球場五面、ヨット、釣り、水泳のできる池、バスケットボール・コート、その中に点在するこどものたちのための宿舎とコーチのためのアパート、それに食堂と事務所が建っています。

一日のスケジュールは次の要領で進められます。

七時起床、少年たちは二段ベッドが三〇ずつ並ぶドームといわれる宿舎から、班長の号令でぞろぞろと起きてきます。各ドームの端には大きな洗面所とシャワーとトイレ、少年たちは歯を磨き、顔を洗い、トイレをすませ大食堂へと向かいます。コーチとその家族、少年たちが並んで順番を待ちます。

八時朝食、パン、バター、ジャムは食べ放題。それにスクランブル・エッグとベーコン、ミルクとオートミール、野菜サラダ……。少年たちは旺盛な食欲を見せて平らげていきます。調理師は専属ですが、手伝うのはキャンプに来ている年齢の高い少年の一部です。彼らは炊事の手伝いをすることを条件にキャンプの費用が半額になるのです。

八時半から九時二〇分までは、各宿舎の掃除、ベッドの整頓、それに洗濯物を洗濯室に持っていく時間です。各自枕カバーを袋にしてシャツ、パンツなどを詰め込んだ少年たちが洗濯室のおばさんに「お願いします」と頼んで置いていきます。

九時半、全員グラウンドに集合、このキャンプの総責任者、ブランダイス大学野球部監督のオコンネルさんが全般的な注意を与えます。

「いいか、このキャンプに来たものは、年齢によって六つのチームに分ける。一つのチームは一四人で編成。各チームのコーチがつく。自分がどのチームに入っているか、自分のチームのコーチは誰か、はっきり覚えること。グラウンドは五面使って時々移動するから間違わないように……」

「チーム1はAグラウンドで守備練習、チーム2はBグラウンドで打撃練習、チーム3はCグラウンドで走塁の練習、チーム4はバッティングマシンで打撃練習……」

八歳から一〇歳の最年少クラスを受け持ったのは、リトルリーグのコーチとして長年の経験を持つブラウンさん。ボールが怖いので、あごを突き出してグラブで片手どりをしている子どもを集めます。

「おい、ジョージ、この腕時計を預かってくれ。大切なものだから落とすんじゃないぞ」

ブラウンさんは自分のしている腕時計を手首からはずして、ひょいとジョージに投げます。

大事な時計を落としてはいけないと、ジョージは両手でつかみます。

「いいか、大切なものだといったら、ジョージは両手でしっかり腕時計をつかんだな。ベースボールではボールが一番大切なんだ、両手でつかむんだぞ」

「時計は痛くないけど、ボールは痛いもん」

ジョージが口をとがらせます。

「そうか、それなら痛くないボールでやろう」

ブラウンさんは新聞紙を丸めガムテープで巻いた紙ボールでキャッチボールをやらせます。

「痛くないな。こわくないな。ではこれにしよう」

今度は紙のボールからテニスのボールに代えます。こうして子どもたちからボールに対する恐怖心が消えたところで野球のボールに戻すと、さっきまでへっぴり腰でこわごわボールを捕っていた子どもがちゃんと両手でつかむようになります。

次はゴロです。アメリカには日本のような軟式のボールはありません。少年用はやや小型ですが、やはり硬球ですからゴロは砂を噛んでくる感じです。こどもたちは怖いので顔を背け片手でボールを止めるのが精いっぱいです。コーチが言います。

「ボールが怖いんだろう。怖かったら逃げろ、これからノックするから……」。

コーチが一〇球、二〇球とノックでゴロを打ちます。こどもたちは逃げます。三〇球ほど打ち終わって、コーチはこどもたちを集めます。

「ボールに当たらないようにうまく逃げたな。だけどボールは君たちに逃げてもらいたいのかな。捕ってもらいたいじゃないのかい」

こどもたちは「それは、そうだ」とうなずきます。ここで、ゴロのノックの再開です。捕ればボールが喜んでくれる、こどもたちはボールを両手で捕りにいきます。コーチが言います。

「よくキャッチしたな。ボールは捕ってもらって喜んでいるよ。投げてもらえばもっと喜ぶんじゃないかな」

ボールの気持ちに託してこどもをその気にさせていく、日本なら「ボールが怖くて野球ができるか」と怒鳴って「根性のある子」が残るといったやり方をするところです。発想の違いに感心しました。

一一時半、午前の練習終了。一二時から一二時半まで昼食。

一二時半から一時半まで休息。親に手紙を書いたり、事務所からお金を引き出す時間。最年少のこどもが一日に使っていい小遣いは五〇セント、はじめ持ち金全部を事務所にあずけ、名前を言って五〇セントまで引き出すことができます。ある子は「サンキュー」と言いなさいと事務所のお姉さんに叱られています。

一時半、午後の練習開始。午後はほとんど試合です。「実戦から学べ」の方針です。各チームとも打順を一番から一四番まで決めます。

「君たちから同じ額の費用をとっている。だからチャンスは公平に与える。与えられたチャンスを生かすのは君自身だ」

赤毛のジムはピッチャー志望、さっそうとプレートに登りましたが、ストライクがまったく入りません。一二球続けてボール、打者三人をつづけて歩かせ、「ほかのポジションの方がいい、判ったな」とコーチにポンとお尻を叩かれ納得してマウンドを降ります。次の回、イタリア系の黒い髪の黒いジョーが登場しました。ランナー一、二塁でボテボテのピッチャーゴロを間に合わない三塁に投げてオールセーフ。途端にバッテリーが呼ばれます。

「キャッチャー、お前はランナーの動きが判ったはずだ。天に届くような声でファースト、ファーストと叫んでピッチャーに指示するんだよ」

バッティングは少々変なかっこうでも、打てばコーチは「それでいいんだ」と言います。根本的な欠陥がない限り、「打った」ということは自分に適したフォームだから、直そうとしません。ほめて自信をつけさせるのです。

午後四時、午後の試合終了。少年たちは各々の宿舎に帰ります。ここでコーチの役割は終了です。あとは各宿舎の班長、キャンプに参加している高校生にまかされます。責任者は他のキャンパーより三〇分早くグランドを離れ、世話役としての仕事の準備にかかります。このジュニアカウンセラーと呼ばれる少年たちはキャンプに無料で参加できるのです。「もうキャンプは四年目です」などというベテランがこの役目につくことになっています。

午後六時、夕食。各コーチが家族連れで大食堂に集まってきます。コーチは大別して三つに分かれます。元大リーガー、大学・高校の監督、リトルリーグの指導者です。彼らはこの野球学校と短くて一週間、長いと六週間の契約をしてやってくるのです。日本の大学、高校の監督のように一年中、身も心も没入して、ある時は家族の生活も犠牲にするのとは大きな違いがあります。ここではコーチが奥さん、子供を連れてやってきて日頃とは全くレベルの違う青少年を手掛けるのです。

午後一〇時消灯、キャンプの夜が更けていきます。広大な環境のなかでのキャンプ生活。ほとんどの子どもが恵まれた家庭の子であることは迎えに来る親の車を見るだけで判ります。一週間一六〇ドルの費用は安いとはいえません。あまり野球がうまくない白人の子に対し、一人センスのいい黒人の子がいました。

「どこからきたの」

「ニューヨーク、マンハッタン、ファーストアベニュー、一二二丁目」。

ここは黒人街の中心、父親はタクシードライバーだといいます。子どもをこのキャンプに送るため、何か月もかかってその費用を用意したことがみてとれます。

最終日。修了証と各コーチが採点した攻、走、守、ハッスルの度合いにわたる成績表を手にして大喜びの子どもたちです。「アイ・ラブ・ベースボール」。みなうっとりとして言います。キャンプを去るにあたり各コーチと握手して聞いてみました。

「子どもたちにベースボールを教える秘訣は何ですか。将来のメジャーリーガーを目指せそうですか」

八人のコーチはみな同じことを言いました。

「こんな楽しいベースボールを明日もやりたい、明後日もやりたい、五年後も一〇年後もやりたいという気持ちにさせることだ」

「野球は根性のある者が生き残る」と、きびしい監督のやり方についていけずやめていく少年野球、甲子園を目指しての理不尽に耐え、燃え尽きてしまう高校生の多い日本。

アメリカ野球の原点を学んだ一週間の貴重な体験でした。

ミシガン大学――一九八一年〜八二年

海外の大学で教えた二回目は、一九八一年八月から一年間のミシガン大学でした。親友のマイクことマイケル・オクセンバーグ教授が手筈を整えてくれたのです。

前回のコロンビア大学がニューヨークの典型的な都市型私立大学であったのに対し、ミシガン大学は自動車産業で有名なデトロイトの郊外アナーバーにある州立大学です。住まいはどうするか。出発前、マイクから国際電話がかかってきました。

「集合住宅が空くが、いまから押さえるか、それとも来てから決めるかい」

「マイクがいいと思ったら仮契約をしてくれよ」

「判った。ところでフットボールのシーズン・チケットは予約するかい」

なんで、そんなことを訊いてくるのか、よく事情がつかめないまま予約も依頼しました。行って判りました。ミシガン大学のフットボール部は全米大学のなかでも強豪で、特にオハイオ州立大学との一戦は一〇万人収容のスタンドが満員になるほど人気があったのです。


アナーバーに着いてまずやるべきことは、車を手に入れることでした。ニューヨークでは駐車場もなく、盗難のおそれもあり、地下鉄、バスの公共交通機関が発達しているので車を持つ必要はありませんでしたが、大学中心のこの街に住むにはショッピングセンターへの往復を含め、車なしの生活は考えられないのです。


車を買うには三つの方法がありました。

第一は大学の「売りたし、買いたし」の掲示板に「小型中古車希望」の広告を出すことです。しかし、アナーバーに着いたのが八月下旬。夏休み期間とあって迅速な反応は期待できません。

第二は、地元の新聞に出た「車売りたし」の広告主に電話して交渉することです。広告を見て電話すると、ほとんど売約済です。評判のよいトヨタやニッサンの車は、新聞が街にでた途端に広告をチェックして電話しないと出遅れることを知りました。

第三は、地元のディーラーにいき、何十台か並べてあるなかから、車の種類、値段などを考慮して購入する方法です。結局第三の手段を選択する他ありませんでした。シボレーの小型車シベットを購入したのですが、これがとんでもない代物でした。

車を手に入れ、アナーバーを中心に運転することになったのですが、運転には免許証が必要です。日本で国際免許証を取得してから行ったので、運転するのに問題はなかったのですが、運転免許証は身分証明書の代わりにもなるので、現地で免許を取ろうと考えました。

市役所に電話すると、州の出張所で目の検査と筆記試験を受けるよう指示されました。指定された所へいくと、目の検査─色盲、近視、乱視をチェックされます。筆記試験は「英語か、日本語か」と聞かれました。ニューヨークやロサンゼルスなら判りますが、まさかアナーバーといったアメリカの地方小都市で日本語で受験できるとは思いませんでした。むろん、日本語を選んで受けたのですが、英語の直訳で意味不明のものも多く、四〇問中三〇問以上正解なら合格ですが半分しかできず、見事失敗。なんとかなるだろうと多少油断して受けたことを反省し、ミシガン州が発行した『車を運転する人が知っておかなければならないこと』を熟読し、再挑戦しました。今回は英語です。では、アメリカの運転免許用の試験はどんな問題が出るのでしょうか。

問題は四択です。

第一問　あなたが車を運転中、道路脇に倒れているひとを見つけました、さて、あなたはどうしますか。

①とりあえず、降りて様子を見る

②電話して救急車を呼ぶ

③電話して警官を呼ぶ

④保険会社に電話する

正解は③です。日本なら①でもよさそうですが、アメリカでは、とりあえず様子を見ようと車を降りると「偽病人」でホールドアップされ、金品を奪われるケースがあるので、警官を呼ぶのが正解なのです。保険会社に電話するというのはいかにもアメリカです。

第二問　あなたが車を運転中、幼稚園の前でスクールバスが子どもを降ろしています。さて、あなたはどうしますか。

①そのまま通りすぎる

②スピードを落とし、安全を確認して通りすぎる

③一旦停止し、安全を確認して通り過ぎる

④子どもの降車が終わるまで停車して待つ

アメリカでは、安全最優先なので、④の子どもがすべて降りるまで待っていなければいけないのです。

こうして、二回目の挑戦で筆記試験はパスしました。次は実技です。すでに国際免許は持っているので、自分の車で受けることになりました。指定された場所にいくと、体重九〇キロはあると思われる黒人のおばさんが待っていました。試験官です。小型車シベットの助手席にその試験官が乗り込むと車体全体がぐっと沈みました。

「ハイ、スタートします。そこを右に曲がってください。次の角を左です」

信号のある交差点にきました。試験官は黙っています。信号は赤なので、青になるのを待って発進、次は信号のない交差点です。これこそ実地試験のポイントだと一旦停止し、慎重に左右を見て、人も車も来ないことを確認し車を動かしました。

「次の並木道の郵便局の左側に車を寄せて止めてください」

日本の自動車教習所で苦労した車庫入れとか縦列駐車など複雑なことは一切なし、土地が広いアメリカだからといえばそれまでですが、テクニックより安全に運転することが徹底されるのです。そういえば、試験を受ける前に渡されたパンフレットの始めにこんなことが書いてありました。

「自動車が発明される前、われわれは馬車を利用していました。馬は危険を察知して止まることもあります。しかし、車には意思がありません。アクセルを踏めば動き、スピードもでます。ブレーキを踏めばストップします。すべては運転するあなたにかかっているのです。運転する際なにより気をつけなければならないのは、あなたと同乗する家族、そして路上の歩行者や他の車です。運転のやりかたによってあなたの車は〝殺人の機械〟になることを考えて慎重に行動しましょう」

実技の路上試験は約二〇分、出発した場所に戻ると試験官は言いました。

「OK, you passed」（合格です）

こうして、地元で免許証を取得し、晴れて車を運転することになりました。購入した中古車を利用してわずか一〇日目、バッテリーが故障しウンともスンともいわなくなりました。早速買ったディーラーに電話して修理を依頼します。日本なら「すぐ修理して夕方までにお届けします」というところですが、「二、三日かかる」といいます。二日後連絡があり、受け取りにいくと「バッテリーを交換したので、五〇ドル四八セント」請求されました。

買って一〇日目、しかも運転者のミスによる故障ではないだけに、当然無料だと思い込んでいただけにこれは心外でした。親友マイクに相談します。マイクは早速電話でディーラーと交渉してくれました。

「それが信用されるディーラーのやることかい。なに、バッテリーの故障については保証書に書いてないだと。保証書がどうあろうと、無料にするのがディーラーの良心じゃないかね。よし、そちらが、そういうなら、こちらにも考えがある」

二日経って地元の発行部数三万部の地方新聞『アナーバー・ニュース』の〝物申す〟コーナー〝アクション・プリーズ〟にマイクの投書と回答が載りました。

「日本から招いた客員教授がこういう状況にあります。救済の手段はないものでしょうか」

「車を購入した人のいらだちはよく判ります。〝アクション・プリーズ〟担当者も検討し、ディーラーにも連絡を取りましたが、バッテリーの故障について保証書に明記されていない以上、残念ながらいかんともすることができません……」

契約社会アメリカです。〝アクション・プリーズ〟の回答、さらにやがてくる週末に備え、車無しの生活に耐えきれず、五〇ドル四八セントを支払って車は取り戻しました。しかし、腹の虫は収まりません。研究室の仲間、日本からの留学生などに憤懣をぶちまけました。

すると、中国史専攻のヤング教授が「私はまったく逆の経験をしましたよ」と語ってくれました。

「知り合いから日本車ホンダの中古車を買ったのです。ブレーキペダルが甘かったり、ハンドルの遊びがありすぎる、そこで修理に出しました。方々点検した結果、一〇〇ドル近く整備費用に払いました。修理工場のおやじさんが、ためしにこの領収証に手紙を添えてホンダの本社に送ってごらんなさいと勧めてくれました。二か月ぐらいたって、忘れた頃返事がきました。

〝わが社の車をご愛用いただきありがとうございます。検討した結果、今回の修理については当方で負担させていただきます。ご返事が遅くなったことをお詫びします。今後ともホンダの車をよろしくお願いします〟。こうした文面に添えて一〇〇ドルの小切手が同封されていましたよ」

ヤング教授が、今後も買うなら日本車、それもホンダと思ったことはいうまでもありません。一方、私がもう二度とアメリカの車は買うまい、人にも薦められないと決心したのは当然です。その後もわがシベットによってあらゆる故障を経験することになりました。スターターが動かない、冬になってウインドウに霜取り装置を付けるとすぐ壊れる。極め付きはスーパーマーケットでのできごとでした。家族でスーパーにいき、駐車場に車を停めて買い物をしていると、場内アナウンスが聞こえてきました。

「XTR087の車の持ち主は至急駐車場においでください」

「うちの車のナンバーだ」

娘が気が付き、駐車場にいくと人だかりがしています。なんとガソリンタンクに穴が開き、ガソリンが流れ、スーパーのマネージャーがガソリンが周囲に広がらないように砂袋を並べ、やがて消防車が出動してきました。幸い火災にはならず、わが車はレッカー車で修理工場に運ばれていきました。年配のレッカー車の運転手がいいました。

「あんたのそもそもの間違いは、アメリカの小型車を買ったことだよ。どうして日本車にしなかったの？」

アメリカにおける日本車の評価が高いことを改めて知ったのでした。ガソリンを食わない、なによりも故障が少ない、アフターサービスが良い、がその理由です。わずか五〇ドルで信用を低下させたアメリカ車、一〇〇ドルでファンを増やした日本車、その五〇ドルも帰国後書いたエッセイ「アメリカで中古車を買う方法」で取り戻したことを考えると、〝真の敗者〟は私でなく、アメリカであったことは明らかでした。

当時、地元のテレビでよく自動車のコマーシャルが流されていましたが、「フォードの車は日本車にくらべても燃費を節約できます」、「GMの車をお買いになると半年間あらゆる故障に対し無料で対応します」など経済性、アフターサービスなどを宣伝材料に使っているのに対し、ホンダはバットを持った一〇歳くらいの男の子が車をじっくり見ながら一回りします。そして一言つぶやくのです。「ぼくもいつか買うぞ!」。日本車はすべてを兼ね備えているのでイメージを優先することで十分だったのです。

しかし、日本車に押されて、アメリカ特にデトロイトの自動車産業に大きく依存していたミシガン州の財政が悪化し、やがてそれがわが身に降りかかってくるとは夢にも思いませんでした。

アナーバーで一年過ごすに当たり、中学二年の娘の学校をどうするか。ニューヨークでは私立でしたが、この地域は教育レベルも高く、公立に通わせることにしました。娘も小学校の時現地の学校に通った経験があるので別に抵抗もなくすんなり溶け込むことができると思いましたが、アナーバーは保守的なところでなかなかなじめませんでした。

感心したのは、先生が自分の方針に自信を持っていることでした。フランス語の先生は最初の時間に生徒をまえにして言います。

「私のもとで二年間しっかりフランス語を勉強すれば、パリにいってもその日から全く不自由なく生活ができます」

社会の先生はこんな宿題を出します。

「来週、法案を作って持ってきてください。廊下を走ってはいけませんでも、原子爆弾はやめましょうでもなんでも構いません」

翌週「自転車も信号のない交差点で一旦停止しましょう」を持っていくと「アサコ、この法案を作った提案理由を皆の前で説明してください。皆で討議してパスする（通過させる）か、キルする（廃案にする）か決めましょう」。

自分の主張をきちんと説明し、他人の意見を聞いて反論し成立まで持ってくる、こうした訓練を幼いときから訓練することを知りました。

ある時、娘が「今日は先生にほめられた」とニコニコしながら帰ってきました。この時の宿題は「新聞の記事を読んで自分の意見をいれてコメントしましょう」でした。ちょうどこの当時、アナーバーには鳩が増え、所かまわず糞をして街を汚すと問題になっていました。住民の苦情に応えて、市役所は毒入りの餌を撒いて鳩を除去する作戦にでたのです。ところが別の問題が生じたのです。毒入りの餌の効果によって大量の鳩が死にましたが、屋根の隙間やベランダの隅の鳩の死体が腐り、うじが湧くなど新たな「公害」が生じたのです。娘はこの問題をとらえて、最後に「あの可愛い鳩を殺すアメリカ人が、クジラを殺すといって日本を非難することができるのでしょうか」と結んだのです。先生は、「Asako, that's very good point」とほめてくれたのです。

娘の英語力、特に英語で言いたいことを文章で表現するのは困難なので、依頼してきてもらったのが、教員経験のあるミセス・ポープでした。もう七〇歳を過ぎているにも関わらず、元気いっぱい熱心に指導してくれました。驚いたのは、見せてくれた家族の写真です。なんとご主人が黒人だったのです。一九八一年の時点で七〇歳として、ポープさんが結婚したのは一九三〇年代と思われます。当時、白人とくにポープさんのように学歴のある白人女性が、当時のアメリカの社会的風潮、周囲の反対などさまざまな制約があったなかで黒人男性と結婚するにはどれほどの決意で踏み切ったか、あえて尋ねませんでしたが、隠さず家族の写真を見せる姿に驚いたり、感心したりしたものです。若きポープさんが両親に「結婚したい」と黒人男性を紹介した時、両親はどのような反応をしたのか、名優スペンサー・トレイシーとキャサリン・ヘップバーン扮する夫婦のもとに娘ジョアンナが連れてきたのが優秀な医師とはいえ黒人ジョン（シドニー・ポワチエが演じました）の出現に戸惑う人種間結婚を描いた映画「招かれざる客」（一九六七年公開）を思い浮かべたのでした。

娘は日本でキリスト教系の中学に通っていたのですが、そのまま在籍すると帰国後一年下の学年になるとのことでした。そこで考えたのが、一度退学して、帰国後編入試験を受けて再入学するという案でした。「それで結構ですが、日本語の能力が落ちないように気を付けてください」と念を押されました。

英語はできるようになっても、国語の読み書きが落ちてはいけないと、広島大学教育学部からミシガン大学に留学している女子学生に週二回家庭教師として来てもらい学力維持に努めたのです。娘なりに「作戦」を考えていました。日本のクラスの友達にせっせと手紙を書き、いざとなったら「朝子を落とさないでください」とクラス全員に署名運動をしてもらおうとの「作戦」でした。

ミシガン大学の授業が始まりました。かつてコロンビア大学で教えた経験とエッセンベルさんの協力で作った講義用資料を活用することができたので割合簡単に溶け込めました。

さてここで「野球の虫」が騒ぎだしました。日本で深沢クラブという世田谷区軟式野球連盟Aクラスのチームでファーストとしてプレーし、ゼミ対抗のソフトボール大会でも学生に交じってバリバリやっていただけに、アメリカでも野球がやりたかったのです。ミシガン大学の関係者に「草野球」（サンドロット・ベースボール）か、ソフトボールのチームを紹介してほしいというと「これまで日本から何人か客員教授がきたが、そんなことを言ってきたのは、あなたがはじめてですよ。アナーバー市役所のレクリエーション課に電話してごらんなさい」とアドバイスをもらいました。レクリエーション課は親切に対応してくれました。

「あなたのようにソフトボールをやりたい希望者がかなりいるので、説明会をひらきます。来週の日曜日に小学校の教室に集まってください」

出掛けていくと十数人が来ています。年齢も職業も千差万別です。公務員、青果業の経営者、公認会計士、ミシガンの不況を反映して失業者までいます。市の職員がやってきました。

「皆さん、市が後援するソフトボールは二種類あります。ファスト・ピッチとスロー・ピッチです。あなた方の顔ぶれを見るとスロー・ピッチがいいでしょう。ゲームは一週間に一回、ウィークデイの夕方五時半に試合開始です。帽子は支給します。Tシャツは自由です。なお安全のためスパイク・シューズは禁止です。ではメンバーを決め、何曜日にエントリーするか決めてください。とりあえずチーム名はＰＷＷＴ（People Who Want Team）とします」

スロー・ピッチとは通称マウンテンボール、投手は投球する際、キャッチャーに届く前にボールが打者の頭の高さを超えるやまなりの球を投げなければいけない方式でおこなわれるのです。面倒見の良さそうな公認会計士をキャプテンに選び、曜日は月曜、チームのニックネームは **Blue Mavericks**（青き狼）とし、ブルーのＴシャツを着ることにしました。

九月のアナーバーはサマータイムと相まって夕方七時過ぎまで明るく、仕事を終えて五時半に試合開始でも十分、七回のゲームが可能なのです。とりあえず、翌日集まり、どこを守れるか、守備位置と打順を決めることにしました。アナーバーには集まって練習のできるような場所はいくらでもあります。長年やっていたファーストを希望したのですが、太目で左利きのジョーがファーストしかできないというので外野に回ることにしました。

こうしてマンデー・ディビジョンに登録し、いよいよわがブルー・マヴェリックスはアナーバー・スロー・ピッチソフトボールリーグの第一戦に臨むことになりました。気になる第一戦の相手はなんと US ARMY 陸軍のチームでした。一メートル八〇を超える黒人兵を含む巨漢の集まりです。「オー、ノー」、一目見たわがチームからため息がでます。ところが試合が始まると見掛け倒し、体は大きいが打てない、守れないのチームでした。聞いてみると新兵募集など事務関係の従事者で、軍事訓練などやったことがない人たちだったのです。したがって、試合は快勝、「アメリカ陸軍をやっつけたぞ、海軍でも、空軍でもかかってこい」、意気上がるわれわれはビアホールに繰り出します。ビアホール側も心得ていて、「**SOFTBALL PLYER**

WITH UNIFORM SPECIAL DISCOUNT」の看板を出して呼び込みます。コップが配られ、大ジョッキを取り寄せ、各自に注いで足りなくなると大ジョッキにするか中ジョッキにするか決めて、割り勘で精算するという仕組みです。なお、試合のスコア、ブルー・マヴェリックス５―１ＵＳ陸軍、「ジョー３回に満塁の走者一掃の二塁打放つ」などその試合のハイライトを添えて書き、審判のサインをもらって勝ったチームが地元の新聞『アナーバー・ニュース』に届けるのです。翌日の新聞のスポーツ欄に載るというわけです。

やはりアメリカ人のなかに交じってプレーすると自分の非力が痛感されます。日本のプロ野球が「大砲」として大きいのが打てる外国人選手を獲るのがよくわかります。そこでこちらは、草野球歴三五年の経験を活かし、バットを一握り余して一、二塁間を狙いすまして渋いヒットを打つのです。付いたあだ名が「チープヒット・プロフェッサー」でした。

なるほどと思ったのは、いかに楽しくやるかのルールがあることです。一五人くれば、守備は九人ですが、打順は一番から一五番までで組んでも可、仕事の都合などで人数が揃わなくても七人集まれば試合をすることができる、時間節約のため２ストライク後のファールは３バント失敗と同様アウト……などです。

こうして週一回、楽しくプレーしたのですが、もう一日やりたくなりました。レクリエーション課に相談すると「スロー・ピッチのチーム二つでプレーすることは許可できません。コー・エドのチームなら可能です」

「コー・エドとはなんですか」

「男女混成チームです」

それも面白いと早速申し込みました。ひとつのチームは十人以上で構成、打順は、男、女、男、女……、あるいは女、男、女、男……と男女が交互になるよう組むことになっています。

こんな特別ルールがあります。例えば2アウトランナー二、三塁で打者に男性が出てきたとします。守備側はこの男性を敬遠し、次の打力の弱い女性と勝負しようとの策をとります。これをさせないルールです。

「ストレートの四球を得た打者の次打者は審判に〃打つか〃、〃歩くか〃請求する権利がある」

要するに、ひとりをストレートの四球で歩かせると、次の打者も四球を得ることができる、二人敬遠となるのです。このルールを利用してこんなことがありました。2アウトランナー三塁でたまたま小柄なメアリーがストレートの四球で歩きました。次のジョンがいいます。

「俺のあとのナンシーは打つから歩くことにする」

ジョンは審判に「アイ、ウォーク」と申告します。打者からの申告敬遠です。作戦は図に当たり、ナンシーは見事にセンター前ヒット、一点を獲得しました。

なお、審判には女性もいます。

「スティーライク！」甲高い声でコールします。

「どうしたら審判になれるんですか」

「まずルールの勉強をして筆記試験を受けます。次は男の審判同士の試合をジャッジすることで実技を学びます。特に、アウト、セーフ、フェア、ファールの判定は自信をもって大きなジェスチャーで示せと教わります。注意されたのは、判定する時の位置ですね。三塁からランナーが突っ込んでくる、レフトからの返球をキャッチャーが捕球しタッチにいきます。その時キヤッチャーの後にいたら、ランナーの足がホームプレートに届く前にタッチしたか判りません。素早く横に動いて見ることが大切なんです。謝礼は一試合スロー・ピッチが一〇ドル、ファスト・ピッチは一五ドルです。好きなことをやってアルバイト代が入る、こんな楽しいことはありませんよ」

こうして、三ヵ月ソフトボールを通じて大学以外のひとびととも親しくなり、実にいい思い出となりました。

フットボールのシーズンは一〇月末からです。ではミシガン大学の野球部はどこで試合と練習をしているのか。耳よりなニュースが入ってきました。アナーバーの有志がミシガン大学野球部を激励する昼食会を開くというのです。早速申し込んで参加しました。日本と違って、アメリカの大学と高校の野球は、神宮、甲子園に相当する大会はなく、人気もありません。会場のレストランにいくと、野球部員二〇名が一五のテーブルに割り当てられて座ります。後援会員と同席し、大いに語ろうという試みです。面白いのは、テーブルごとにスポンサーがあることです。テーブルAは××ドラッグストア、テーブルBは××ハンバーガーショップ……です。最後にキャプテンのジムが挨拶しました。

「今日はわれわれベースボールチームのため励ましの会をひらいていただきありがとうございました。ガールフレンドのキャーキャーいう声援より、皆さんの激励がよほどわれわれをやる気にさせます……」

このキャプテン、ジム・パチョレックがのちに大洋ホエールズ（現ＤｅＮＡベイスターズ）に入団、以後四年に亘って日本のプロ野球で活躍するとは夢にも思いませんでした。

三人の元駐日アメリカ大使を訪問

ミシガンにいる間に一つのテーマの生きた材料を得ようと考えました。それは日本に駐在した元アメリカ大使を訪ねて思い出話を聞くことでした。戦後の駐日アメリカ大使で一番日本人に親しまれたのはハーヴァード大学教授からケネディ大統領の要請に応じて赴任したライシャワー大使でした。大使の役割を終えてハーヴァードのキャンパスに戻ったライシャワー氏の大使時代の役割を検討してみたいと、同教授の書いたもの、大使時代の講演、日米両国の同大使に対する論評などコツコツと集め、「アメリカの対日政策―ライシャワー大使の役割を中心として」を慶應法学部の学内紀要『法学研究』に発表したのは、一九七〇年七月のことでした。草稿の段階で、当時来日中であったライシャワー教授の宿泊先の東京プリンスホテルに校正刷を預けて、教授自身にお目通しを願いチェックしていただいたこともありました。

戦後の駐日アメリカ大使はマーフィー、アリソン、マッカーサー二世、ライシャワー、ジョンソン、マイヤー、インガソル、ホジソン、マンスフィールド……となりますが、ミシガン大学に滞在中に連絡がとれたのは、ジョンソン、インガソル、ホジソンの三大使でした。

アレクシス・ジョンソン大使は、ワシントンの古いがいかにも良き時代の建築物といった格調あるアパートの一室で、自分が外交官になったのはアメリカの外交に寄与したい、海外で活躍したいといったロマンチックな動機からでもなんでもなく、大不況のなか、二五〇〇ドルの年俸に惹かれたからだ、日本語研修のため戦前の日本に送られ、二年間豆腐屋のラッパ、金魚売の売り声、按摩さんの笛のなかで生活したが、「語学のセンスがなく」日本語を話すことはものにならなかったなど、若き日の思い出を含めいろいろ伺うことができました。

シカゴのビジネスマンから大使という異例のコースをたどったインガソルさんは、シカゴ商業会議所の一室ですらりとした長身に柔和な笑顔を浮かべながら、隠し芸のハーモニカ演奏を大平外相にリクエストされた際、「大臣がなにか歌われるならわたしも吹きましょう」といったところ、なんと大平さんがフランク永井の「夜霧の第二国道」を気持ちよさそうに歌い、外務省の役人たちが「あんなに機嫌のいい大臣はみたことない」と驚いたことなど語ってくれたのです。

ホジソン大使は、ミシガンから出した手紙に対し、直ちにミシガン大学の研究室あてに電話をくれました。"Thank you for calling Mr. Ambassador" というと "Don't call me Ambassor, Just call me Jim" ときわめてフレンドリーな対応で、カリフォルニアの自宅を訪ねるよう指示してくれました。ビバリーヒルズの邸宅は、かってハリウッドの女優ロンダ・フレミングが済んでいたとあって、広くはないが瀟洒《しょうしゃ》な造りで、日本から持ち帰った浮世絵、日本人形などに囲まれた居間で、歓迎してくれました。

かってロッキード社の労務担当副社長から抜擢されたことが示すように、自分はヒューマン・リレーションズのエキスパートだとの言葉通り、私と夏休みを利用してアメリカにやってきたゼミ生四人を前に実に楽しそうに昔話を披露してくれました。大使在任中の最大の思い出はフォード大統領の訪日だったそうです。天皇主催の晩餐会の答礼として、大統領主催の晩餐会の折隣り合わせた美智子皇后に大使はこう話しかけたのです。

「私たちは宮中で賜ったような素晴らしいぶどう酒は差し上げられません。今日お出しするのはカリフォルニア産のぶどう酒でございます。カリフォルニアは大変にいいぶどう酒を産します。同時に美しい女性も生む州でもあります。ちなみに、私の家内はカリフォルニア出身でございます」

笑い出した皇后が思わず「ご馳走様」といわれたエピソードを楽しそうに語る元大使は、在任中「日米無風時代」だったことを含め快適だった当時を振り返ってくれました。

このインタビューを含め、いろいろ資料を集めて論文にまとめました。「駐日アメリカ論―1952〜1982」と題して慶應の紀要に寄稿するとともに、一九八四年夏にサンフランシスコで開催されたアジア学会で発表しました。多くのアメリカ人研究者が、大使を通じてみた日米関係という変わった視点に興味をもってくれ、取材に来ていた産経新聞の住田特派員により、面白い研究発表があったと歴代大使の写真を並べてかなりの紙面を割いて紹介してくれました。その後、このテーマに関心を持ち続けていたところ、元大使の回顧録が刊行されたり、アメリカ側の資料が公開されるなど本にまとめる価値があると、『駐日アメリカ大使』（文春新書）（二〇〇一年、文藝春秋）となったのでした。

フットボール、そして冬がきた

暑かった夏が終わり、アナーバーの街とその周辺にも紅葉の美しい秋がやってきました。デトロイトでミュージカル「王様と私」が上演されるとのニュースが入ってきました、主演はあの名優ユル・ブリンナーです。

一八六〇年代のシャム（現タイ）のラーマ四世のこどもたちの家庭教師として招かれたイギリス人女性の回顧録をもとに書かれた小説『アンナとシャム王』をもとに作られたミュージカルの傑作です。「南太平洋」、「サウンド・オブ・ミュージック」など多くのミュージカルの傑作を生んだ劇作家オスカー・ハマースタイン二世と作曲家リチャード・ロジャースの名コンビが生んだ傑作。一九五一年三月ニューヨークのブロードウェイで初演以来三年のロングランとなり、ミュージカル作品に与えられる最高の名誉トニー賞五部門を獲得した名作であり、日本では一九五六年にユル・ブリンナー、デボラ・カー主演の映画で有名になりました。

前回、家族とニューヨークで過ごした折、「王様と私」はじめ、よく知られたミュージカルの上演がブロードウェイで上演されることがなかったため、デトロイト公演の機会は絶対に逃すまいとチケットを予約、タクシーで劇場に駆け付けました。舞台の幕が開き、王様のこどもたちの行進、ひときわ音楽が高まると皇太子が悠然と入ってきます。有名な「シャルウィダンス」に乗って王様とアンナが踊るシーン、劇中劇の「アンクルトムの小屋」など王様役のユル・ブリンナーの圧倒的存在感と相まって本場のミュージカルを堪能することができました。

当時、ユル・ブリンナーは一九八一年から四年間「王様と私」の全国ツアー公演中でデトロイト公演もその一環だったのですが、ブリンナーはこの公演の無理が祟って一九八五年のブロードウェイ公演直後その輝かしい生涯を終えました。ちなみに、ブリンナーは初演以来この王様役を舞台で四六三三回演じたとのことです。

秋が深まり、フットボールのシーズンです。アメリカでは、ベースボールはサマーゲーム、フットボール、バスケットボール、アイスホッケーはウィンターゲームといわれます。

日本を出る前、マイクから「フットボールのシーズン・チケットはいるか」と連絡があり、申し込むと返事したのですが、行ってみてフットボール人気の凄まじさに驚きました。大学専用のフットボール場「ミシガン・スタジアム」〈愛称ビッグ・ハウス〉は一〇万七六〇一人収容可能の大きな施設ですが、宿敵オハイオ州立大との試合は超満員になります。ちなみにプロフットボールのNFLでも一〇万人収容できるスタジアムを持っているチームはありません。アナーバー市の人口は一一万人ですから、市のほぼ全人口が収容できる大きさです。ミシガン・オハイオ戦の当日、オハイオ州からバッカイズの応援団が何台もバスを連ね、一般のファンも自分の車に州立大の校旗を押し立ててやってきます。当然駐車場が足りません。フットボール場周辺の家庭の稼ぎ時です。「PARK　$20」といった手作りの看板を玄関前に出し、庭を臨時駐車場にして小遣い稼ぎをしようというものです。

ミシガン・マーチングバンドのリズミカルな演奏とともに両校選手の入場、チアリーダーが盛り上げ、スタジアムの熱気は一気に高まります。「GO　Blue」、ウルヴァリンズ応援の大声援がファンから湧き上がります。当時、ミシガン大学フットボール部にはアンソニー・カーターという名ワイドレシーバーがいました。高校時代から有名だった彼のもとに「うちにこないか」と奨学金付きの勧誘が一五もの大学からあったといいます。しかしカーターは「名監督ボー・シュー・バッカーのいるミシガン大学ウルヴァリンズでやりたい」と必ずしも気候の良いとはいえない土地にやってきました。期待にたがわず、カーターはワイドレシーバーとして大活躍、こま鼠のようにグランドを走り回って敵陣を突破しスタンドを埋めたファンを熱狂させます。しかし、学生にいわせるとカーターは勉強の面ではまったくダメということでした。試合後のマスメディアのインタビューに答える時は大学生、読ませると中学生、書かせると小学生低学年、「あいつはＯＬＹＭＰＩＣのスペリングがまだまともに書けないぜ」と言われていました。しかし、いざゲームとなると快足を活かし、敵陣を突破してあっという間にタッチダウンに成功、隣の席の教授がささやきます。

「だからあの子は読めなくても、書けなくてもいいのよ」

カーターはのちにＮＦＬのミネソタ・バイキングスなどでプロのフットボールプレイヤーとして活躍します。ミシガン大学にはＢＣ、ＡＣという言葉がありました。「before Carter」、「after Carter」（カーター以前、カーター以後）、カーターの加入以前と以後でウルヴァリンズのフットボールが変わったというのです。

ちなみにアメリカの中西部を舞台とした小説の翻訳を読んでいたとき「オハイオ州なんて大嫌い」という箇所に引っかかりました。原文に当たると「I hate Ohio State」です。このOhio State は州ではありません。オハイオ州立大のことです。したがって「打倒オハイオ州立大」が正しい訳なのです。

なお、ミシガン大学フットボール部の自慢はＯＢのなかから大統領が出たことです。三八代のフォード大統領です。フットボール選手としても全米代表に選出された名選手で、ＮＨＬの名門グリーンベイ・パッカーズ、デトロイト・ライオンズから勧誘されたほどでした。プロ入りは断り、イエール大学のロー・スクールで学び、弁護士資格を得て下院議員となって政治への道を歩み、副大統領の時、ウォーターゲート事件で辞任したニクソン大統領に代わり昇格し、ホワイトハウスの主人公になったのです。

フットボールシーズンの到来は冬の到来でもあります。一二月になると、異常な寒さになってきました。寒暖計は零下一〇度を示すようになりました。特に雪が降り、風が吹くと体感気温は氷点下二〇度にも達します。外に出るときは、プロレスの悪役のように目と口だけ出した覆面マスクをかぶり路上に立つと三分ほどで体がじんじんしてきます。足踏みをして体を動かしていないと文字どおり凍え死にそうになります。したがって徒歩はあきらめ車での移動となりますが、これがまた問題でした。

ミシガン州の経済はデトロイトを中心とする自動車産業に依存しています。その自動車産業が日本車に押され不振を極め、州や市のさまざまな予算がカットされ、それが除雪の手抜きにつながったのです。メインストリートは除雪をするが、サイドストリートに手をつける余裕はなく、それが車の運転の障害になったのです。

坂道の赤信号で停車し、いざスタートしようとすると車輪が雪でスリップして前へ進みません。スリップに備え、車に砂とスコップを入れておき、なんとかしようとしても簡単にはいきません。頼りになるのは、人の力です。こうした車をみると周りの人、二、三人が後ろから押してくれるのです。スリップから抜け出したら「サンキュー！」と叫びながら止まらずそのまま いくことです。困っている車をみるとずいぶん助けましたが、手で押すと手首を痛めるので、厚いオーバーを着た肩を使って押すのです。下りの場合も問題でした。夜雪が降り、昼間太陽が出ようものなら、夕方の路面はアイスバーン、スケートリンクのようになります。そうなるとブレーキを掛けても車が止まってくれず、やむなく雪が多く積り山になっているところに突っ込んで止めるのです。こうして、雪道の車の運転には随分気を使いました。

この年アメリカは二〇世紀最悪の寒さに見舞われ、その年にミシガンで過ごしたのは「寒さの歴史」を体感したことになりました。

神経性胃潰瘍に苦しむ

長い冬が終わり、春がやってきました。日本では二月から三月そして四月と徐々に春らしくなります。まさに「梅一輪、一輪ほどの暖かさ」です。しかしミシガンの春は三月まで雪が残り、四月になって木々が一斉に芽を吹き、あっという間に葉が茂り、春というより初夏の訪れです。服装も厚いオーバーからいきなりタンクトップという変化です。

四月になったある日、胃に刺すような痛みを感じました。ただの痛みではない。ミシガン大学医療センターに駆け付けました。「stomach ulcer」ではないか。胃潰瘍との診断でした。下着を脱ぐといきなりお尻の穴に指を突っ込まれました。

「幸い出血はないので、痛み止めの薬をあげるから、明日おいでください。胃カメラで検査します。なお、全身麻酔でおこなうので、車で来るなら帰りに家まで運転してくれる人を連れてきてください」

家内が心配します。

「あの体の大きなアメリカ人並みの全身麻酔をやられて一生覚めないかもしれない。幸い出血していないから薬をもらって、胃カメラの検査は日本でやった方がいいのじゃありませんか」

日本で胃カメラの検査を受ける場合は、管を通す喉だけの局部麻酔です。慶應の同僚がドイツに留学した際、不眠に悩み「睡眠薬」をもらって指示された量を飲んだところ、二四時間目が覚めなかったときいたこともあり、アメリカでの胃カメラによる検査は辞退して、計画していたヨーロッパ経由を取りやめ、勝手知っている西海岸、ハワイ経由で帰国することにしたのでした。

帰国して受けた胃カメラの検査の結果、神経性胃潰瘍との診断が下りました。ミシガンにおける英語での授業、雪道における車の運転などがストレスとなって胃に潰瘍ができ、それが春になって一気に「爆発した」のです。担当の医師も「これは神経性のものですから、手術しても他の箇所にでます。薬を服用し、神経を使わないようにしてください」とアドバイスしてくれました。慶應病院に入院、手術はせずに薬の服用と一日二回の注射で約一ヵ月治療した結果、ようやく回復しましたが、「胃潰瘍痕」は残り、以後過労、食べすぎなどに人一倍気を遣う生活となりました。

ミシガン大学で優秀な研究者を発見

ミシガン大学で過ごした間にひとついい発見がありました。添谷芳秀《そえやよしひで》君という若手研究者を知ったことでした。

朝鮮戦争における中国の参戦を分析した名著 *China Croses the Yaru* の著者ホワイティング教授は「現在、自分の元で博士論文を書こうとしている大学院生はアメリカ人をはじめ八人いるが、日本人のYOSHIが一番優秀だ」と評価していました。ホワイティング教授がアリゾナ大学に移り、指導教授が親友マイク・オクセンバーグになったこともあり、添谷君はさらに身近な存在になりました。

当時、ミシガン大学には日本民謡の研究家がいて、われわれ日本人を含め、民謡を皆で楽しむことになりました。ここで「エンヤートット、エンヤートット……」と合いの手をいれてください……といった指示に従って、添谷君などとアメリカの地で「佐渡おけさ」などを習ったのでした。

将来、慶應における自分の後継者を考えるに際し、こんな人物がいいなといくつかの条件が頭にありました。

第一は、いうまでもなく研究者として優秀なことです。

第二は、国際的に活躍できる研究者であることです。今後の研究者は国内で業績を出すだけでなく、国際会議に参加する、国際シンポジウムを企画する、海外の研究者と交流する、英語で論文や著書を公にするといった活動ができる人物です。

第三は、教育者としての資質です。研究者としては優秀だが、学生の面倒はあまり見ない。見るとしても教室や研究室などキャンパス内に限られ、合宿などはやらない、ましてやコンパとか飲み会には絶対に加わらないといったタイプではなく、大学院生の論文指導、ゼミ学生との交流など積極的にやってくれる人でなければなりません。

第四は、外交史研究者として、日本の外交政策に影響を持つ、言い換えると外務省に献策できるような識見の持ち主であって欲しいと思ったのです。

第五は、東大出は避けたいということでした。かって東大を定年になった刑法の教授を専任で招き、研究室を決めて、学部と大学院の授業を開始し、ゼミもスタートしたのが四月、ところがなんと七月に「最高裁の判事に就任しますから」とわずか四か月で退職、授業もゼミもすべて「放棄」して慶應を去りました。われわれの常識では考えられません。「慶應は単なる腰掛け」としか考えておられなかったのです。

添谷君は上智大学外国語学部英語学科の出身、副専攻として「国際関係論」を修め、卒業論文は「朝鮮半島の分断をもたらした要因の考察」でした、同大学院外国語学研究科に進学、修士論文のテーマは「アメリカの朝鮮政策―１９４５～１９５０」でした。朝鮮半島をめぐる国際政治の研究を志し、ミシガン大学大学院政治学専攻博士課程に入学し、ホワイティング教授に指導を受けることになりました。しかし、ホワイティング教授の転勤により、指導教授の変更とともに研究のテーマを朝鮮半島から中国へと変更したのです。

一九八七年、論文"Japan's Postwar Economic Diplomacy with China : Three Decades of Non-governmental Experiences"により博士号を取得して帰国しました。アメリカの大学の博士号は論文の草稿を指導教授に提出し、指摘された点を調べ、何回も書き直し、最後に主専攻分野と副専攻分野の複数の教授の面接によって授与が決まります。添谷君の場合、戦後日本がアメリカの圧力により、台湾を「中国を代表する政権」として認めざるを得なかったところから、北京政権との関係は「政経分離」のもと、経済と文化交流に限定せざるを得ず、日本の政界、財界、言論界の動向を分析したことは資料の点など日本人研究者であることを生かしたいいテーマでした。中国政治のオクセンバーグ、日本政治のキャンベル両教授の要求に応じ、国際政治の枠組みを使って何回も書き直して完成させた論文でした。

博士論文の最後は面接、口頭試問です。直接指導した二教授に加え、日本経済専攻のサクソンハウス教授、国際政治・国際組織論のジェイコブソン教授が加わり、四人によって最終判断が下されたのです。

大学の人事は難しいところもあるので、慎重にことを進め、国際政治の神谷不二先生などの賛同を得て、慶應法学部に専任として来てもらうことにしたのです。期待に違わず、国際的な研究プロジェクトや会議で海外出張の機会も多く、外務省や防衛省との関係もでき国策に関与するケースも増え、学生、院生を熱く指導し、わが目に狂いはなかったと安心しました。

時の経つのは早く、添谷君も定年で退職、在職中七〇人の修士と外国人を含め一二人の博士号取得者を残してくれました。

台湾の大学で教えた二ヵ月

国際交流基金から「台湾の大学で教えませんか」との打診があったのは、二〇一二年のことでした。台湾にはいくつかの大学がありますが、代表的なのは台湾大学です。戦前日本の統治時代に創設された台北帝国大学が改称され、国立台湾大学となり日本でいえば東大に当たる大学です。以下、国立、私立を含め北の台北から南の高雄までいくつかの大学が存在しますが、そのうちトップ11に入る中に国立政治大学があります。

この政治大学（略称政大）の国際事務学部の日本研究修士プログラムの大学院生に「戦後日

本政治外交史」を講義し、ついでに台湾各地の大学も訪問し、講演や指導をおこなって欲しいとのことでした。受講する院生は皆日本語ができるので講義や提出させるレポートもすべて日本語で可という条件でした。期間は二〇一二年二月から四月にかけての二ヵ月です。

かねて台湾には興味があり、過去に何回か観光で訪れたこともあり、ゼミOBも何人か台北に勤務している、しかもすべて日本語でよいとの条件なので喜んで引き受けました。

政治大学のキャンパスは台北の郊外に位置しています。宿舎はどうなるのか。外国人教員用の国際会館が予定されていましたが、たまたま地方から政大の大学院を受験する受験生のための臨時宿舎にするとあって、一週間は少しはなれたビジネスホテルを利用し、バスで通うことになりました。

「戦後日本政治外交史」の演習に参加したのは、八人の院生でした。

「では、台湾と日本を比較しながらこの演習を進めましょう」と開始に当たって提案しました。

「では、共通点は？」

「国土が狭いです」

「資源、特に石油など自然資源がありませんね」

「四面海に囲まれた島国です」

「国民の教育水準が高く、しかも勤勉でよく働きます」

「対米関係が一番重要です」

「こういった共通点があるところで、戦後日本の政治と外交の展開を見ていきましょう」と演習を進めていきました。

時には、こんな問いかけもしてみました。日中国交正常の折、北京を訪れた田中角栄首相が「かって日本は中国に大変ご迷惑をお掛けしました」と挨拶し、通訳が「添了麻煩」と訳し、周恩来首相以下中国要人が「言葉が軽すぎる、〝添了麻煩〟は通りかかったひとにうっかり水をかけたとき謝る程度の表現だ」と激怒したといいますが、ではどう訳したら中国側は満足したと思いますか……。中国語を母国語とする台湾人学生たちに「こういう表現はどうだろう」とお互いに議論させることもやってみました。

一ヵ月の演習が終わったところで、日本をテーマにしたレポートを提出させました。「日本における平和憲法の運用」、「戦後の日台関係」など概説的な大きなテーマばかりで、明治憲法からはじめて現憲法まで延々と論じるのです。そうした概説でなく例えば「日本における憲法論議の展開―護憲派と改憲派を中心に」といったテーマで書くよう指導しました。

毎年憲法記念日には護憲派、改憲派がそれぞれ会合を開きます。各派のメンバーと主張は台湾でも読める日本の新聞、インターネットによる情報で十分入手できます。政府は改憲の意図は持ちながら、できないまま自衛隊の存在はじめ「解釈を変えて」今日にいたっています。それを取り上げてごらんなさい。戦後の日台関係は「東日本大震災と台湾の対応」にするとぐっと問題がしぼれます。日本を襲った大地震と災害に対する台湾メディアの報道、台湾における義援金の募集と二〇〇億円を超す応募、台湾の日本への留学生の保護と帰国、双方の観光事業への影響などきめ細かく資料を集め、分析してごらんなさい……とアドバイスしました。

こうして提出されたレポートを日本語の表現を含め赤のボールペンで訂正して返しました。「ありがとうございます」とそのまま受け取ろうとします。「訂正されたものを清書してもう一度提出するのです」、「そうなんですか」、どうも台湾ではこうしたきめ細かい指導はやっていないようでした。

こうして八人の院生とはかなりいい関係を築き、台中の静宜大学、高雄の中山大学を訪れ講演をしたり、教員、院生と意見交換をおこなったり、学術交流はかなり成果がありました。

せっかく台湾に二ヵ月以上滞在するのだから、大学関係者以外の人たちとも交流を持ちたいと考えました。すると、日本の短歌を詠む「台湾歌壇」という集まりがあることを知りました。自分で短歌を詠むことはありませんが、普段から日本の新聞の「短歌・俳句」の欄には目を通しており、台湾の日本語世代の人たちがどのような作品を披露するか興味津々で、会場のホテルの一室に顔を出したのでした。

日本語世代というのは、「日本統治時代、小学校から日本語教育を受け中学校、女学校を卒業、読むのも書くのも、ときにものを考えるのも日本語が一番楽だ」という台湾人たちです。その代表が李登輝元総統でした。「二〇歳までわたしは日本人だった」という李総統は旧制台北高校から京都大学で学び、一番上手なのは日本語、つぎは台湾語、そして英語、一番下手なのが中国語といわれたほどでした。

目の前に座った台南からわざわざやってきたという体格の良い老人は、いかにもかつてスポーツをやっていたという感じの人でした。野球の話になりました。その老人郭清来さんは戦前から戦後にかけて野球に夢中になり、台湾社会人チームの一員として活躍、一九五六年にはオール台湾の代表に選ばれ、フィリピンのマニラで開催された世界アマチュア選手権に参加、早稲田の森、慶應の藤田、立教の長嶋などからなる日本の大学選抜軍と戦った経験の持ち主でした。この会合に出席した時、郭さんは七七歳、こんな短歌を披露しました。

歩むのが大儀となりて喜寿の身を　名野手たりし曾てが嗤う

東日本大震災の折には、「台湾歌壇」のひとびとなどから大使館に相当する日本の代表機関「交流協会」につぎのような短歌が寄せられ日本を励ましてくれたのでした。

国難の地震と津波に襲わるる　祖国守れと若人励ます

未曾有なる大震災に見舞われど　秩序乱れぬ大和の民ぞ

福島の身を顧みず原発に　去りし技師には妻もあるらん

「西武ライオンズで活躍した郭泰源はリトルリーグ時代ぶん殴って指導したのよ。台湾野球の話をするから台南にいらっしゃい」

招きに喜んで応じることにし、郭さんにお願いしました。

「台南に行く途中、嘉義に立ち寄りたいのですが、ご案内いただけますか」

日本の全面的協力によって二〇〇七年に開通した台湾新幹線（台湾高鐵）に乗車し、台北から四〇分で嘉義へ。

昭和六年、甲子園の全国中等学校野球選手権大会（今日の夏の高校野球大会）に当時日本領であった台湾の代表として出場、全国から集まった強豪チームを次々と撃破して決勝に駒を進めたのは嘉義農林でした。日清戦争の結果、台湾を領有した日本は、この地に野球を広めました。それは日本最初の植民地台湾を内地と一体化させる手段としても極めて有効だったのです。日本人、台湾人、原住民の混成チーム嘉義農林は甲子園に出場、神奈川商工、札幌商業、小倉工業を次々と下し、決勝に進出、日本の中等野球を代表する好投手吉田正男の中京商業に四―〇で敗れるまで大健闘、台湾全島民を熱狂させました。嘉義農林は現在嘉義大学となりましたが、学内の記念室には、野球部の歴史を刻んだ貴重な資料、写真が展示されています。特に目を引くのは昭和六年甲子園で獲得した時の準優勝トロフィーでした。校庭の一角には「天下の嘉農」の文字が刻まれた石碑が立っていました。

なお、当時の嘉義農林の活躍は、二〇一四年に「ＫＡＮＯ―１９３１海の向こうの甲子園」として台湾で映画化され、大ヒットしました。

嘉義から台南へ。夜は台南でカラオケです。台北でおこなわれたＮＨＫのど自慢に出場し、鐘を鳴らして入選した日本人女性を含め、大いに日本の歌を楽しみました。郭さんは大の軍歌好き、「軍艦マーチ」を歌う前には「帝国陸海軍は本八日未明、米英と戦闘状態に入れり」と当時に臨時ニュースから入る念の入れようでした。

「明日朝九時に迎えにくるから、朝食を済ませて待っていてください」

翌朝、郭さんはバイクでホテルにやってきました。バイクをホテルに預けてタクシーかバスで案内してくれるとおもったら「さあ、ヘルメットをかぶって、後部座席にまたがって」。なんとバイクで台南を案内してくれるというのです。自転車には何十年も乗っていますが、バイクははじめてです。当時の台湾の街の交通手段は車よりバイクが主流、それもかなりのスピードで走っています。郭さんは台南の有名な公園、孔子廟、国立文書館、林百貨店など名所、旧跡を回って案内してくれたのですが、走りながら右手をハンドルから離して指で指しながら説明してくれるのですが、こちらはバイクの座席につかまっていることに全神経を集中し、せっかくの説明も耳に入る余地などありません。

かなりの観光客が日本から台南を訪れたと思いますが、半日バイクで案内されたのはおそらく他に誰もいないでしょう。唯一、記憶に残っているのはいかにもレトロな感じの林百貨店。昭和七年に山口の実業家山口方一の出資によって台南最初のデパートとして建てられた時、オープンしたデパートに殺到したひとびとのお目当ては買い物よりはじめて経験するエレベーターだったという話でした。意識して戦前の雰囲気を残しているとのことでした。

台湾滞在中にはこんなこともありました。家内を招いたのです。三泊四日の予定でやってきた家内をあえてタクシーを使わず電車とバスで案内しました。電車やバスでは若い人がすぐ席を譲ってくれ、第一印象からして上々でした。台北市内の観光の他、新幹線を利用して台湾第二の都市高雄を訪れました。

観光もさることながら、長く台湾三田会の会長を務められた陳田柏先生にお目に掛かるのが目的でした。高雄の陳家といえば台湾五大氏族の一つ、超名門の出です。陳先生の父上陳啓川氏は戦前に普通部から慶應で学び、体育会競走部の選手として活躍、陳田柏先生は高雄医大を卒業、慶應で医学博士号を取得、高雄の日本人学校設立の際土地を提供し、さらにボランティアの校医として長年勤務されました。そうした日台交流への貢献が評価され、旭日章小綬賞叙勲の栄誉に輝きました。交流協会高雄支部における叙勲の折は台北から台湾三田会の関係者多数がお祝いにかけつけたとのことでした。

その陳先生が高雄で一番有名な海鮮料理をご馳走してくださるとあった家内ともども料理と慶應時代の「昔話」を楽しもうと期待して指定のレストランに赴きました。美味しい料理を堪能したあと、陳先生におずおずと問いかけました。

「昨日から背中に赤い斑点ができちょっとかゆいのですが、診ていただけますか」

「これは帯状疱疹だ。すぐ病院へいきましょう」

背中を出した途端の即断でした。

「今日は日曜日ですが、病院は開いていますか」

「大丈夫、緊急外来がやっているから」

病院に到着すると当直の医師も看護婦も直立不動で迎えます。なんと「高雄醫學大學付属中和病院」、陳先生の父が寄贈した病院だったのです。幸い発見が早かったので、診断の結果、薬の服用と塗布で十分ということになりました。帯状疱疹とはヘルペスウイルスによる帯状の痛みを伴う発疹で、神経を使ったり疲労したりすると出るとのことでした。台湾に滞在して一ヵ月余、やはり気を使い知らず知らずの間に疲労が蓄積していたのでしょう。もし、台北にいて発見が遅ければ重症化し、入院治療の事態にいたっていたかもしれません。

陳先生には教え子のひとりが命を救われています。台湾の企業で働いていたこのOBはある日約束の会合に来ませんでした。無断欠席をするような男ではないと友人がアパートへいってみるとベッドで意識不明の状態で倒れていました。くも膜下出血。台湾三田会の幹事として長い間務めたこともあり「万全の手当をするように」との陳先生のお声がけで台北屈指の病院で直ちに緊急手術、最善の治療がおこなわれた結果、一命をとりとめたのみならず、後遺症もなく、退院後半年後ゴルフができるまでに回復したのです。

さまざまなことがあった台湾の二ヵ月でしたが、息抜きのひとつはカラオケでした。特に日本語の歌専門のカラオケ店があって、日本の歌を歌いたい台湾のひとびとが集まってきます。

午後一時過ぎにやってきて日本円に換算すると二五〇円を払ってお茶と簡単なスナック菓子で五時ごろまで粘って歌いまくるのです。ただ大部屋なので人数が多いとなかなか順番が回ってきません。このカラオケ店にやってくる人が歌う日本の歌は懐メロでも小学唱歌でもありません。日本でいま流行している歌をいちはやく取り入れて歌うのです。五月にいくと五木ひろしが四月にリリースしたばかりの新曲を歌う。日本の新曲をいち早く入手して皆の前で得意げに披露する。それがこの店にやってくるひとの自慢なのです。

台湾は、気候は良い、海の幸山の幸に恵まれ、食べるものは種類も豊富で美味しい。治安もいい、世界でも有数の親日である……と日本人が暮らすのは最適です。東南アジアや中東で過ごした商社マン、メーカーの関係者など台湾に転勤すると「ここは天国ですよ」と言います。

台北から帰ってからも台湾はついて回りました。台湾三田会の帰国組が日本で新しい三田会を組織しようと動き、それが三台会となって結実したのです。懇親会を開催し台湾料理を味わいながら思い出を語りあう、台湾に関する映画を鑑賞する、台湾から関係者が来日した際は歓迎会を開く、早稲田の同様の会と交流するなどに活動をおこなっています。

帰国して間もなく、政治大学で教えた院生から連絡がありました。修士論文に「日本プロ野球の球団経営」を選び、資料収集・インタビューのため交流協会の援助で日本に一週間いくことになった、ついてはご協力をお願いしますとのことでした。台湾にもプロ野球＝職業棒球がありその参考になるにはどうするか考えました。日本にはセ・パ両リーグ一二球団ですが、巨人や阪神は人気、観客動員、市場の規模など参考にはなりません。そこで薦めたのが楽天イーグルスです。インターネット関連サービスを中心に展開する企業楽天が親会社であり、仙台を中心に東北をフランチャイズとする初めての球団であること、さらに球団社長、さらに後援会長の七十七銀行頭取も慶應ＯＢでインタビューなど便宜が図ってもらえると思ったのです。

来日した院生を早速三台会のメンバーで歓迎し、翌日は野球殿堂博物館図書室で楽天球団関係の資料を読み、コピーをとって基礎知識を得て、仙台にいく手配を整えました。仙台では、ビジネスホテルに二泊、まず楽天球団事務所を訪れ、観客動員の方策、宣伝と広告のやり方、ファンクラブの活用、後援会組織の作り方などの説明を受け、球場内の施設を見学、夜は旧知の卒業生に頼んで楽天ファンが集まる居酒屋に連れて行ってもらい、ファンの声を聞くようにしました。翌日は七十七銀行の頭取室で「プロ野球チームが仙台に来たことによる東北経済に及ぼす影響」など極めて興味深い話を耳にすることもできました。

このように台湾で過ごした二ヵ月は、「ＮＨＫのど自慢イン台湾」の研究テーマを発見したり、様々な体験、帰国後の出来事を含め、大きな意味がありました。

国際交流の一助―国際教育交流財団選考委員として

経団連―日本経済団体連合会は、日本における財界の意見をまとめ、政府や国会に建議などをおこなう集まりです。と同時に、経団連独自のイベントや企画を考え、実施に移すこともあります。そのひとつが日本人学生を海外に送る、外国人学生が日本で学ぶのを助ける奨学生制度でした。その創設は経団連の三代目会長石坂泰三の理念が大きく関わってきます。

石坂は優れた国際人で、単に経済の国際化だけではなく、それを支え発展させるために、特に若い人びとの交流が必要であることを痛感していました。一九六一年、アメリカのカリフォルニア大学バークレイ校を訪れた時、世界各国から来ている学生が熱心に討議しているのをみて「人的交流のためには若い人に実際の経験を積ませることが必要だ」との感想を語っていました。その石坂が逝去して間もなく、石坂が関係していた企業、親しく接し薫陶をうけた人びとの間から故人の遺徳を記念した事業を始めたいとの機運が盛り上がってきました。その機運は、自然に国際的な交流の分野で有益な仕事の振興、援助を事業目的とする財団の設立へとまとまっていったのでした。

学生の交流について、奨学金は、日本人に対しては日本の大学院に在学中で海外に留学するものから選び、留学先の大学、大学院への入学金、授業料など学校納付金および生活費と渡航費用を支給する。一方、外国人奨学生に対しては日本の大学、大学院において勉学するための一定額を支給するというものでした。奨学金の額は理事会で決めるが、支給期間は日本人、外国人とも原則として一年以上、二年以内としました。こうして通称石坂記念財団が発足しましたが、奨学生選考委員に就任して欲しいとの依頼があったのです。

選考委員は、次の一〇名でした。

委員長　前田陽一（国際文化会館専務理事）

委員　花村仁八郎（経団連事務総長）、本間長世（東京大学教養学部助教授）、池井　優（慶應義塾大学法学部教授）、石川　馨（東京大学名誉教授、東京理科大学教授）、柏崎利之輔（早稲田大学教務部長）、島内敏郎（経団連参与）、白倉昌明（東京大学工学部教授）、植村泰忠（東京大学理学部長）、蝋山道雄（上智大学国際研究所長）

メンバーをみると、文系、理系、東大、早稲田、慶應、上智の関係者で構成されていることが判ります。異色は島内経団連参与です。ロサンゼルスの日本人移民向けの日本語新聞編集者の息子に生まれ、小学校から大学までアメリカで学び、オクシデンタル・カレッジ在学中は、弁論部メンバーとしてライシャワー大使のあと駐日大使となるアレックス・ジョンソンと組んでアメリカ西海岸の弁論大会を荒らしまわった英語の達人でした。アメリカ育ちだが日本語も完璧で、東京裁判、サンフランシスコ講和会議など戦後の重要な裁判や会議の通訳として活躍しました。

一九七六年度日本人海外派遣留学生の場合、海外大学の願書締め切りが迫っており、選考準備に入りました。奨学生の推薦は、留学生の派遣、受け入れに関心の高い東大、一橋、東京工大、早稲田、慶應、上智、国際基督教の七大学の学部長あてに要請し、応募者二四名のなかから一四名を選び、専門分野中心に面接試験をおこない、六名を決定しました。アメリカ、イギリスなど英語使用国への留学を希望する応募者には日本語による面接につづいて島内参与が英語による質疑応答をおこないました。吉田茂首相が「英語の上手い日本人はたくさんおるが、アメリカ人の心になって話せるのは島内しかおらん」と激賞したように、われわれとは冗談を言いながら話している島内さんが応募者に問いかける途端に「アメリカ人」に変身するのに驚いたものです。休憩時間に島内さんがサンフランシスコ会議と吉田全権について語っていたことを思いだします。

「会議が終わると吉田さんはそれまで絶っていた大好きな葉巻を久しぶりに手にされてご機嫌でした。そしておっしゃったのです。〝島内、君は確かこの辺りの大学の卒業生だな、旧友に会ってこい〟三〇〇ドルを頂戴し、サンフランシスコからロサンゼルス郊外のオクシデンタル・カレッジまでいかせていただいたのです」。

海外に送る日本人留学生は、当初の予定ではアメリカ四名、ヨーロッパ三名でしたが、成績と予算を勘案し、アメリカ四名、ヨーロッパ二名となりました。奨学金はアメリカ一名あたり年額二三〇万円、イギリス同一五〇万円でした。合格者のなかには白石昌也さん（国際関係論）のように南アジア研究で有名なコーネル大学で学び、後に東南アジア特にベトナムの専門家として横浜市立大学教授になったような人もおりました。

一方、外国人留学生の顔触れをみると、日本での勉学の熱意に燃えながらも経済的に困難な状況にある者に援助の手を差し伸べようとするこの財団の方針が明確に反映されました。五名の留学生全員―台湾一名、ベトナム四名―が日本と国交を持たない国からの留学生です。特に旧南ベトナムからの留学生は、前年の一九七五年四月にサイゴンが陥落、南ベトナム臨時革命政府が政権を奪ったあと、翌七六年六月に南北ベトナムが統一されたため、祖国からの奨学金が送金されなくなっていました。ベトナムからの留学生のひとりは、奨学生に選ばれた喜びを次のように語っています。

「昨年一月に旧政府からの奨学金が止められて以来、自活するためにスーパーマーケットでアルバイトをしていました。レジ係の仕事でしたが、非常に疲れる仕事であり、体にもよくなく、なによりも勉学のための時間が少なくなってしまうことが一番気がかりでした。貴財団の奨学金をいただけることになって、アルバイトもやめることができ、身体の調子もよく、勉強の時間もとれるようになり、本当にうれしく思っています」。

外国人留学生は、発展途上国特に日本と関係の深い東アジア地域が多いことが特徴です。先進国はアメリカからの留学生が目立ちます。なかにはスーダンから獣医学を学ぶため北海道大学で学んだり、ナイジェリアの女子学生が産婦人科学を習得して母国のエキスパートになろうと横浜市大で研修中するなどユニークなケースもありました。

奨学金も月額五万円で発足しましたが、一九七九年から七万円に、八一年度から八万円、八三年度に九万円、八五年度から一〇万円に増額されました。毎年一回、日本人奨学生を含め、石坂財団役員との懇談会を開き、さらに日産自動車、森永製菓、日本鋼管などの工場見学、箱根旅行をおこなうなど単に奨学金を出すだけでなく、日本を知ってもらおうといろいろ企画し、多くの奨学生は帰国後、大学教授となったり、政府や企業の日本担当として活躍するなど「知日家」、「親日家」の誕生と育成にかなりの役割を果たしたことは確かです。

以後、四〇年以上選考委員として毎年書類選考と面接をおこなってきました。

選考はつぎのような手順でおこなわれます。財団の事務局に推薦依頼校から送られてきた書類―高校卒業以後の学歴と成績証明書、研究テーマと留学希望先の大学と指導教授名、現在の指導教授の推薦状―が各委員の自宅宛に送られてきます。委員はそれを読んで書類選考の会合に出席します。出されたテーマに一番近い専門分野の委員が発言します。

「このテーマはすでにやり尽くされた感があります。いまさら海外にいって研究する必要はないと思います」

「では、面接には残さないということにします」

「このテーマは面白いですね。希望する大学も指導教授もこの分野ではベストなので面接に残しましょう」

「テーマはいいと思いますが、TOEFLの点が低いのと指導教授の推薦状も簡単すぎてあまり熱意が感じられないので、見送った方がいいと思います」

「これはいま流行のテーマですが、本人がどこまでやれると思っているのか、取りあえず会って確かめましょう」

……………

こうして書類選考にパスした応募者は面接の場にやってきます。

「どうぞ座ってください。まず、まず名前を確認します。○○大学、××さんですね。出された書類は読んでいますが、研究したいテーマについて専門外の人にも判るように四、五分で説明してください」

「研究の内容については判りました。留学期間は二年ですが、その後どうしますか」

「できれば留学する大学から新たな奨学金を支給され、博士号を取得するまで頑張りたいと思います。博士号を得たら、日本か海外の大学、あるいは研究機関に就職したいと考えています」

「判りました。ではこれから英語による質疑応答に移ります。バートン先生お願いします」

島内参与が高齢のため辞任し、後を託されたのは桜美林大学のブルース・バートン教授です。バートン教授が英語で改めて研究テーマ、なぜその大学を選んだかなど質問し、応募者が答えます。アメリカ、イギリスなど英語圏の国なら英語、フランス語、ドイツ語圏ならアテネ・フランセ、ゲーテ・インスティテュートなどに専門家派遣をお願いして対応します。特殊な語学、例えばトルコ語、アラビア語などはトルコ大使館、東京外語大などに依頼してきてもらうのです。面接時間は約二〇分、事務局の提示した方式により各応募者に個別に点数をつけ、面接終了後採点の集計がなされ、合否について討議します。

「A君は全員いい点をつけていますし、留学先の大学教授ともすでにコンタクトをとっているので問題ありませんね。合格としましょう」

「このテーマは特別新しいものではなく、留学先での研究方法についても明確なものが感じられないので見送りましょう」

「五番と八番の応募者は同じようなテーマですが、どちらを優先しますか。一番専門に近い方のご意見を伺いましょう」

「八番は研究対象が五番より具体的で、語学も自分の意見を伝えるにあたり十分な能力があると思われます。八番を推薦します」

やがて、推薦依頼校も二〇校に増やし、海外で専門分野を研究、調査する院生を募集しましたが、大部分がアメリカ、イギリス、フランスなど欧米諸国です。なかにはユニークなテーマで欧米以外の国を希望し、それに対して「面白いテーマ」で望みをかなえたケースもあります。一九八八年にはユニークなテーマと派遣国が揃いました。文化人類学専攻の東大院生はマリ共和国の人文科学研究所で「世襲楽師グリオの文化人類学的研究」、東洋史学専攻の慶大院生はトルコのマルマラ大学において「オスマン帝国における中東の歴史」、考古学専攻の早大院生はイランのテヘラン大学で「バルディア・ササン・初期イスラム期を中心に」を研究テーマに申請し、留学が決まりました。

石坂記念財団は国際教育交流財団と名称を変更し、日本人大学院生の海外留学、外国人留学生に対する奨学金支給について順調に発展してきましたが、残念な事態となりました。財団は基金の利子で運営してきたのですが、低金利時代の到来によって財政的にきびしくなり、従来の留学生事業の見直しを迫られたのです。そこでとられたのは、まず外国人奨学生募集の中止です。もうひとつは日本人奨学生の人数を減らすことでした。当初の六人ないし七人多い時は八人も送っていたのに一九八九年から五人、九六年から四人、二〇一一年から二人にせざるを得なくなったのです。

さらにもうひとつ問題が生じました。応募者の数の減少と質の低下です。二〇校に募集要項を送っても一四校から「応募希望者なし」で、なんと六校からしか応募がない年さえありました。応募者のテーマもどうかと思われるものも出てきました。例えば「アメリカにおけるアフリカ系黒人と在日韓国・朝鮮人の比較研究」です。日米両国における差別などについて比較検討しようというものですが、「比較」というからにはそのための共通の「ものさし」が必要です。共通の尺度もないまま「在日の知り合いが大勢いますから」といった単純な理由でテーマを設定し、留学しても得られる成果はまったく期待できません。また「ドイツにおける日本人ビジネスマンの行動パターン」をデュッセルドルフなど日本人が多数居住するドイツの現地でインタビューなど活用して研究しようというのですが、ビジネスマンといっても商社とメーカー、営業と経理、家族同伴それも学齢期にあるこどもがいる人たちと独身者では行動パターンがまったく違います。この研究をしたいという女性の大学院生は現地にいくことの意味を強調しますが、面接ではこんな指摘がされました。

「このテーマはむしろ日本でやったほうが成果があがるのではありませんか。デュッセルドルフで独身のビジネスマンに仕事の息抜きになにをしているかなど、若い女性相手では絶対に喋ってくれないでしょう。それより日本国内でかつてドイツに駐在したビジネスマンとその家族を何百組か選びアンケート用紙を配布し、それを集計してインタビューで補う。そうすればドイツでやって良かったこと、失敗したことを含め、子どもは日本人学校にするか、インターナショナルスクールにするか、ドイツのインテリは英語を話すが、生活するにはドイツ語の知識がある程度必要であることなど理想の駐在員生活を送るノウハウが出てくるのではありませんか」

この奨学金は、大学院に在籍し「将来アカデミアの世界で研究者として活躍する意思を持つ学生」を対象とするだけに優秀な人材は他の財団の募集にも応募し、本財団が年額三五〇万円ですが、往復の旅費を別途支給するなど条件の良い方を選び、合格しても辞退するケースもでてきました。辞退者が出るケースを考え補欠を何人か選んでおくが、辞退が相次いで誰も派遣することができない年まででてきたのです。

そこで、思い切って大学学部四年生、大学院博士前期課程に在籍する学生を対象に「産業リーダー人材育成奨学金」を創設しました。「将来、日本企業において活躍し、日本経済の発展に貢献することが期待される奨学生」で、期間は二年間または一年間、年間四五〇万円を支給するというものです。選ばれるのは一人です。二〇一三年から始められたこの奨学金の第一号となったのは東大で薬科学を専攻する女子学生で、カナダのマクギル大学で「脊髄神経発生における制御因子の発見とその機能分析」を研究し、帰国後は薬品メーカーに就職してその成果を還元したいというものでした。

以後、スウェーデンのストックホルムの経済大学で「途上国における電子通貨の普及が経済活動に与える影響」を研究したいという慶應経済学部の学生が派遣に決まったり、帰国後日本の企業で有力な戦力になる人材を発掘できるようになったのは嬉しいことでした。

国際交流教育財団が、財政的制約から日本での研究を希望する外国人留学生への援助を中止し、海外に送り出す日本人留学希望者の人数を減らさざるを得なかったは残念の極みです。しかし、中国、韓国など野心満々の若い研究者が次々と海外で学び、それを持ち帰って母国の発展に寄与する、それに対し研究者のみならず日本の若い人々が「内向き」になり、積極的に海外にでていこうという姿勢がなくなりつつあるのが懸念されます。

五　慶應義塾大学法学部池井ゼミのあれこれ

池井ゼミの発足と懸賞論文応募

充実した大学生活を送るにはいろいろな方法があります。体育会の運動部で練習と試合に全力を投入する、合唱団に入りコンクール優勝を目指す、映画研究会でドキュメンタリー映画の制作に時間を使う……などです。

一方、専門分野の勉強を限られた仲間と過ごすゼミを活用することもできます。大学にはゼミナールという制度があります。各大学あるいは学部によってゼミといってもさまざまな方式があるようですが、慶應の法学部政治学科の場合は一人の教授あるいは助教授のもとで二年間学び卒業論文の指導を受けて卒業するシステムになっています。

日本外交史専攻のゼミナール「通称池井ゼミ」が発足したのは、一九七二年四月でした。

ゼミを担当できるのは助教授以上に限られるため、その年四月からの助教授昇進は決まっていたものの、募集は四月以降になりました。すでに募集と合格を発表していた他のゼミを落ちた、あるいは一期生になれると考えて応募してきた学生が集まってきました。どのような入ゼミ試験を課すか、結局簡単なレポートの提出に加え、面接をおこないました。ひとりではやや自信がなかったので、法律学科の新田敏講師（現名誉教授）を煩わし、二人で六〇人近くの志願者に会い、一七人に絞ったのでした。

なかには自宅まで訪ねてきたのもいました。「先生と同じ都立青山高校の出身です。高校の先生から先輩であること訊きましたので……。ゼミに入りたいために来たのではないというと嘘になります」。杉浦、皆川、堀込、小泉など当時の南海ホークス（現ソフトバンク）の選手と同姓のものが多く合格したことから、「先生は南海ファンだから集めたんでしょう」と冷かされました。残念だったのは女子学生の志望者がひとりもいなかったことでした。政治学科の女子学生の数が今日ほど多くなかったこともありましたが、のちにゼミの三分の一が女子に占められていくことなど想像もできませんでした。

三田仲通りのレストランで初のコンパをおこないましたが、コンパ代は八〇〇円でした。封切り映画の料金が四〇〇円、民間会社の大卒の初任給が二万八二五〇円の時代です。

一期生とともに大喜びしたのは、慶應野球部の五シーズンぶりの優勝でした。当時法政に田淵、山本浩二、富田の三羽烏、早稲田に谷沢、小田など、のちにプロ野球で活躍する好選手が揃い、エース藤原の力投で勝ち取った「気力の勝利」だっただけに、思い出に残っています。

一期生に対し、指導する方もされる方も手探りの状態でした。指導に当たって考えたのは、慶應内部にとどまらず外部と接触する、他流試合をすることでした。そこで、毎日新聞、日本外政学会、ジョン・F・ケネディ基金の三団体が共催で募集していた大学生懸賞論文に応募することを全員に義務づけました。テーマは「アジアにおける日本の役割」です。ベトナム戦争が激化していた折でもあり、ベトナム戦争反対、「今日もアメリカの飛行機はベトナムの空へ向かって飛んでいく」といった情緒的なものが草稿として出されました。こうしたものを徹底的に直すとともに、「わが外交の近況」いわゆる外交青書、「経済白書」など官公庁の出版物、一次資料にも当たって、統計を用いたり、これまでの日本の政策を論じたり、経済援助、留学生の受け入れなど細かいテーマで発展性のあるものに変えさせるなど、何回もチェックして書き直しを命じ提出させせました。

懸賞論文には一〇四校から二六五編の応募がありましたが、なんと奨学金賞（二万円）五七人中一〇人をわがゼミ員が占めたのです。一九六七年一〇月八日付の毎日新聞にずらりとゼミ生の名前が出たときは「やったぞ」と本当に喜びました。上位三一名にはセミナー参加賞が与えられましたが、そこにも四人が入選。最優秀賞の東南アジア派遣（二名）を目指し合宿に参加、残念ながらそこまでには至りませんでしたが、多数の入選者を出したことは、学生諸君の自信につながり、池井ゼミが慶應のみならず、外部に向かっても通用することを証拠立てることにもなりました。

個性的な二期生とブラジルでの悲劇

試行錯誤のなかでなんとかスタートした池井ゼミでしたが、日吉の二年生向けに「東洋外交史特殊」を講義したこともあって、二期生は個性的な学生が集まりました。一七名のなかに五名の女子学生、そのうち三名の名前が「憲子」でした。新憲法公布の昭和二三年生まれだったのです。

二期生の一人小林良章君は、一期に続き応募した懸賞論文に入選、これを機会に実際に自分の目で海外を見、実際に自分の足で海外を歩きたいと思い立ちました。アルバイトで旅費を稼ぎ、父親の援助と併せて資金づくりをした彼は、一九六九年四月、船で横浜港を船で出発しました。当時は小田実の『なんでも見てやろう』に刺激され、世界を歩き回る若者が多かった時代でした。ソ連、西ドイツ、デンマーク、スウェーデンから北欧に入り、イギリスからアメリカ、マイアミでプールボーイをして乏しくなった資金の補充をし、慶應に休学期間の一年延長を申請し、中南米、アフリカ、中近東、さらにアジアを経て帰国するからとの連絡が父親宛てにありました。大変筆まめで父宛ての手紙、絵葉書は一年間で三八通、一〇日に一度は便りが届くといった状況でした。私あてにもよく便りをくれました。

ところが、一九七〇年六月二〇日にブラジルのベレーンのホテルの便箋と封筒を使った父宛ての便り以後一ヵ月以上連絡が途絶えました。心配した父が方々に問いあわせますが、まったく手掛かりがありません。兄が外務省を訪れ調査を依頼しましたが、「日本人の事故があればすぐに報告が入ります。弟さんについてはなんの情報もありません。旅を無事に続けておられるでしょう」と、海外旅行に出た学生が三ヵ月や四ヵ月便りがないといって騒ぐ方がおかしいといわんばかりの対応でした。こうして一九七〇年が暮れていきました。

私自身、また卒業し社会に巣立っていったゼミの同期生も、深刻な事態は考えたことはありませんでした。だが、音信不通が半年を過ぎたとなればやはりただ事ではありません。幸い香港総領事館特別研究員のときお世話になった当時の遠藤総領事が邦人保護のセクション領事移住部の最高責任者、部長をしておられたので、法学部長の依頼書を持参し、私自身が外務省に直接お願いにいったのです。

本省からの公電によってようやくベレーンとマナウスの公館も本格的に動き出しました。地元のサンパウロ日報に尋ね人の広告がでます。

尋ね人

小林良章（慶応大学四年生、二三歳）

昨年七月頃マナウスに滞在し、その後行方不明。特徴は、身長一メートル七〇位で眼鏡をかけ大型のリュックを持っていた。父親良雄が心配しているので、情報があれば当館あてご一報くださるようお願いします。

在ベレーン日本国総領事館

マナウスの領事館から本省に連絡が入ったのはその年五月一四日のことでした。マナウスから一〇キロ離れた地点に頭部にピストルの弾を二発撃ち込まれ殺害された死体があった。パトロール中の警官が発見し、身元不明のまま仮埋葬されたというのです。早速日本のかかりつけの歯科医からカルテを借り出し、現地に送ったところ、遺体の歯と一致し、小林君であることが確認されました。このニュースは五月二二日の夕方のテレビを通じて報道され、翌二三日の新聞各紙も「アマゾン射殺死体は鈴鹿市の慶大生」（朝日）などと伝え、ゼミ生も悲しい彼の死を確認したのです。

現地を訪れた父良雄さんは遺骨の一部を日本に持ち帰り、その後本田技研（現ホンダ）がマナウスに工場を建設した折、日伯文化協会、マナウス領事館、本田技研の協力によって立派な墓が建てられました。墓の脇には父が書いた文字が刻みこまれています。

良章は津高校を経て慶應義塾大学に学ぶ。研修のため欧米各国を歴訪中、ブラジルの北辺マナウス市において不慮の死を遂げ青雲の志を絶つ。

その後、外交官となってブラジル勤務になった慶應ＯＢ、慶應医学部中南米医療団などマナウスを訪れる関係者がいると墓地の様子を見て現状がどうなっているか知らせて欲しいとお願いし、写真やビデオで小高い丘に上にある墓は現地の日系人によって周囲に花が植えられ丁寧に管理されているのを知ることができました。

香典の中からゼミ宛てに寄付してくださった六〇万円は「池井ゼミ小林基金」として本書の刊行はじめゼミ関係の活動に活用されています。

ユニークな卒業論文を読む楽しみ

「いいかい。学生の書く卒業論文にも一流から三流まである。三流の卒業論文は、大きなテーマでそのテーマに関する概説書を三、四冊読んでまとめるものだ。こんな卒論なら書かないほうがよい。二流の卒論は、そのテーマに関する研究書、研究論文まで読み、専門家の研究成果をある程度取り入れて作成するものだ。では一流の卒業論文とはなにか、小さいテーマだが広がりがあり、しかも先行業績がないか、先行業績があってもそれを超えられるもの、そして自分の足で資料を集め、考えながら作りあげるものだ、こういうテーマの卒論に取り組むと楽しいよ、夢中になれる、まずいいテーマを見つけることだ。テーマが見つかったら卒論にまで発展させることができるか相談に乗るから研究室にきてくれ」

長年、慶應の法学部政治学科で日本外交史のゼミを担当してきましたが、卒業論文を準備する段階になると、毎年、ゼミ生を前にハッパをかけます。大部分のゼミ生は大学院に進学して研究者になるわけでなく、学界では取り上げない少々はずれたテーマでもあえて許可することにしています。その結果毎年ユニークな卒業論文が提出されます。

犬、猫など動物が大好きなA君は、動物と外交を結びつけることはできないかと考えました。そこで取り組んだのが「動物外交の研究」でした。

「日本が海外の国から動物を入手する手段は三つある。第一は、カネを出して購入する、第二は、日本の動物と交換する、第三は、寄贈を受ける、である。ある国が日本にその国にしか生息しない珍獣をプレゼントしてくれる場合には必ず外交的な意味があるはずである。これを題して動物外交という……」とのプレゼンテーションで始まるこの卒業論文は、戦時中、動物園からライオン、虎、豹、象などの猛獣が空襲の際逃げ出して危険な存在になることを恐れ、毒殺したり、餓死させたりして「日本に象がいない」と聞いたインドのネルー首相が寄贈してくれたインド象インディラ、日中国交回復の記念にと中国が贈ってくれたパンダ、日豪関係の進展にとオーストラリアがくれたコアラ……と当時の新聞記事、『上野動物園百年史』などを活用し書き上げたものです。特にインドのネルー首相から象が贈られた昭和二四年当時は交通事情が悪く、地方の子どもたちも上野の動物園にはなかなかやってこられません。それではと「象列車」を仕立て、象自身が地方を回ったのです。「まさに一頭の象は百人の大使に優る働きをしたこと」が紹介される面白い卒論となりました。

なかには、新聞のベタ記事からテーマを見つけ、卒論にまでもっていったBさんのようなケースもあります。「このたび清酒月桂冠はアメリカカリフォルニア州サクラメントで製造を開始した」とのたった二行の記事です。Bさんは素朴な疑問を持ちます。なぜ日本の「月桂冠」を輸出しないんだろう。なぜ、アメリカのサクラメントなんだろう。早速月桂冠株式会社の広報に電話します。

「日本から輸出すると味が落ちます。いい日本酒を作るにはいくつかの条件があります。原料となるいいコメがとれること、いい水があること、製造工程に細心の注意が必要なのでいい労働力があることです。この三条件が整っているのがサクラメントなのです」

サクラメントといえば、カリフォルニア州の州都であり、かつては日本からの移民も多く、桜都と読んで親しんでいた所です。

池井ゼミの風景（撮影／畦田藤治）

「ところで、サクラメントでつくられた日本酒を誰が飲むのでしょうか、どのような販売戦略をとっているのでしょうか。あたし、アメリカに行ってきます」

最近の学生、特に女子学生の行動力には驚かされます。格安航空を利用してカリフォルニアに飛んだこの学生は、本社からの紹介状持参でサクラメントを訪れます。日系人の多いカリフォルニアですが、二世どころか四世、五世の時代になり、日系人だからといって日本酒を好むとは限りません。といって日本企業から派遣されている駐在員を顧客にすることも考えられません。一般のアメリカ人も利用する日本レストランに「Japanese Sake made in California」として置いてもらい、日本料理と一緒に楽しんでもらう、ついでに普通のレストランでも利用してもらう……というやり方です。

「君、実に面白い卒業論文を書いたね」

就職試験の最終面接ではもっぱら卒論の話で盛り上がり、「わが社を志望した理由は」とか「どんな部署で働きたいですか」といった用意した質問はまったく出なかったとのことでした。こんなユニークな発想で行動力のある志願者には余計なことは聞く必要はなかったのでしょう。

中学生の頃から大リーグに熱中し、アメリカに夢中であったC君は日米関係、しかもこれまで誰も手を付けていないテーマを探しました。行き着いたのは、排日運動真っ盛りの戦前のカリフォルニアで、日系人向けの日本語新聞がどのような論調を展開していたかを探ろうと考えたのです。論文や資料のなかから「弁護士として土地闘争をおこなう一方、進歩的な新聞を出していた」藤井整の存在を知りました。人名辞典にも出ていない藤井の伝記がすでに二冊出ていましたが、新聞『加州毎日』の内容には触れておらず、しかも慶應の三田図書館に同紙の創刊以来のマイクロフィルムが収納されていたのです。

当初、藤井の絶筆までの一七年間のコラムすべてに目を通し、他紙の論調との比較も考えていましたが、途中からコラムの数が大幅に増え、それどころではなくなりました。結局日米開戦までの一〇年分を読み込み、ようやく藤井整の思考の核心に触れる結論に達した時は締め切りを大幅に過ぎていました。

卒業旅行で大リーグのキャンプを回った後、ロサンゼルスの『加州毎日』の本社を訪ねました。大喜びした編集長は藤井のお墓などを案内してくれ、思い出話に花が咲き、翌日の紙面を使って「卒業論文に藤井整の言論―慶応大学の関さんが本社訪問」と写真入りで大きな記事にしてくれました。藤井整と格闘した一年は最高の結果で終わったのでした。

日米人形交流をテーマにしようと考えたのはDさんでした。新一万円札の肖像、NHK大河ドラマ「青天を衝け」でかなり知られるようになった渋沢栄一がかかわった戦前の日米人形交流ですが、Dさんが卒論に取り組んだ一九九九年当時はほとんど未知の事柄でした。

カリフォルニアの日本人移民をめぐる排日の動きによる日米関係の悪化を懸念した宣教師ギューリックは子どもによる交流を考えました。アメリカのガールスカウトなどに呼びかけ、ひとり当たり一〇セントの募金をおこない、集まったお金で人形を集め、日本に贈ろうと考えたのです。

ナンシー、メアリーなど名前をつけられ、着替え、フレンドリーレター、人形ビザまで携えた一万二〇〇〇体のアメリカ人形が日本にやってきたのは昭和二年三月三日ひな祭りの日でした。受け入れ側の日本の責任者は渋沢栄一でした。はるばる海を越えてやってきたアメリカ人形は日本国中の小学校に贈られ、答礼として「ミス・ニッポン」以下各県を代表する日本人形五八体がアメリカに贈られました。

こうして「日米人形交流」はマスメディアの報道によって日米親善のシンボルとなりました。しかし、一九四一年十二月の日米開戦以後「親善のシンボル」は「敵愾心をあおる道具」と化します。文部省から各小学校に「アメリカ人形を廃棄せよ」との通達がなされたのです。焚火で燃やされたり、海に流された人形もありましたが「人形には罪がない」と秘かに校長室の戸棚で保管したり、天井裏に隠す校長もいたのでした。戦後になって「生き残ったアメリカ人形」が発見され、アメリカに渡った日本の豪華な市松人形の存在も幾体が確認され、互いに里帰りが実現しました。

「生き延びたアメリカ人形」は各地で見つかりましたが、ほとんどが人形の本体だけです。愛知県の田峯小学校でフレンドリーレター、ドールビザなど付属品一式を含めた人形が見つかったとの新聞記事を読んだDさんは矢も楯もたまらず、田峯小学校を訪ねました。対応してくれたのは教頭でした。

「わざわざ東京からきてくれたのですか。人形一式をじっくりみてください。アメリカから人形が本校に届いた当時小学生だったのがじいさん、ばあさんになってまだ健在です。今晩私の家に呼びますから、じっくり話をきいてうちに泊まっていきなさい」

なんと、Dさんは教頭先生宅に一泊し、「故老の体験談」を卒論に生かしたのでした。

こうしてゼミ生は卒業論文を書き上げると「あとがき」で思い出を吐露します。

日露戦争後から第一次大戦までの日米両国の戦争論を扱った「日米未来戦論」というユニークな卒論をものにしたEさんはこう書きました。

―やっと卒論を書き終えた。と思うと肩の荷を下ろしたようでほっとしている。ゼミの最後の締めくくりとして、悔いのないものにしたい、と意気込んだ割りには調べ足りないところも多々あるが、私なりに一生懸命、精一杯やったつもりである。長いことと手にしていたため愛着がわき、製本できたら一晩でいいから抱いて眠りたいと思っている―

中国残留孤児に触発されて「引き揚げ」をテーマに選んだF君は次のように記しました。

―この論文はまさしく血と汗の結晶である。こたつに入ってウンウンうなりながら、まさに足の指の間から汗をジトっとしたたらせて、水虫が余計悪化するのではないかと不安におののいて書いた論文であるが故にまさに汗の結晶であるといえる。

またこれは血の結晶でもあるのだ。追い詰められた僕は、土壇場で起死回生の一発『日本赤十字社社史史稿・第六巻』のコピーを受け取りにゼミ先輩を日本赤十字社に訪ねた。コピー代タダに喜んだのもつかの間、その日は本社で献血がおこなわれていた。先輩にいわれるままに僕は献血室に入りたっぷりA型の血を採られるハメになった。したがってこの論文はまさしく血の結晶であり、血の代わりに手に入れた資料を使用して書き上げたこともあり、身体の一部同様である―

当時の卒業論文はすべて手書き、それを論文用紙最低百枚、なかには三百枚におよぶものもあり、製本してテーマを金文字で入れると立派なものになります。毎年十数人が提出すると相当の量になり、研究室の書棚が一杯になります。そこであるタイミングで返却することにしました。考えたのは結婚披露宴に招かれた時です。お祝いのスピーチのあと「卒業論文返還式」に移るのです。

「新婦〇〇さん、お立ちください。あなたは学生時代精魂込めて書き上げた卒業論文とともに××君と結婚することになりました。おめでとう。おしあわせに……」

したがって池井ゼミでは「いよいよ卒論を返していただくことになりました」といえば、結婚報告の代りとなったのでした。

〃灰色レポート〃騒動、そして期末試験余話

「こんなに似てたら、ばれるよ」

「教授は出されたレポートなんか、見ないと思ったら意外に見てるんだな」

日吉キャンパスの掲示板の前で、学生がわいわい言っています。次のような掲示です。

―提出されたレポートを採点したところ、他人のものを写したと思われる何通かの〃灰色レポート〃を発見した。他人のレポートを写した者あるいは写させた者は、一週間以内に三田研究室池井宛に申し出ること。申し出なき場合は氏名を公表し、当該科目を不採点とする―
一、二年生を対象に「政治学」を担当し、履修している学生約二〇〇人に対し、「指定する五冊の本から二冊を選んで二〇〇〇字以内にまとめ読後感を書いて提出しなさい」を夏休みの宿題としたのです。

出されたレポートを見ていくと、野球部の四番打者が書いたものが出てきました。二冊の本を丁寧に読み、自分なりの解釈を加えたいい内容です、迷わず赤のボールペンでAと記しました。何通か見ていくとなんと内容がそっくりのものが出てきたのです。どちらが写したかは一目瞭然です。注意してチェックしていくと、ひとりの女子学生のレポートを三人の男子学生が丸写しにしたもの、二冊の本の感想を一冊目と二冊目の順番だけ入れ替えて写したものなど数通の〝灰色レポート〟を発見しました。そこで、日吉の掲示板に警告の一文に加え、提出された原稿用紙、レポート用紙に書かれた灰色レポート〟のコピーを公表したのです。現在ならパソコンで打ってプリントアウトしたものですが、当時は手書きなので、改行、句読点の打ち方までそっくりなのですぐ判明します。

氏名を公表するのみならず、「当該科目を不採点とする」というのは、不合格のDより厳しい措置です。Dなら再履修できますが、「不採点」はその科目を履修しなかったことになり、単位不足で留年する可能性があるのです。

翌日から三田の研究室に手紙が届きはじめました。

「先生ごめんなさい。参考にするから見せてくれといわれ貸したのですが、丸写しにして出すとは思いませんでした」

泣かんばかりで訴えてきたのは、文学部一年の女子学生。

「この度は息子が大変に恥ずかしいことをしてしまいました。伝統ある慶應義塾の塾生としてあるまじき行為です。父親としても深く反省しております……」と長文の手紙を送ってきたのは経済学部二年生の父親でした。

採点中に発見したのは十人でしたが、なんと写した学生が二三人もいたのにはびっくりしました。こちらも反省しました。他人のレポートを写して済ませるようなテーマを課したことにも問題があったのではないか。そこで申告してきた学生には次のような指示を行いました。

「恥ずべき行為に対する反省が見られるので、レポートの再提出をもって今回の行為は不問に付します。新しいレポートのテーマは〝日本の未来像――××を中心として〟です。××は各自で考えてください。身近で発展性のあるものを選んでください」

その際、つぎのような注意も付け加えました。「君は手紙の宛名は三田研究室池井宛と書いてきましたが、この場合、〝先生〟とか〝様〟を姓名の下に記すのが常識です。

やがて、新しいレポートが届きはじめました。なかには「クリーンレポート」と書いて送ってくるのもいます。「××を中心として」はいいアイディアでした。「省資源政策」、「少子化」など平凡なものもありましたが、「ロックミュージックを中心として」とか「花屋を中心として」など身近なものを取り上げ調べ、書いた本人も読んだこちらも楽しめるレポートが提出されました。

「花屋」の場合、近所の花屋さんを訪ねてインタビューしたのをはじめ、花屋の組合などから情報をえて作成しています。一般のお客を相手にしただけでは花屋は利益をあげることはできません。利益を上げるこつは冠婚葬祭の活用です。ホテルでの結婚式やパーティ、教会や寺院での葬儀などカーネーション五〇〇本、バラ三〇〇本といった大量の注文を取ることです。そうして施設と連絡を密にして注文をとる、選挙の季節なら当選した議員に贈る胡蝶蘭を準備する、母の日ならカーネーション……とタイミングを逃さない目配りも欠かせません。「花の命は短くて」とあるように、生花は長持ちしません。短い期間でいかにさばくか、大量の注文をどのようにとり、どう対応するかが「花屋経営のこつ」など、極めて興味深いレポートができあがったのでした。提出した女子学生も「男の子に貸したレポートを丸写しされたお陰で新しいテーマに挑戦することができ、お陰で知らないことを学ぶことができました」と語ってくれました。

次回からレポートは「日本の未来像—××を中心として」と決めました。さらに、刺激を与えるため「こちらが感心するような素晴らしいレポートを提出したものには期末試験を免除する」と通告したのです。素晴らしいレポートを提出する学生は期末試験をしてもちゃんとした成績をとるから免除することはあまり意味がないかもしれないが、刺激になると思ったのです。するとと同僚がいいました。「他人に依頼していいレポートを書いてもらい提出する恐れはありませんか」。そういえば、かってお茶の水女子大で西洋史を教えていた尾鍋輝彦教授からこんな話を聞いたことがありました。

卒業論文の締め切りが一月下旬に迫っているというのに、学生のひとりが一二月になっても論文のテーマが決まっていないのです。「正月休みになんとかします」と待っていると一月正月明けに英語、ドイツ語の文献と資料を駆使した論文を出してきました。その学生の普段の能力と時間的制約から、この短い期間でこんな「大論文」が書けるわけがありません。内容を質問しても「忘れました」の一点張りです。「この論文は受け取るわけにはいかない」と突っ返しました。その晩のことです。尾鍋教授の自宅に若い男性が訪ねてきました。

「〇〇子の卒業論文の受理が拒否された理由を教えてください。納得がいきません」

「君は誰かね」

「お茶の水の学生ではありません」

「当たり前だ。君は男じゃないか」

論文の代筆者、某大学の大学院生がガールフレンドから「卒論を受け取ってもらえなかった」と聞いて「義憤にかられて」やってきたのでした。

こうした例もあるので、試験免除に該当するような「いいレポート」の提出者には面接し、どうしてユニークなテーマを選んだのか、参考文献や資料はどのようにして探したのか、執筆に当たって苦心した点はなにか聞くことにしました。他学部の一、二年生と出されたレポートについて直接会って話を聞くのは楽しいことでした、学生側も教壇で講義する教授とは別の三田の研究室で法学部の教授と個人的に接触するのはいい経験になったようです。

レポートに関してこうした問題があるとともに期末試験にもさまざまなことがありました。ある年のことです。期末試験が終わって二日後に手紙とレポートが送られてきました。

「蹴球部員です。練習と試合のため期末試験の勉強をする時間がなく、ほとんど解答できませんでした。代わりにレポートを送るので、よろしくおねがいします……」

慶應ではラグビー部は蹴球部、サッカー部はソッカー部が正式名称です。すぐ返事を書きました。

「ラグビーの場合、ノーサイドのホイッスルが鳴ってからなにかやって得点になりますか。慶應の蹴球部員が勉強もおろそかにせず、早稲田や明治などラグビー強豪校に戦いを挑んでいることにわれわれは共感を覚えているのです。練習と試合を不勉強に理由にするのは間違っています。考え違いをしないでください」

かつては、答案用紙の名前の脇に「体育会野球部、御恩は神宮でお返しします」と書けば単位がもらえた「のどかな時代」もあったようですが、これは学生数が少なく、教授と学生とくに体育会部員との関係が密接であった時の話です。今回陳情してきたラグビー部員の出来の悪い答案に「C」をつけて単位を与えることは簡単です。そうするとこの部員は仲間に喋ります。「池井の外交史、試験ができなくてもあとでレポートを出せばなんとかしてくれるぞ」、次の試験から「この手口」が続出することになります。

他大学ではこんなことがあったそうです。卒業前の試験のあと教授のもとに速達が送られてきました。

―昨日の試験大変不出来でした。実は私は学生結婚をしており、子どももいます。もしこの科目の単位を落とすと卒業ができず、就職予定の企業の内定も取り消され、親子三人が路頭に迷います。どうかこの事情を踏まえ単位をくださるよう切にお願いいたします―

その話を信じたか、どう対処したかは残念ながら聞き漏らしました。

ときには、にやりとすることもあります。前期末の試験は七月末、暑い盛りです。いまなら各教室に冷房が入っていますが、当時は学生も試験官も汗だくでした。監督者として言います。「この暑い中、何百枚も採点するのだから、すっきりした涼しい答案を書いてくれよ」

ある答案の末尾に「採点お疲れさまです」の一文に団扇の絵が添えてありました。

中国へのゼミ旅行—思いがけないハプニングの連続

「うちのゼミも海外旅行をしてみたいな」

こんな声が起こったのは一九七九年春ごろでした。行くとすればどこへ行くか。費用と時期を検討した結果、中国に狙いを定めました。アメリカは広すぎるし誰でも行くので俗すぎる。ハワイやグアムはレジャーにはいいが、多少学問的な雰囲気も味わいたい。こうして最終的に中国に決めたのでした。

季節を考え、夏休み、九月初旬としました。残念だったのは四年男子が就職活動のため、ついに全員旅行をあきらめ、四年女子四人と三年全員、それに二年から三人が加わり、大学院博士課程を出たのちにサッカージャーナリストになる後藤健生君が秘書長、大学院在籍中の一人に卒業生の女子二人、旅行社が二五人にするため東京女子大東洋史専攻の二人を加え、池井団長以下「慶應大学学生友好訪中団」一行は、九月二日から一五日まで一三泊一四日間にわたる中国旅行に出発することにしたのでした。出発を前に旅行社の添乗員と打ち合わせをおこないました。

「参加する方のなかに日本共産党の関係者はいないでしょうね」

日本共産党は「鉄砲から政権は生まれる」とした中国共産党の武力による政権奪取の方法に異論を唱え、議会を通じて勢力を拡大する方針を採り、中国共産党と理論闘争をおこなったのでした。文化革命の混乱のなか、日共の新聞『赤旗』の北京特派員が紅衛兵に暴行を受け、日本共産党は「毛沢東一派の大国主義的干渉」と厳重抗議、これに対し中国側は宮本書記長をトップとする日本共産党を「宮本修正主義集団」と呼んで抜き差しならぬ対立に発展したのです。文革が収束したとはいえ、中国にとって日本共産党は異端の存在でした。むろん、今回の参加者にそんな人物はいません。

さて、中国でなにをするか。学生諸君の意見を聞きました。

「中国の大学生と討論会をやりませんか」

「言葉はどうするんだ」

「日本語専攻の学生を対象にすればいいじゃありませんか」

「中国で野球か、ソフトボールの試合ができませんか」

「慶應野球部の大先輩別当薫さんが中国で野球の指導をしたことがあるから、どこかのチームを紹介してもらおう」

「中国の幼稚園の見学や、中国自慢の針麻酔手術の現場が見たいですね」

「これは中国側も見せたいだろうから問題ないだろう」

当時の中国は次のような状況でした。文化革命の荒波を乗り越え、ニクソン訪中による劇的な対外政策の転換を行い、頭越しを余儀なくされた日本は田中内閣の成立とともに一九七二年九月、日中国交正常化をおこない、やがて毛沢東主席の死去をきっかけに復活した鄧小平を実際の指導者とする新政権は、「文革で人民を苦しめた」毛沢東夫人江青など「四人組」を逮捕し、一九七八年には日中平和友好条約を締結、国内では「四つの近代化」を推進し、海外から観光客も招いて外貨獲得をしようとしている最中でした。

九月二日、上海着、通訳二人が出迎えてくれました。丁さんと趙さんでした。

「銀座四丁目の丁という字の丁です。今回の中国旅行の全行程をご一緒します」

通訳は全行程に同行する二人と、各地で地元が手配してくれる一人と常時三人がついてまわる仕組みでした。それに加え、驚いたのは上海体育協会副主任と上海塁球協会審判長が来ていたことでした。

「東京六大学で有名な慶應大学塁球チームの皆さん、よくおいでくださいました」

われわれはギョッとなりました。中国側は別当さんからの連絡を受けて、慶應の体育会に所属する正式のソフトボール部の女子チームが来ると思い込んでいたのです。

「いや違います。われわれは外交史と国際政治を専攻する学生の集まりで、ソフトボールは趣味程度にやっているに過ぎないのです」

しかしもう手遅れでした。中国側はラジオのニュースで「慶應ソフトボールチーム来る。試合は九月三日午後三時、当地湖西球場で……」と流したのです。娯楽の少ない当時の上海とあって、かなりの観客がくることさえ予想されたのでした。

中国側がわれわれを慶應体育会ソフトボール部だと誤解したのに対し、われわれもとんでもない誤解をしていました。別当さんの「あんたらやったら上海の友誼中学やねえ」との言葉をそのまま受け取り、中学生相手だと思い込んでいたのです。ところがなんと高級中学の学生、しかも体育専門学校の女子高校生でした。

早速、翌日のソフトボールゲームのグラウンドを下見しました。本場の中華料理を満喫してぐっすり眠ったわれわれは翌日午前虹口区中心病院で針麻酔の手術の現場を見せてもらいました。日本の大学で医学を学んだ石先生が、針麻酔は従来の麻酔よりいかに優れているかを説明します。学生が質問します。

「針麻酔の長所は判りましたが、欠点はないのですか」

「残念ながらあります。針による麻酔ですから、患者は完全に意識があります。したがって手術をされるという緊張感で筋肉が固くなったり、あるいは恐怖感から神経が過敏になったりして、メスが使いにくくなることがあります。そうした場合は通常の全身麻酔に切り換えます。この点が欠点といえるでしょう」

「日本では医者はもうかるといわれ、医大とか医学部入学の競争は大変です。また医学部卒業生が地方に行きたがらないという問題もあります。中国ではどうでしょうか」

「中国でも医師の賃金は一般の労働者より上です。私クラスで約二〇〇元です。地方に行きたがらない傾向は我が国でもあります。北京、上海、南京など大都市を希望するものが多いので、上から地方勤務を命じることもあります。その場合でもなるべく出身地に近いところになるよう配慮しています」

一般労働者の平均賃金が月収六〇元から七〇元ですから、五〇代半ばのベテラン医師とはいえ格段の収入です。「なるほど」、中国側の思わぬ人間くさい面に触れて学生たちはかえってほっとしたようでした。

午後三時、曇り空の湖西球場で試合に臨むことになりました。試合開始に先立って入場行進。「熱烈歓迎、日本慶應大学塁球隊」と書かれた垂れ幕の下、上海の体育関係者の見守るなかで試合が始まりました。

向こうは高校生、平均身長一メートル七〇、登板したピッチャーは矢のようなスピードボールを投げ、打者の金属バットにはじかれた打球がすさまじい勢いで内外野を抜けます。長年ソフトボールをやってきたが、初打席一球バットにかすっただけで四球三振の有様です。四回を終わってなんと一六対〇と大量リードを奪われ、四回から「友好第一」の姿勢に転じた中国側に乗じて何点か入れましたが、焼け石に水、最終スコア二五対七の大惨敗に終わりました。

ラジオのニュース報道もあり、一〇〇〇人ほどの観衆が来ましたが、唯一の救いは、団長の私が右中間にランニングホームランを打ったことでした。三塁を回ってホームに帰ってくると通訳がとんできてささやきました。

「団長先生、客席に向かって帽子を振ってください、帽子を！」

試合終了後、別室で簡単な懇親会が開かれました。感想を求めた友誼中学の監督と選手に対して私は言いました。

「毛沢東主席は常々反面教師と言っておられました。今日のわれわれは間に合わない塁に投げて走者を生かす、早いボールにバットがあわないなど、やってはいけないことをやっていました。反面教師として受け取ってください。あなたがたは別当さんの教えを守って積極的にプレーしていました。今朝上海の一番大きなデパートのスポーツ用品売り場にいってみましたが、卓球、バスケットボール、バレーボール、バドミントンのボールやラケットは売っていましたが、野球＝棒球とソフトボール＝塁球のグラブやバットは見られませんでした。これは野球とソフトボールがまだ中国に普及していない証拠です。皆さん、ソフトボールを多くの中国人民が楽しめるよう頑張ってください」

中国側の歌う「さくらさくら」、われわれの「若き血」の大合唱の交歓で「歴史的一戦」は幕を閉じました。それからしばらくの間、上海を訪れた慶應関係者は「われわれは慶應大学塁球隊に勝ちました」と聞かされたといいます。

波乱の幕開けの上海での次のビッグイベントは中国の学生との討論会でした。選んだのは復旦大学の日本語専攻の学生でした。復旦大学は一九〇五年私立大学として創設されましたが、一九四一年国立大学となり、一九五四年には全国最先端の国家重点大学の一校となりました。北京大学、南京大学などと並ぶ名門校です。唐家旋外相、李源潮国家副主席などがこの大学の卒業生で、国の重要ポストについている人物もすくなくありません。

われわれの討論の相手になってくれたのは、日本でいえば外国語学部に当たる外文学院の日本語専攻の学生でした。旅行社の添乗員を除くわれわれ二四人に対し、復旦側学生は一六名、挨拶に出てきた教務主任の挨拶は固いものでした。

「現在、中国は四人組追放後四つの近代化に向けて懸命の努力を続けております。今日出席した学生たちもその意味において日本語を熱心に勉強しております……」

このまま全体で討論しても建前論しか出てこないと考えた私は、次のような提案をおこないました。

「皆さんは普段勉強している日本語をなるべく使ってみたい、特に日本人学生を相手に話してみたいと思うでしょう。われわれもなるべく皆さんと多くの時間をお話ししたいのです。ついては提案ですが、二、三人ずつのグループに分かれて、校庭の片隅にいくなり、キャンパスの名所にいくなりして、小グループで話し合い、一時間後に集まるのはどうでしょうか」

幸い、頭の固そうな教務主任はこの提案を許可してくれました。こうして、三々五々学生たちは小グループに分かれて散っていきました。こうなると、本音が出てきます。

「日本の学生は海外旅行までできていいですね。われわれは国内旅行でも遠くへ行こうとすると公安当局の許可がいるし、お金と時間があっても自由には旅行できないんですよ」

「ところで復旦大学では、政治学習、思想教育の時間はあるんですか」

「週に一回マルクス・レーニン主義、毛沢東思想学習に時間があります」

男子学生の一人がこう答えると、途端に隣に座っていた女子学生がいいました。

「でもなんだかよくわからないの、私あの時間嫌いよ」

男子学生がたしなめますが、女子学生はいっこうに動じる様子がありません。

「ところで、あなた方はどうして日本語を勉強するようになったのですか」

「自分は日本語を勉強することによって、日本の優れた科学技術を文献その他で読みこなし、中国の四つの近代化に役立てたいと思ったからです」

こう答えたのはやや年を取った、分別のありそうな男子学生。

「私、本当は英語をやりたかったんだけど、成績が足りなかったので日本語のクラスに回されちゃったの」

こう答えたのは目のクルクルした女子学生。その学生はわれわれが持っていった『アンアン』『ノンノ』の流行のファッションに目を輝かせました。プレゼント用に、日本語の辞書、週刊誌など持参しました。グラビアにヌードが掲載されている週刊誌は「ご法度」とあって持っていきませんでしたが、プレゼントとはいわず、「皆さんの日本語学習のお役に立ててください」というように学生には注意しておきました。

どこへいっても聞かされるのは「四人組批判」でした。しかし、「毛語録」を打ち振り「造反有理」（謀反には道理がある）の美名のもと、場の上司を引きずり回して自己批判させ、学校の教師に唾を吐きかけるなど紅衛兵の無軌道な行動を許した最高指導者毛沢東に対し、一般の人々はどのような思いを抱いているのか知りたいと思いました。それは思わぬことから、庶民の感情に接することになりました。

九月九日、参加した女子学生の一人が誕生日を迎えました。ささやかな誕生祝いをやろうとわれわれは野の花を摘み、通訳は街中を駆け回ってローソクを買ってきてくれました。もちろん、日本のようなしゃれたロウソクではなく、仏事に使う白いそっけないものです。ホテルのコックは「中国では誕生日には長生きすることを願ってうどんを食べます。今日はうどんの料理を作りましょう」と特別に一品加えてくれました。ハッピー・バースデー・ツー・ユウを歌い、寄せ書きのカードをもらった彼女は大いに喜びましたが、パーティが終わりに近づいた時、ふと一言もらしました。

「私の誕生日だから覚えているんだけど、確か今日は毛沢東主席の命日のはずよ。通訳の人もホテルのボーイさんも皆私におめでとう、おめでとうと言ってくれるのに、どうして毛主席のモの字も言わないのでしょう」

「それはいいポイントだ。聞いてみろ、聞いてみろ」

皆にけしかけられて彼女は通訳やボーイに疑問をぶつけました。

「毛沢東主席はわれわれの心の中に永遠に生き続けていますから、あえて口に出す必要はないのです」

これは模範的答えでしたが、実際はなんとなく釈然としないものを感じたのでした。それは北京の毛首席の遺体を祀った「毛沢東記念堂」から出てくる中国人の反応にも現れていました。かつての記念堂は厳粛な雰囲気に包まれ、出てくる人々は、あるいは顔面を紅潮させ、あるいは目を真っ赤にして、偉大な指導者を偲んでいたと聞きましたが、この時は厳粛な雰囲気は感じられず、毛主席の遺体を見る目にも冷たいものさえ感じられました。

上海から無錫へ汽車で移動。無錫で見学した泥人形工場の責任者が説明します。

「革命前のわれわれは〝泥乞食〟といわれ、軽蔑されました。しかし、毛主席のお陰で泥人形も芸術として認められるようになったのです。この古典舞踊を舞っているのは毛沢東夫人をモデルにしたものです」

学生は判っているくせに質問します。

「毛主席夫人というと江青夫人ですか」

「とんでもない。国民党に殺害された楊開慧夫人です」

「では、江青夫人は毛主席夫人とは認めないのですか」

「江青が毛主席夫人であったのは事実ですが、中国人民はその事実を忘れたいと思っています」

学生たちは笑いをかみ殺して説明に耳を傾けます。

無錫では夜、地元の映画館でアメリカ映画「ナイル殺人事件」を見ました。アガサ・クリスティー原作のこの映画はナイル河を下る豪華客船が舞台です。会場を埋めた満員の観衆からフーツとため息がもれます。百万長者の令嬢が着飾って登場した瞬間です。令嬢を殺して遺産を奪おうとする者、宝石を盗みその発覚を恐れて令嬢の殺人を企む者……登場人物にはそれぞれ動機があります。それを名探偵ポアロがあざやかな推理で真犯人を突き止めていくのですが、この映画には革命思想のひとかけらもない。〝腐敗したブルジョワ思想〟だけです。しかし、観客は単純に楽しんでいました。長らく文化的〝鎖国状態〟にあった中国が外国映画にどのような反応をするか、その一端を知ることができました。

日本から輸入された映画で大ヒットしたのは、最も娯楽性の強い西村寿行原作、高倉健主演の「君よ憤怒の河を渡れ」であったことからもうなずけます。

無錫から南京、南京から北京へ。列車で移動中、アメリカの医師の訪中団と同じ車両に乗り合わせました。

「日本の大学生かい。ところでいい帽子をかぶっているね。ひとつくれないか」

かつて初期の大リーグで使用されていたオールドスタイルの帽子をソフトボール用に作り、中国にも持っていったのです。ただでプレゼントすることはない。医師団の何かと交換しようということになりました。

「交換にはなにがほしいかね」

「あの金髪の通訳の女性ならＯＫですよ」「あれだけは勘弁してくれ。今後の旅行に差し支えるし……。どうだい、この中国訪問医師団のバッジでは」

「いいでしょう」

「では交換の儀式をやりましょう」

「For the Eternal Friendship between United States of America and Japan!」

帽子とバッジの交換とともに拍手が起こります。アメリカ側の団長が付け加えました。

「With China against Soviet Union」

旅行中、われわれが困ったのはトイレと食事でした。ホテルのトイレは全く問題がありませんが、万里の長城の入り口のトイレでさえ、水洗になっていても「使用済みのトイレットペーパーは詰まるので流さないで、前の箱に入れてください」の注意書きがあります。郊外の農村のトイレは穴の上に丸太が二本渡してあるだけ、隣りとの仕切りもなく、女子学生など一人が用を足している間、一人が外で「見張り」に立って対処する有様でした。

食事は「中華料理だからなんとかなるだろう」と思っていたら大間違いでした。日本の中華料理より味が濃く、三日目ぐらいから口に合わず、朝はおかゆに日本から持参した梅干しで対処し、昼食と夕食は白飯に持参の佃煮とふりかけ、そしてデザート用の果物でなんとかするほかありませんでした。一九七九年当時、北京や上海でも街で簡単にパンを手に入れることはできなかったのです。

従来、日本人は中国に対し「同文同種」的親近感、中国侵略に対する贖罪感、共産主義中国に対するイデオロギー的警戒心、一〇億の民を有するこの国への経済的関心などないまぜになっていましたが、この二週間の訪中旅行を通じ、ゼミの学生諸君は楽しかった思い出とともに、中国人は個人的には親しい友人にはなり得ても、国家対国家ではもっとクールになる必要があり、中国の体制が突然変わっても驚かない心構えを身につけて帰国したのでした。

ＴＢＳテレビ「クイズダービー」に出演

池井ゼミの女性を全国的に紹介したのはＴＢＳのクイズダービーへの出演です。解答者を競馬の出走馬に見立て、正解を出しそうな解答者に推理とカンで持ち点を賭けていくこのクイズ番組は、「野球は巨人、司会は巨泉」を売り物にする大橋巨泉の巧みな司会と解答者のユニークな顔ぶれから平均視聴率二〇％を超え、土曜日の午後七時半から八時のゴールデンアワーに放映される人気番組でした。

「教授とその教え子」として三組が選ばれました。中央大学でドイツ文学を講義し、ＮＨＫドイツ語講座の講師でもある小塩節教授とその教え子、上智大学英文科の安西徹雄教授とその教え子、そして慶應から日本外交史の私と第二期アマゾネス時代の切り込み隊長、チコこと坂谷千恵子さんのコンビでした。

一九七八年一〇月二八日に放映されたこの番組は二週間前に録画の収録がおこなわれました。場所はＴＢＳホール、解答者は一枠ユカイ教授こと篠沢秀夫、二枠南田洋子、三枠漫画家はらたいら、四枠竹下景子、そして五枠はその日のゲスト、シェイクスピア研究者として著名な小田島雄志東大教授でした。競馬好きの大橋巨泉が考えたのは、一枠は男性一発逆転枠、二枠は女性大穴枠、三枠は男性本命枠、四枠は女性対抗枠、五枠はゲスト枠という構成です。

録画が行われる三〇分前にＴＢＳに到着、事前にディレクターから注意を受けます。

一　あまり一人の解答者に偏らないこと
二　最終問題を待たずして持ち点すべてを賭け、失格にならないようにすること

三　最後の賞金が一〇万円をあまりオーバーしないようにすること

この番組の人気の秘密は、漫画家のはらたいらが毎回抜群の成績を残し、フランス文学専攻の学習院大学の篠沢教授が珍解答を披露しズッコケることです。また「三択の天才」といわれる竹下景子は三択問題には断然強い。したがって難しい問題は必ずはらたいらに、三択は竹下景子に賭けていけば最後に一〇万円獲得は確実です。だがそれを避けて欲しいというのがディレクターとプロデューサーからの注文でした。化粧室で顔に多少のメイクを施されたわれわれは中央大学、上智大学の各組とともに指定された椅子に座ります。各組最初の持ち点は三〇〇〇点です。

チコにささやきます。

「第一問は僕、第二問はチコ、第三問は僕……と代わる代わる指名しよう」

大橋巨泉が中央の小塩・枝組を紹介します。

「一〇万円とったらどうしますか」

「研究室の仲間で飲みに行くことになっています」

小塩さんが物慣れた調子で応じます。次いでわれわれの紹介です。

「もれ承るところによると、池井さんは大変な野球好きとか。いまでもやってるんですか」

「ゼミ対抗のソフトボールではまだ実力で四番を打っています」

「ほう、四番、坂谷さんは応援にいきますか」

「はい、お弁当を持っていきます。強いから安心してみていられます」

チコがえくぼを作った一〇〇万ドルのスマイルで答えます。上智の安西・竹原組の紹介が終わっていよいよ第一問に入ります。

「××の肘が働く秋日和という句がありますが、この句の××に当たる職業は何でしょう」

中央組はゲストの小田島教授に五〇〇点を賭けます。倍率は四倍です。小田島教授が正解なら二〇〇〇点獲得です。さて慶應組はといわれて、私は「ゼミに入れてしごきたい竹下景子さんに五〇〇点」、倍率は三倍です。上智組は連続一七問不正解という記録更新中の篠沢教授に五〇〇点、掛け率は四倍、さて正解は「畳屋」でした。篠沢教授が「直感で書きました」と一八問連続不正解の記録をストップする正解をまず出します。誰も賭けなかった南田洋子は植木屋。はらたいらは正解。われわれが賭けた竹下景子は「ウチの前に畳屋さんがあったから」と正解。われわれは一五〇〇点を獲得します。

第二問は三択です。

「メルボルン大学のカゴ教授は、二二年にわたってある研究をしましたが、それは次のどれでしょうか。①フォークの先は三本がよいか、四本がよいか、②風呂の排水の渦は右巻きか、左巻きか、③ダチョウのゆで卵は半熟がよいか、固ゆでがよいか」

中央と上智が竹下景子に賭けたのに対し、われわれは教授仲間の小田島先生を指名、結果はやはり「三択の天才」竹下景子のみ正解、あとは全員不正解で慶應は五〇〇点を失い、四〇〇〇点となりました。

「クイズダービー」に出演
（1978年10月28日放映）

第三問

「ある合戦でさんざんに負け、馬をとばして城に逃げ帰り、城門にたどり着いたとき思わず失禁してしまった武将は誰でしょう」

われわれの賭けたはらたいらと篠沢教授が家康と答え、他の三人は木下藤吉郎、今川義元、織田信長などと答えました。

第四問

「就職試験のシーズンですが、埼玉県のある企業では商売の原点は恥ずかしさに耐えることだと奇抜な試験をしました。さて、受験生はどんなことを命じられたのでしょう。①白昼、浮浪者姿で銀座を歩く、②パチンコ屋に落ちている球を拾って景品と替えてくる、③国電の駅前で会社の名前を一〇〇回叫ぶ」

われわれはあまり一人の解答者に偏らないようにとの注意を守って南田洋子に一〇〇〇点賭けたところこれが大失敗。南田洋子のみ不正解であとの解答者は全員正解。「ごめんなさい」とわれわれの方を向いて頭をかきながら謝る南田洋子。われわれはここで貴重な一〇〇〇点を失いました。

第五問

「パーティなどで料理を山盛りにしたお皿を抱え、はじめから終わりまでガツガツ食べている人を、ホテルの宴会係は動物に例えますがそれは何でしょう」

持ち点を五五〇〇点まで減らしてしまったわれわれは、ここでは手堅く中央組と同じはらたいらに賭けます。その間、篠沢教授ははらたいらが二つ書いて消した方と大橋巨泉に指摘され、ハイエナで不正解。南田洋子がブタ、竹下景子がクマ、小田島教授がキツツキでいずれもダメ、はらたいらをあけてみると「ピラニア」でたった一人正解。この辺りが「はらたいらはあらかじめ答えを教えてもらっているのではないか」とうわさされる所以です。ここからいよいよ後半戦に入ります。

遠藤周作作詞の「おっさんのバラード」の一節「結婚以来二〇年、誰のおかげで飯が食え、誰のおかげで……」、この後に続く言葉は何かという出題が第六問です。

前半を終わって九五〇〇点を持っていたわれわれは竹下景子に一〇〇〇点を賭け、着々と得点を積み重ねる作戦を練りました。だがこれが裏目に出ました。正解は「子が生めた」ですが、竹下景子は「家ができた」とただ一人不正解。

第七問に移ります。

「アメリカテキサス州になんと一九歳のうら若き女性の裁判官がいますが、ある日、被告が軽率にも言った言葉が彼女の逆鱗に触れ、なんと法廷侮辱罪を適用されてしまいました。さてこの被告はなんと言ったのでしょう。①罰金はすぐ払うからデートしよう、②ダンスパーティで一緒に踊った仲じゃないか、③君は恋人の頭もそのトンカチで撲るのかい」

すでに一万六〇〇〇点を稼いだ上智組がなお手堅く竹下景子に賭けるのに対し、われわれは再びディレクターの注文を真に受けて小田島教授に賭けました。これも裏目に出ました。正解は「デートしよう」。正解を出したのは南田洋子と竹下景子の女性群。他の男性解答者三人は全員不正解。終盤近くなってわれわれの持ち点は次第に少なくなり、六五〇〇点までになりました。

さて次の第八問。

「古代ギリシャの夢占いという本によると、耳にある生き物が入った場合、教育者にとって大変縁起が良いといわれますが、その生き物はなんでしょう」

安全を狙ってわれわれははらたいらに賭けました。正解は「アリ」。他の解答者はノミ、ハチなどと答えましたが、はらたいらはアリと答えました。はらたいらのお陰でわれわれは一万一五〇〇点まで挽回したのです。

さてチャイムがなっていよいよ最後の第九問となりました。最後の問題は、

「吉田茂はかってどうしてそんなに丈夫なのですかと聞かれて、いつも何々しているからと答えましたが、いったいなにをしていたのでしょう」

これは池井ゼミのメンバーならほとんど全員が知っている有名なエピソードです。正解は「人を食っているから」。池井・坂谷組は持ち点の一万一五〇〇点をすべてはらたいらに賭けることにしました。一枠の篠沢教授一二倍、二枠南田洋子二〇倍、三枠はらたいら七倍、四枠竹下景子一四倍、五枠小田島雄志一四倍で、もし一〇万円を狙うなら、はらたいらを除く他の四人に賭けるべきですが、あまり冒険はしたくなかったのです。すでに二万一五〇〇点を持っていた中央組は、大橋巨泉に聞きながら一〇万円をクリアーする一万三五〇〇点をはらたいらに、上智は一万二五〇〇点のすべてを小田島教授に賭けたのでした。結果的にこの作戦は成功でした。「人を食っているから」と正しい答えを出したのは吉田茂とおなじ高知出身のはらたいらのみ。あとは「怒りたいとき怒るから」、「医者にかからないようにしているから」、「白足袋を履いているから」などトンチンカンなものでした。

こうして中央組は一〇万二五〇〇円でトップとなり頭上のくす玉が割れ、勝利の帽子をかぶりました。慶應は一〇万円には届かなかったが、八万五〇〇円を獲得、上智は最後に持ち点のすべてを失う結果となりました。

チコは小田島教授が訳したシェイクスピアの「ハムレット」にサインをもらい、八万五〇〇円の賞金を獲得したわれわれは、応援にきてくれたゼミの同期生四人とＴＢＳ近くのレストランでワインで乾杯、記念として「ＶＩＶＡ　ＢＡＳＥＢＡＬＬ」をプリントしたＴシャツを作成、ゼミ全員に配りました。

あれから四〇年以上の歳月が流れました。司会の大橋巨泉、解答者のうち、漫画家はらたいら、ユカイ教授篠沢先生、南田洋子が亡くなり、お嫁さんにしたい候補ナンバー１であった竹下景子もおばあさん役を演じる年齢になりました。

テレビのクイズ番組を見るたびにあの時のハラハラドキドキが甦ってきます。

池井ゼミOB会の「ちょっといい話」クイズ

ゼミの卒業生が集まる「池井ゼミ三田会」の会合を開くのは、毎年一一月の最終土曜日と決めています。ＯＢ会長の挨拶、他界したＯＢ・ＯＧの冥福を祈る黙とう、小生の近況、慶應義塾の現況などのあと、歓談。中には卒業以来十数年振りでの再会、五年の海外勤務を終えての出席、ゼミ内結婚組が二世を連れての登場など、毎年一〇〇名以上が集まります。この二年間はコロナ騒ぎでオンライン開催となっていますが、例年渋谷のエクセルホテル東急で開くことになっています。

ゼミの卒業生は合計四八九名、病気や事故で他界したのが一五名、なかには東日本大震災の津波の犠牲になったOBも含まれています。

乾杯から懇親へと移り、一段落したところで、全国はおろか世界中に散って活躍しているOB・OGから寄せられた「ちょっといい話」をクイズ形式で紹介するのが好評です。特にここ何年かの間で印象に残ったものを挙げてみます。

一　平成一〇年卒業、名古屋・東海ラジオのアナウンサーになったH・O君

岐阜の中学生時代、中日ドラゴンズ優勝の瞬間をラジオで聞いて以来、アナウンサーになってドラゴンズ優勝を実況するぞと決心しました。目的達成のため大学は早稲田にいき、アナウンス研究会に入り、どこかの局の試験を受けてアナウンサーになる、しかし最初の段階でつまづきました。早稲田は落ち、皮肉にも合格したのは慶應でした。「大リーグに詳しい先生のいるゼミにでも入るか」という〃不純な動機〃でゼミに入ってきました。しかし、ゼミの代表を務め、充実した二年間を送りました。就職試験を受けると、当時の人気ナンバーワンだった電通と東京海上から内定をとりました。しかし、アナウンサーの夢が捨てきれなかったO君は地元名古屋のラジオ局東海ラジオを受け合格。スポーツアナウンサーとしての第一歩を踏み出します。入社して一〇年、中日ドラゴンズは優勝、日本シリーズに進出したのです。

「君の放送予定日は第五戦だ」とアナウンス部長から言い渡されました。四勝一敗の日本一などなるはずがないと思っていたところ、日本ハムを相手に三勝一敗、なんと優勝に王手をか

けた試合の担当となったのです。遂に夢の実現の瞬間がやってきました。
「ボールカウント2―2、あと一球コールが沸き起こりますナゴヤドーム、セカンドゴロ、荒木が捕った、一塁に送ってアウト、試合終了、プロ野球日本一は五三年振りに中日ドラゴンズに輝きました……」

さて、スイッチを切ったO君はどうなったでしょうか。

①少年時代の夢が叶ったと、天にも昇る気持ちだった
②頭が真っ白になり、しばらくボーとしていた
③先輩アナウンサーに悪いなと思った

正解は③です。アナウンサーにとって地元のチームの日本一を実況できる機会は滅多にありません。その機会を逃した先輩に申し訳ないという気持ちがまず頭をよぎったとのことでした。

二　昭和六〇年卒業、アナウンサーから中学校校長になったT・E君

鹿児島で生まれ育ち、大学の放送研究会にも所属せず、テレビ東京に職を得てはじめ配属されたのはスポーツ局でした。二年後アナウンス室に異動となりました。大学時代を含めて標準語に接した期間は六年、配属と同時に始まった訓練では「アイウエオ」の正しい言い方から最終的にニュース原稿の読み方まで矯正されっぱなしの毎日でした。やがてスポーツTODAY、情報番組、スポーツ中継、皇室報道などを経験し、遂に夕方五時半から始まる全国ニュースに出演するまでになりました。一区切りつき、大阪の系列局への出向など「読む機会」はまったくなくなりました。

そこへ入ってきたのが、神奈川県の公立中学が校長を公募するとのニュースでした。かねてから教育問題に関心があり、応募すると多数の中から幸い採用になりました。こうして鹿児島出身で元アナウンサーの経歴をもつ異色の校長先生が誕生しました。

校長は授業を持てません。朝礼の挨拶だけでなく、教室で生徒と接したいと国語の時間を借りて朗読を聞かせることにしました。宮沢賢治の詩を読み終わった校長先生の朗読に対し生徒はどのような反応を示したでしょうか。

①校長先生も授業を持てるようにしてほしいといった

②校長先生は職業を間違えたのではないかといった

③詩ではなく、もっと長い物語を読んでほしいといった

正解は②です。校長が元アナウンサーだったことも、公募で校長になったのも知らない女子生徒はいいました。

「校長先生、読むのが本当に上手ね。どうしてアナウンサーにならなかったの」

三　平成六年卒業、イギリスに滞在したK・Oさん

朝日新聞の記者と結婚し、夫のロンドン支局転勤に伴いイギリスで過ごすことになりました。ロンドンに着いたら是非いってみたいところがありました。ウインブルドンです。

ウインブルドンといえば、テニスの全英オープンの開催地として知られています。全英オープンは、全米、全仏、全豪と並ぶ四大大会のひとつですが、全面天然芝で覆われたコート、練習、試合ともウェアは白に限るなど伝統を守り、ウインブルドンのセンターコートでプレーす

ることは世界のテニスプレーヤーの最終目的です。

憧れのウインブルドンにいってみると人だかりがしています。なんとマルチナ・ナブラチロワがエグジビジョン・マッチをやっていたのです。ナブラチロワは全英選手権最多の九勝を誇る「ウインブルドンの女王」です。一九五六年生まれですから、この時五〇代半ばを過ぎていたはずですが、サーブもストロークもかってのプレイを彷彿させるものがありました。

それから一ヵ月後、主人と息子を連れてパリへ観光旅行にいきました。セーヌ川の遊覧船に乗ったところ、二人の女性が乗船してきました。なんとナブラチロワではないか。友人が「マルチナ」と呼んでいるので間違いありません。話しかけようか、サインをもらおうか、目的地が近づいてきます。息子の持っていたノートを持って話しかけました。

さてナブラチロワはどう対応してくれたでしょうか。

①ウインブルドンの思い出を語りサインしてくれた

②日本遠征の思い出を語り、サインしてくれた

③日本の方ですね、とカタカナでサインしてくれた

正解は③です。日本に行ってすごく気にいったので「マルチナ」とカタカナのサインを覚えたのと言って喜んでサインしてくれたのです。

四　平成二年卒業、商社伊藤忠ジャカルタ支店に転勤したＨ・Ｔ君

日本製品―メイド・イン・ジャパンが世界、特に東南アジアを席巻していた時がありました。かつての軍服を着た軍人に代わって、背広を着てネクタイを締めたセールスマンによって東南

アジア諸国はあらたな〝侵略〟にさらされたといわれるほど、日本から派遣された商社マンは日本製品の輸出に大きな力を発揮しました。

インドネシアのジャカルタ支店勤務を命じられた伊藤忠商事のT君は、現地に溶け込むためにはインドネシア語をマスターしようと、出発する前から日本で勉強をはじめました。現地に駐在してからは、習うと同時に慣れろと勉強をつづけたことはいうまでもありません。とかく日本人商社マンは、開発途上国に駐在しても、英語で済まそうとタイ語、ベトナム語、インドネシア語を覚えようとしません。T君の姿勢を見ていたのは、取引先のインドネシア人の社長です。

「あんたの姿勢が気に入りましたよ。ところで来週うちの息子の結婚披露宴があるんだが、ご招待したい。是非出席してください」

お祝いを持参して出席すると、なんと三〇〇人もの出席者の大パーティです。テーブルスピーチなど依頼されておらず、軽い気持ちで舞踊などの余興を楽しんでいると、隣りのアメリカ人ゲストが指名されてお祝いの挨拶をしました。ジャカルタ在住一〇年、流暢なインドネシア語でのスピーチでした。なんと「日本人ゲストの方にもお願いします」と突然の指名です。度胸を決めて、習い覚えたお世辞にも上手とは言えないインドネシア語で冷や汗をかきながら挨拶すると、最後に大爆笑と大拍手です。なぜか。きょとんとして席に戻ると隣りのアメリカ人が「なぜ大うけしたか教えてあげようか」とささやいてくれました。

さて、T君のスピーチに皆が大笑いし、大喜びした理由はなんだったのでしょうか。

①意図しなかった言い間違いが受けたから

②男が絶対使わない女言葉で終わったから
③当時、一番流行っていたテレビのコマーシャルで終わったから
正解は①です。T君は「新郎新婦のお二人、たのしい毎日をお過ごしください」と言ったつもりが、なんと「たのしい毎晩をお過ごしください」といって終わったのでした。

五　昭和六三年卒業、日本経済新聞ロサンゼルス支局勤務のY・I君

かつて海外で知られた日本食といえばすき焼きと天ぷらでした。坂本九が歌った「上を向いて歩こう」もアメリカでは「SUKIYAKI」として売り出され大ヒットにつながったことで知られています。

しかし、いまや日本食の代表は鮨です。二〇一四年、オバマ大統領が来日した際、安倍首相が銀座の鮨屋「すきやばし次郎」でもてなしたことでも判るように、アメリカのセレブの間でも鮨を好む人が増えています。

さて、日本経済新聞のロサンゼルス支局に配属となったI君は奥さんの誕生日を祝うため「美味しいお鮨が食べたい」とのリクエストに応じ、ハリウッドで一番有名な鮨屋に奥さんを連れていきました。するとスター、ブラッド・ピッドがカウンターに座って鮨を味わっているではありませんか。ブラピ・ファンの奥さんは目の前にハリウッドのスターがいることに興奮し、その姿をボーと見ていました

奥さんがトイレに立った時、I君はブラッド・ピッドのところにいき、言いました。

「食事中申し訳ありません。実は今日はワイフのヒロコの誕生日なんです。あなたのファンな

ので、トイレから帰ってきたら祝っていただけませんか」
さて、ブラッド・ピッドはI君の奥さんになにをしてくれたでしょうか。
①「ハッピー・バースデイ、ヒロコ」といって握手をしてくれた
②鮨屋のお土産用の手ぬぐいにサインしてくれた
③「フォー・ユア・バースデイ」とビールで乾杯してくれた
正解は①。大感激の奥さんは握手してもらった感触が忘れられず、三日間手を洗わなかったということです。

全国、いや全世界から寄せられる「ちょっといい話」。OB会ではグループに分けてどの解答が正解か競わせるのですが、いかにもありそうな、引っかかりそうな「偽の答え」を事前に考えるのが、楽しい作業です。例えば、一のOアナウンサーからは「試合終了とともに落合監督の胴上げがおこなわれましたが、胴上げは何回だったでしょうか」といってきましたが、胴上げの回数、三回、四回、五回といった三択では面白くありません。そこで「放送を終了したとき、どうした」と電話で問い合わせたところ、「いいとこ取りをして先輩アナ

池井ゼミ最後の夏合宿（1999年）
（撮影・栗原達男）
（『文藝春秋』1999年11月号）

に申し訳ないなとおもいました」と聞いて、①、②、③を考えたのです。

「ちょっといい話」出題者はもちろん、海外在住のＯＢ・ＯＧに送り、「来年もいいネタを考えてね」とお願いすることにしています。「家族全員で楽しみました。息子は五問中四問正解、主人は一問しかできませんでした」といった返事が返ってきます。

一〇大学合同セミナー

「池井ゼミの活動のひとつに他大学のゼミと合同で実施する一〇大学合同セミナーがあります。他の大学の学生と知り合い、切磋琢磨する場です」

ゼミ生を募集するときの「売り物のひとつ」がこの一〇大学合同セミナーでした。

「一大学の枠を超えて合同セミナーが開けないものだろうか」

こうした話が持ち上がったのは、一九七二年夏のことでした。池井ゼミは一橋大学の細谷千博ゼミ、成蹊の宇野重昭ゼミと個別に合同でセミナーをもつ機会がありましたが、学生主体の合同セミナーができないかと考えたのです。

八王子にある大学セミナーハウスの運営委員として、成蹊の宇野重昭、上智の三輪公忠両教授と一緒になる機会が度々ありました。大学セミナーハウスは各大学、企業が研修に利用する他に、セミナーハウス自体がテーマを設定し、講師を依頼、各大学に呼びかけるシステムもありました。これに対し、われわれはあるテーマをこちら側で設定し、学生に組織運営の一切をまかせて大学セミナーハウスの企画のひとつとする方式を考えたのです。

幸い、大学セミナーハウス側の同意も得られ、準備のための学生実行委員会が活動を開始したのは七二年秋でした。参加校をどこにするか、細谷ゼミの一橋、宇野ゼミの成蹊、三輪ゼミの上智、池井ゼミの慶應に加え、ＩＣＵ、津田塾、聖心が加わり、七大学となりました。

第一回セミナーがおこなわれたのは、一九七三年四月のことでした。テーマは各大学間のさまざまな要望を入れた結果「一九三〇年代を土俵として日本の外交を考える」となりました。セクションを六つに分けます。Ａセクション「満州事変と満州国」、アドバイザーは当時国際基督教大学と聖心女子大学で講師を務めておられた緒方貞子先生。のちに国連難民問題高等弁務官として活躍されますが、『満州事変と政策形成過程』の著書もあり、引き受けていただきました。Ｂセクション「大東亜共栄圏とアジア主義」（上智大学・三輪公忠教授）、Ｃセクション「日中戦争」（電気通信大学・藤井昇三教授）、Ｄセクション「外交政策決定過程」（一橋大学・細谷千博教授）、Ｅセクション「ファシズム論」（慶應義塾大学大学院博士課程・波多野澄雄君―のちに筑波大学教授）、Ｆセクション「一九三〇年代の日本社会」（慶應義塾大学・池井優）という構成になりました。なお、チューターとして慶大大学院博士課程の増田弘君（のちに立正大学教授）、聖心女子大学講師の野林健さん（のちに一橋大学教授）が参加し、助けてくれました。

第一回合同セミナーの参加学生は六〇名、女子は三分の一の二〇名でした。各大学ゼミの研究関心、研究対象、研究方法の違いや、それぞれの大学の持つ特性や実情から議論がかみ合わないこともありましたが、「ミッドナイトセミナー」となって夜を徹して酒を飲み、「歌声セミナー」となって歌うために参加したのではないかとおもわれる事態も発生しましたが、大学間交流が大いに進められたのが大きな成果でした。

第二回は第一回の反省を踏まえ、テーマは「戦後日本外交の研究」とし、セクション別の個別勉強会など事前の準備をしっかりやってセミナーハウスの全体会議に臨むようにするなど、次第に方向が固まってきました。なお、第二回から明治が加わり八大学となりました。

やがて学生として参加したメンバーが大学院に進学し、指導する立場になったり、神奈川大学、東洋英和女学院大学、法政大学なども加わり、通称一〇大学合同セミナーとして定着、二〇二二年には五〇周年を迎え、記念式典と懇親会が行われました。

一〇大学合同セミナーを通じて他大学同士で結ばれたカップルが出たり、なかには外交官試験合格の決め手になったOBもいました。池井ゼミのM君は一九九一年「世界の中の日本」をテーマとするセミナーに参加、セクションのチーフを務めました。かねて外交官を希望していたM君は外交官試験に備えこつこつ勉強していましたが、自分の学力では大学四年で合格するのは無理だと思っていました。ところが一次の筆記試験に合格、集団討論と面接を受けることになりました。集団討論のテーマは「日本は外国人労働者を受け入れるべきか」です。くじで「賛成派」と「反対派」を決め、討論させるのです。M君は「反対派」になりましたが、このテーマはまさに一〇大学合同セミナーのセクションで取り上げ、チーフとして外国人労働者受け入れの是非をめぐって資料を集め、大いに議論したテーマだったのです。集団討論で点を稼いだM君は、面接でゼミ活動、一〇大学合同セミナーで活躍したことを語り、試験官に好印象を与えたのでしょう。一次合格者六〇名から半数が落とされるなかから、最終合格三一名に残ったのでした。

一〇大学合同セミナーで学んだOB、OGは「十窓会」を創設し、二年に一回集まって旧交を温めています。

入ゼミ、新三年歓迎コンパ、春合宿、通常ゼミ、夏合宿、十大学合同セミナー、秋の大学祭参加、卒業論文、就職活動……と多忙な二年間を送ったゼミ生は各方面に散って活躍しています。学界はもとより政界、財界、言論界、芸能界とさまざまな分野でそれぞれ力を発揮し、親身になって就職の相談に乗ってくれたり、「ゼミの後輩が転勤するからよろしく」と連絡すると、転勤したその日に歓迎会を開いてくれるなど上下のつながりもよく、集まれば「コンパ芸ベスト5」をあげて大笑いし、「ゼミ対抗ソフトボール大会不滅の六連覇」、「ゼミ内カップル誕生秘話」を語り、神宮球場の早慶戦で勝ち、勝利の歌「丘の上」を声を張り上げて歌った思い出など話題はつきません。

「忙しさ二倍、思い出三倍」―池井ゼミで学んで良かったという声を耳にするとうれしさがこみあげてきます。

池井ゼミ20周年のシール

六　定年後も大学で教え続ける

清和大学、青山学院大学で教え、第二の定年

昭和三〇年に入学して以来、法学部教授として定年を迎えるまで四五年お世話になった慶應義塾を去ってからどうするか。六五歳、まだ健康に自信もあり、教えることも好きとあって、定年後も専任として過ごす新たな職場を探すことになりました。幸い新しく教える大学はすぐ見つかりました。というより、「うちの大学に来ないか」と声がかかったのです。慶應の法学部教授を長年務め、千葉の清和大学学長に招かれた利光三津夫先生が声をかけてくれたのです。

喜んで引き受けたのですが、問題は「遠いこと」でした。横浜の青葉台の自宅を出て東京駅へ、東京駅から内房線快速で七五分で木更津、木更津からさらにバスを利用し、清和大のキャンパスに着くまで乗り換えの時間を含め、二時間半かかります。授業は水・木と二日にわたるので、水曜日は木更津のビジネスホテルに一泊することにしました。

幸い、翌年横浜―木更津間にアクアラインが開通し、横浜そごうの下から木更津行の直通バ

スが利用でき五五分で木更津までいけるようになりました。時間が三〇分以上短縮されましたが、気を付けなければいけないのは、強風だとアクアラインのバスが運休になることでした。確かに、アクアラインをバスで走っているとき、海からの風によってバスが左右に揺れるのを二、三度経験し、強風の場合は対処できないことは理解できました。

慶應の学生とは比較するまでもありませんが、清和の学生の指導は大変でした。やはり慶應から定年後清和の専任となったドイツ語の教授は「ドイツ語を教えること」をあきらめ、ドイツの歴史、ドイツ各地の紹介などをビデオで紹介し、ドイツという国を知ってもらうことに方針を転換したと聞きました。

広い研究室の窓から、東京湾の上空を羽田空港に飛来する飛行機の離発着と富士山の姿を見るのは、遠い通勤、学生指導のフラストレーションを救う手段となりました。

清和での一年が過ぎたところで青山学院大学から誘いがありました。しかも国際政治経済学部です。キャンパスは地下鉄表参道駅から徒歩三分、二つ返事で承諾しました。清和ではゼミを担当していたので、それだけは続けることで了解を得ました。青山学院、通称青学は受験界のランクではMARCH（明治、青学、立教、中央、法政）といわれ、学生の質もかなり高いと期待したのです。ついでにいうと、MARCHに次ぐのは日東駒専（日大、東洋、駒沢、専修）、さらに「関東上流江戸桜」（関東学院、東海、上武、流通経済、江戸川、桜美林）ということを知りました。

青学で担当したのは「比較文化論」と「日本外交史」、そしてゼミです。比較文化論は得意の野球を例にとって「日米野球比較論」と来日した外国人選手の例など引いて説明したのですが、女子学生が多いこともあって、日本文学がどこまで外国人の読者に理解してもらえるかを川端康成の「雪国」の英訳をしめすことをやってみました。

「これはある日本の作家の小説の一部の英訳です。短い文章ですから、各自その場で日本語に訳してください、原文は後ほど発表します」といって、次の英語の文章を配りました。

—The train came out of the long tunnel into the snow country. The earth lay white under the night sky—

学生の平均的な日本語訳はこのようになります。

—汽車は長いトンネルを抜け雪国にでた。大地は夜空の下白く横たわっていた—

「雪国」の冒頭の有名な一節「国境の長いトンネルを抜けると雪国であった。夜の底が白くなった」が原文です。トンネルを抜けたのは自分なのか、汽車なのか主語がありません。英訳したのはエドワード・サイデンステッカー教授。川端自身、「自分がノーベル文学賞をとれたのはサイデンステッカーさんのお陰だ」と認めたように、川端の繊細な表現を海外の人々に理解してもらうには、原文の雰囲気をこわさずに伝える英語の表現が必要なのです。英訳には「国境」は出てこず、原文にない「汽車」が登場します。

こうした英文によって川端文学が海外の読者に伝わり、ノーベル文学賞につながったことに受講した学生諸君は大きな興味を示しました。そこで、日本文学研究の第一人者ドナルド・キーン教授が太宰治の「斜陽」を英語にしたときの「誤訳の名訳」を紹介しました。

没落して東京から伊豆へ転居した華族の夫人が病気になり、村の医師が往診にやってくる場面でこういう描写があります。

—二時間ほどして叔父さまが、村の先生を連れて来られた。村の先生は、もうだいぶおとし寄りのようで、そうして仙台平の袴を着け、白足袋をはいておられた—

キーン教授の訳はこうです。

—Some two hours later my uncle returned with the village doctor. He seemed quite an oldman and was dressed in formal,rather old-fashoned Japanese costume—

この英訳では、仙台平も袴も白足袋も消えています。「正装ではあるが、やや古めかしい、旧式の和服」とすることで、昔気質の律儀な田舎の医師の雰囲気を説明したのです。問題はその次です。

—お昼すこし前に、下の村の先生がまた見えられた、こんどはお袴は着けていなかったが、白足袋は、やはりはいておられた—

今度は「白足袋」だけが登場します。さあ、どうするか。こう訳しました、

—A little before noon the doctor appeared again. This time he was in slightly less formal attire, but he still wore his white gloves.—

なんと「白足袋」が「白手袋」になったのです。もし「白足袋」を white socks と訳したら、靴下が白いからといってそれがどのような意味があるのか、むしろ日常的な服装ととられかねません。正装の雰囲気を伝えたいなら欧米なら「白手袋」なのです。こうして比較文化論は、自分でも多くの文献や資料に当たりいい授業にすることができました。

意外だったのは、青学の学生とくに女子学生がもっと華やかかと思ったら、思ったより地味だったことです。出身高校も都立、県立が多く、服装も慶應より目立たないものでした。

日中和平工作秘史

繆斌工作は真実だった

太田　茂著　本体 2,700円【11月新刊】

「繆斌《みょうひん》工作」が実現していればヒロシマ・ナガサキもソ連の満州・北方領土侵略もなく戦争は終結していた！　日中和平工作史上最大の謎を解明・論証。

新考・近衛文麿論

「悲劇の宰相、最後の公家」の戦争責任と和平工作

太田　茂著　本体 2,500円【11月新刊】

毀誉褒貶が激しく評価が定まっていない近衛文麿。近衛が敗戦直前まで試みた様々な和平工作の詳細と、それが成功しなかった原因を徹底検証する。

日米戦争の起点をつくった外交官

ポール・S・ラインシュ著　田中秀雄訳

本体 2,700円【10月新刊】

在中華民国初代公使は北京での６年間(1913-19)に何を見たのか？　北京寄りの立場で動き、日本の中国政策を厳しく批判したラインシュの回想録 *An American Diplomat in China*（1922）の本邦初訳。

OSS(戦略情報局)の全貌

CIAの前身となった諜報機関の光と影

太田　茂著　本体 2,700円【9月新刊】

最盛期３万人を擁した米国戦略情報局OSSが世界各地で展開した諜報工作や破壊工作の実情、そして戦後解体されてCIA（中央情報局）が生まれるまで、情報機関の視点からの第二次大戦裏面史！

やがて謎が解けました。期末試験の監督で文学部のテストが行われている教室を割り当てられていったところ「これぞ青学ギャル」と思われるおしゃれな雰囲気をただよわせた女子学生が固まっていたのです。青学＝都会派、シティ・ボーイとシティ・ガールのイメージがあるので、日本大学が芸術学部から多くの作家、映画監督、俳優などを輩出し「日芸」の名で知られるように、青山学院も思い切って「ファッション学部」でも創設したら成功したかもしれないと思ったほどでした。

しかし、国際政経学部はいい雰囲気でした。とくに教員の仲がよく、出身大学もまったく関係なく、懇親会、旅行など皆と親しくなりました。専任としてはたった二年勤めただけだったのに、最終講義を設定してくれ、しかも『青学国際政経論集』にその講義を採録してくれたのみならず、学科長との対談まで添えてくれました。慶應では最終講義は用意してくれたもののそれを活字にしてはくれませんでした。

そうしたこともあって、青山学院にはいい印象と思い出をもっていますが、なにかひとつ物足りない、欠けていると思いました。卒業式に出て「その謎」が解けました。全学がひとつにまとまる歌がないのです。校歌はありますが、合唱団が歌っても卒業する四年生も歌わず、教員も無言です。青学の野球部は東都大学の強豪で、小久保裕紀、ロッテの前監督井口資仁、ヤクルトの石川雅規、オリックスの吉田正尚などプロで活躍する人材も多く生んでいますが、東都大学野球のリーグ戦は火曜、水曜のウィークデーの開催で、青山のキャンパスから歩いていける神宮球場でやりながら学生はほとんど観戦にいかないのです。

慶應はじめ東京六大学なら校歌、応援歌を歌い、野球の応援で一体感を持ち、それが母校愛にもつながるのですが、青学にはそうした学生がまとまる「歌がない」ことに気が付いたのでした。この経験から東京国際大学の理事・評議員を引き受けたとき、理事長兼総長に進言したのは「学生が皆で歌える応援歌をお作りなさい」でした。ただ勝利したチームを称えて流される甲子園の高校野球大会の伝統校の「松は緑に水清く、わが学び舎に誇りあり」といった古めかしいのはだめ。現代の若い人にマッチするような歌詞とメロディが必要ですと申し上げました。歌詞は学校関係者から、そして理事長が「最適の作曲者が見つかりました」とにこにこして理事会で報告がありました。なんと都倉俊一でした。ピンクレディーの「ペッパー警部」「UFO」はじめ多くの大ヒット曲を世に送った売れっ子作曲家、おしゃれないい曲ができました。

青山学院を六八歳で第二の定年を迎え、さすがにもう専任の口はありません。幸い二つの女子大から非常勤講師としてお呼びがかかりました。教えることが好きなので喜んで引き受けました。特に東洋英和女学院大学は家内に車で送ってもらうと自宅からキャンパスまで一五分、これまでのなかで通勤時間最短の職場でした。もうひとつのフェリス女学院大学も横浜で通勤にあまり時間がかかることはありませんでした。

女子大で教えるのは初めてです。最初に東洋英和の教務から注意を受けました。

「授業で使用するテキストは一〇〇〇円以下のものにしてください。値段が高いと学生は買いませんから」

慶應で長年使用してきた『日本外交史概説』は三二〇〇円なので問題外、幸いNHKラジオのカルチャー・アワーのテキスト「近代日本外交のあゆみ」が八五〇円だったので、これを使用することにしました。友人とのコンパやおしゃれには何千円も使うのに、一年間使う教科書は一〇〇〇円以下でないと買わない、信じがたいことでした。

「政治学」と「日本外交史」を講義する前提に無記名でアンケートをとりました。

①「政治学」の授業を履修するに当たり、講義に対する要望はありますか。

②歴史に興味や関心がありますか。その理由はなんですか。

政治学への要望に「新聞は読まないし、テレビも政治関係のニュースは見ないので、問題になっている政治の問題をやさしく話してください……」

「歴史にはまったく興味がありません。人の名前と年を覚えるのが苦手です」

これまで、法学部政治学科や国際政経学部で教鞭をとっていたので、政治に関心がない、歴史にまったく興味がない女子学生に何を教えるか、どう教えるか根本的に考えなければなりませんでした。政治や歴史に関心を持たない理由のひとつは、女子大の入学試験に関連がありました。女子大は受験生を集めるため入試科目は英語と現代国語のみ、日本史も世界史も政治経済も必要ないと高校時代から真剣に取り組むことがなかったのです。

「政治に関心がないとどうなるか。とんでもない政治家がでてきて国を誤った方向に引っ張っていき国を亡ぼすことになります。例えばドイツのヒトラーです。それに対し、原爆まで落とされ、第二次大戦の敗北でみじめな状態に陥った日本を再建したのは吉田茂です。では、ヒトラーはなぜ失敗し、吉田はどうして成功したか考えてみましょう」

「歴史が嫌いになるのは、人物の名前と年号を暗記しなければならないと思っているからでしょう。いつ、だれが、どこで、なにをしたのが歴史だと面白くありません。これを四つのWといます。When, Who, Where, What です。それにWをひとつとHを加えると面白くなります。Why（なぜ）、How（どのようにして）です。外国との接触を一切絶つ二〇〇年以上に及ぶ日本の鎖国を打破して開国させたのはアメリカ海軍のペリー提督ですが、なぜ早くからアジアに進出していたイギリスやオランダでなく、アメリカだったのか、なぜ海軍のペリーだったのか、鎖国を続けようとする日本を開国に転換させるため、ペリーはどのような方法をとったのか、武力で脅かしたのか、西洋文明の利点を誇示したのか、世界情勢の変化を説明したのか……など考えると歴史が生きたものになります。愚者は経験に学び、賢者は歴史に学ぶといわれるように歴史は今日を考える参考になるのです……」。

こうして女子大での授業がはじまりました。少しづつ政治や歴史に興味がでてきたところで提案をおこないました。

「この大学が横浜にあるのだから〝横浜ツアー〟をやりませんか。開港資料館で日本の開国の経緯を知る、人形の家で世界の人形との交流を学ぶ、中華街で中華まんを買って山下公園で氷川丸を見ながら食べる、ベイスターズの試合を外野で観戦し、旧知の山下大輔監督に頼み、マスコットのホッシーと一緒に写真を撮る……全費用三千円以内で済みます」

こうして有志の学生と半日、横浜を楽しむこともやってみました。

カルチャー・スクールや三田会で知的好奇心を絶やさない

やがて二つの女子大での任期も終わりましたが、幸いまだ教える機会がありました。一つは

NHK文化センターです。いわゆるカルチャー・スクールですが、定年を過ぎた歴史に関心のある人々が受講料を支払って聴講するので、皆熱心でこちらも当時の風刺画、写真などをいれたレジュメをつくって期待に応えるようにしています。場所は地下鉄青山一丁目駅に接続した青山ツインタワービルの四階、しかし朝日カルチャー、読売カルチャーのような新聞社系のカルチャーセンターと違い、ほとんど宣伝をしないので、受講者が少ないのが欠点です。

もうひとつが婦人三田会の勉強会です。婦人三田会は慶應を卒業した女性がメンバーの三田会です。慶應では現役学生は「塾生」、卒業生は「塾員」と呼ばれますが、婦人三田会のひとびとは「塾女」かもしれません。英文科の卒業生が「シェークスピアを原文で読む会」を英文学専攻の名誉教授を囲んで勉強会を開く、国文科OGが「平家物語」を取り上げて学生時代を再現するなどの集まりもあります。

その婦人三田会から「政治外交について勉強したいので講師を」との要請がありました。「一回や二回でなく毎月一回、一年続けるというのならお引き受けします。参加なさる方の年齢は七〇歳を超えている方が多いと思いますので、皆さんの生きてきた時代に関係する戦後日本外交にしましょう」

こうして、占領、サンフランシスコ講和、日ソ国交回復、政経分離下の日中関係、日米安保改定、日韓国交正常化、日中国交回復……と、毎回一つのテーマを取り上げ、多くのエピソードを交えて話すようにしました。例えば、吉田茂が講和条約調印のためサンフランシスコにいくことになった時の話です、孫の麻生太郎が「おじいちゃん、お土産を買ってきて」と頼みます。犬がいいということでした。吉田さん自身も大の犬好きなので、ケアンテリアのつがいを購入し、オスをサン、メスをフランと名付けました。やがて子犬が産まれ、これをシスコという名にしたのです。それが新聞の記事になるとそれを読んだ小学生の女の子が吉田さんに手紙を書いたのです。

「拝啓　そうり大臣さま、つぎのこいぬが産まれたらいただけませんか」

これに対し吉田さんから返事がきました。

「桂子ちゃん、あげましょう。かわいがってください。吉田」

吉田さんの桂子ちゃん宛ての手紙は「吉田茂展」に出品されていました。吉田さんから贈られた犬は「総理大臣のいぬ—ラッキー」として有名になったのです。

講義は、予想以上に好評で、戦後日本外交が終わり、幕末の開国から明治の条約改正、日清戦争、日露戦争、日米移民問題から第一次世界大戦と日本の参戦、パリ平和会議、対華二十一カ条要求、昭和に入って満州事変、日中戦争、日米開戦……と進み、これも皆さんに喜ばれました。

戦前の日本外交の足跡を追った一二回のレクチャーも終わり、皆さんの希望をいれて「二〇世紀の世界のリーダー」をとりあげることにしました。F・ローズヴェルト（アメリカ）、チャーチル（イギリス）、スターリン（ソ連）、ヒトラー（ドイツ）、ド・ゴール（フランス）、毛沢東（中国）さらにサッチャー（イギリス）、メルケル（ドイツ）まで含め、特に女性二人を加えたのが好評でした。婦人三田会の勉強会は当分続きそうです。

さらに、「二水会」というささやかな集まりを企画し、一〇年近く続いています。学生時代のクラスメイト。ゼミの古いＯＢ、かって会長をつとめた会—放送研究会、書道会などの卒業生、〝バールフレンド〟と呼ぶ女性など十人内外が月一回三田に集まり、大谷翔平が活躍すればば「大リーグで活躍する日本人選手の条件」を問題提起し、皆で討論するのです。時には元セリーグ審判の井野修さんが加わり「日米野球審判論」を取り上げたり、書いたエッセイが富山大学の国語の入試問題として出題された折は、「カンニング自由」で皆にやらせるといった「遊び」もあります。

こうして、定年後も「知的好奇心」を絶やすことなく過ごせるのがなによりだと思う毎日です

第二章 ❖ 外交史研究者として

外交史をテーマに修士論文を執筆

大学院に進学し、日本外交史を専攻することになりました。

日本、特に東大と慶應における外交史研究は長い伝統があります。東大は立作太郎《たちさくたろう》という俊英を一九〇〇年から三年間ヨーロッパに留学させ、帰国後の一九〇四年から外交史の講座を担当させました。立は、外交史とともに国際法にも通じ、外交史学者よりむしろ国際法学者として知られるようになります。

慶應義塾を首席で卒業した林毅陸《はやしきろく》は一九〇一年から四年間パリに留学、ヨーロッパ外交史を研究し、帰途イギリス、アメリカに立ち寄り、大英博物館図書館、ワシントンの議会図書館でも資料を収集し、帰国しました。その成果を慶應と東京高等商業（現一橋大学）での講義に生かすと同時に、『欧州近世外交史』（一九〇八年）を刊行するなど、日本における外交史研究のパイオニア的存在となりました。

第一次大戦まで、外交の舞台はヨーロッパでしたが、やがて国際舞台に日本と中国が登場、当然外交史研究の対象となりました。しかし、日本の外交史を研究の対象にするのはいくつかの問題がありました。

第一の理由は、戦前においては外交史研究の基礎となる外交文書の公開がおこなわれなかったことでした。外交政策に関する閣議決定、外務省本省と出先の大使館、公使館、領事館などとの間に交わされた電報類、派遣される代表への訓令など日本外交文書の整理・編纂の事業が開始されたのは一九三三年であり、明治政府成立以降の文書が『大日本外交文書』として刊行されはじめたのは一九三六年からでした。編纂と刊行の事業は戦争の激化とともに遅々として進まず、第二次大戦終了時にようやく九巻（明治九年度）まで公刊されたに過ぎなかったのです。

第二の理由は、外交が高度の国家機密とされ、過去にさかのぼってさえも、政府に不利な事実を公表したり、ましてや日本外交の足跡を批判することに対しては極度の制限が加えられていたことがあげられます。例えば、陸奥宗光外相が日清戦争、三国干渉を回顧した『蹇々録《けんけんろく》』でさえ、公刊が許可されたのは五〇年後であり、ましてや学界の研究者がおこなった研究で政府に不利な記述がある場合、伏字を余儀なくされたり、発禁の処分がとられたのでした。戦後になって、関係者の手記、回想録、東京裁判における供述、関係文書の公開によって日本外交史上の機密が明らかにされると同時に、憲法で保証された言論の自由は、研究者をして自国のかつての外交政策の決定過程にまで立ち入って著述することを可能にしたのです。

日本外交関係の史料を管理、保存、公開（閲覧・展示）を目的として開設されたのが外務省外交史料館です。現在は麻布にあり、史料閲覧室、展示室など訪れる外来者を考慮して立派な建物となっていますが、修士論文を書いた一九六一年当時は、霞が関の外務省本館の裏手にある小さな建物でした。

一九一一年に清国で発生した辛亥革命に対する日本の対応をテーマとする修士論文執筆のため、史料を閲覧しようと訪れました。狭い階段を昇り、部屋に入ると、研究者と思われる何人かが史料を読みふけり、なかには外国人の姿も見られました。辛亥革命については「清国事変」の名で近々刊行予定の『日本外交文書』に収録する文書の編纂中であり、印刷中の校正刷を閲覧することができました。すでにこのテーマで論文を発表されたこともある臼井勝美さん（後に筑波大学教授）が面倒をみてくれ助かったのを覚えています。

当時は外交史料室と呼ばれていました、室長は栗原健博士、一九三五年に外務省入省、文書課に配属され外交文書、電報類の整理に従事し、以後一貫して『日本外交文書』、『外務省の百年』などの編纂に携わり、まさに生き字引的存在でした。その後も大いに助けていただくことになります。『国際連盟と日本』の著者海野芳郎さん（後に新潟大学教授）など学会で報告し、学会誌に論文を発表する研究者としても有能な人材が史料室には集まっていました。

ある日のこと、史料を閲覧していると大山梓広島大教授と大久保利謙立教大教授が雑談をしておられました。そこへ現れたのは山辺健太郎さんでした。山辺さんの学歴は小学校卒、丸善の見習い社員をやりながら、独学で英語、歴史を学びました。やがて労働運動から非合法下の日本共産党に入党、治安維持法違反で逮捕され、非転向を貫き獄中で終戦を迎えて出所します。戦後は日本共産党の統制委員まで務めましたが、離党し、歴史研究に没頭するようになりました。『日韓併合小史』（岩波新書）などを世に出しました。どこへでも無精ひげにちびた下駄ばき姿で現れる〝変人〟でした。

「明治の元勲がお揃いですな。世が世ならわたしなどそばにも寄れなかったお方たちだ」

大山教授は大山巌、大久保教授は大久保利通の孫であり、爵位勲等が存続していれば、それぞれ公爵、侯爵を継いで貴族院議員となるお二人でした。

外務省外交史料館の史料を利用して書き上げた修士論文は慶應法学部の学内紀要『法学研究』に掲載され、アメリカに留学した際コンパクトにして英訳し、審査を受けて何度も書き直し、アメリカアジア学会の年報 *Jounal of Asian Studies* に掲載されました。

研究発表など学会活動も熱心に

外交史研究者がメンバーになる学会は国際法学会でした。立博士のように国際法と外交史に通暁する〝二刀流〟の研究者も多く、国際法学会の出す学会誌は『国際法外交雑誌』であり、外交史専門の研究者も寄稿するようになっていました。

ここで外交史研究者が別の学会を創設しようとの動きがでてきました。新学会設立に積極的であったのは神川彦松東大名誉教授でした。これには東大法学部の事情と関連があったようです。神川教授は一九四七年「公職不適格」とされ占領軍によって追放されたのです。一九四〇年、紀元二六〇〇年を記念して大正製薬の創業者石井絹治郎と皇道文化研究所を設立したことなどが追放の理由とされました。

追放された五年の間に『近代国際政治史』全三巻五冊を執筆するなど三〇年間研究し蓄積したものを世に出されたのでした。指導教授の英修道先生の還暦記念に論文を寄稿していただくためご自宅を訪問した時のことです。

「先生は、従来の外交史の枠を超えて国際政治史に視野を広げ、大きなものを完成なさいましたね」

「うん、横田一派の陰謀にひっかかり、追放になって時間ができたからね」

「横田一派の陰謀」の一言とともに、老先生の顔面がぽーっと紅潮したのです。国際法の横田喜三郎教授はリベラルな考え方の研究者として知られ、戦時中も「満州事変は自衛権の発動に非ず」など政府、軍部に対する批判をおこない、戦後は最高裁判所長官となった人です。かつての東京帝国大学法学部の二人が明暗に分かれたのです。

そこで新学会の名称は「日本国際政治学会」とし、初代理事長には当然神川先生が就任、創立総会が開催されたのは一九五六年一二月でした。なお創立資金として神川先生は一〇万円をポンと出されたとのことでした。懇親会費が三〇〇円の時代の一〇万円です。なお財団法人にするとき、外交史に理解があり『日本外交政策の史的考察』などの著書もある鹿島建設の鹿島守之助会長が基金一〇〇万円を寄付し、学会運営に協力されたのはなによりでした。

こうして、大学院進学とともに、国際法学会、日本国際政治学会に入会、春と秋におこなわれる研究会に出席することになりました。

当時の学会は会員数も多くなく、研究会は大学を会場としておこなわれました。日本国際政治学会に例をとると、一九五七年五月の春季研究会は、神川先生が当時専任であった明治大学、十月の秋季研究会は京都の立命館大学、一九五八年四月の春季は早稲田、秋季は京大、一九五九年春は日大、秋は関西大……のように、原則として春は東京、秋は関西、時には秋は名古屋、福岡で開催されたのです。懇親会で著書や論文でしか知らなかった大家や著名なジャーナリストにお目に掛かる機会があったのも懐かしい思い出です。

しかし、会員の出席者数が増え、国際政治、外交史もさまざまなテーマが研究と報告の対象となると、分科会も増え、大学を会場とするには無理な時代がきました。東京国際フォーラム、京都国際会館、福岡コンベンションセンターなどを利用することになりました。

福岡の大会に出席すべく、ホテルを予約しようとしたらどこも満員でとれません。理由をきいたら、人気グループ〝嵐〟のコンサートがあるため、全国からやってくるファンで福岡のホテルが三ヵ月も前から押さえられていたとのことでした。新潟コンベンションセンターで開催の際は、台風で新幹線が遅れ大幅な遅刻、国際政治学会は「嵐にやられるね」とぼやいたことを思い出します。

日本国際政治学会の活動は研究会の開催の他、学会誌『国際政治』の年四冊の刊行と小規模の「日本外交史研究会」の開催です。初年度は第一号「平和と戦争の研究」、第二号「日本外交の分析」、第三号「日本外交史研究（明治時代）」、第四号「現代国際政治の構造」が相次いで出され、質の高い論文が掲載されました。

日本外交史研究会は、東大の植田捷雄教授を幹事として年に六回外務省文書室で開かれ、一九六一年六月に「辛亥革命時における日中交渉」を報告したのが、学会デビューとなりました。ちなみに大学を会場とする研究会ではじめて報告したのは一九六七年一〇月の近畿大学でおこなわれた秋季大会、「一九二〇年代前半の日中関係」をテーマとするものでした。報告時間五〇分、時計を前において時間を測りながら、自宅で何度も口頭でトライし本番に臨みました。

助手から専任講師に昇進、授業が持てるようになりました。当時の慶應の法学部には日本外交史の講座はなく、林毅陸教授を継いだ内山正熊教授の「西洋外交史」と英修道教授の「東洋外交史」でした。そこで担当したのが「東洋外交史特殊」という妙なタイトルの授業でした。将来受け持つであろう「日本外交史」を想定して講義を進めたことはいうまでもありません。教室で話すと、聞いている学生がちょっとしたエピソードに興味を示すことに気が付きました。

当時は政治家、元外交官やジャーナリスト、軍人の回顧録が場末の古本にいくと三〇円、五〇円で買えました。森島守人『陰謀・暗殺・軍刀―一外交官の回想』、若槻礼次郎『古風庵回顧録』、石射猪太郎『外交官の一生』、大橋忠一『太平洋戦争由来記―松岡外交の真相』、野村吉三郎『米国に使いして』などから、外務省東亜局長の石射が、日中戦争の長期化を回避しようと蒋介石政権に和平条件を提示した際、南京占領により日本側が条件を変更すると「こんな条件で蒋が講和に出てきたら、彼はアホだ」と日記に書き記したこと、日ソ中立条約を締結した際、一六時五五分発の国際列車の出発時間を気にする日本全権団をみてスターリンが部屋の片隅の電話で短い打ち合わせをすますと、「皆さん、国際列車の出発時間を一時間延ばしました。ゆっくり飲んでください」といって一行が度肝を抜かれたことなど、卒業後もあのエピソードだけは覚えていますといわれることさえありました。

こうして助教授に昇進し、晴れて日本外交史の講座を担当することになりました。そうなると、テキストが必要です。教科書の執筆に着手しました。

はじめての著書『日本外交史概説』

はじめての著書は『日本外交史概説』（慶應通信、一九七四年）でした。前の章でも触れたように、外交文書の非公開、軍の謀略、言論の自由の制限などにより、日本外交史は「不毛の学問」（神川彦松東大名誉教授）とされ、したがっていい著書もありませんでした。

アメリカでは高名な研究者が大学生向けの概説書を刊行している例が少なくありません。しかも何年かごとに改定され、参考文献の紹介、索引など親切な編集となっています。こうした点を参考して執筆にかかりました。

日本を国際情勢の中で位置づけて考察し、日本を取り巻く国際環境を為政者がどう受け止め政策に移行したかを探ることを主眼としました。植民地獲得、市場への要請といった経済的側面、すなわち「資本の論理」によって外交が動かされる面も否定できませんが、それを遂行する人間の判断に焦点を当てようと考えたのです。

またイデオロギー的立場、あるいは善悪二元論の立場からかつての「日本帝国主義外交」を告発することは容易であり、現在の視点から過去を断罪することも必要ではありますが、過去にさかのぼって、その時点で日本外交はいかなる選択をおこなったのか、その理由は何であったのか、そのもたらした結果は……といった方向で記述を進めることにしました。

時代は幕末のペリー来航から第二次大戦の終わりまでとしましたが、「一国の外交とはその国の地理的、歴史的基盤を踏まえ、その政治目的を達成するために外に対して用いる手段、方法、技術をさす」といわれます。そこで日本の国力を、地理、自然資源、工業力、軍備、人口、国民性、国民の質、外交の質、政府の質の九つの要素から「日本外交の前提」の章を設けて、理解させようと試みました。そして次のような章立てで構成したのです。

第一章　日本外交の前提／第二章　外圧と日本の対応／第三章　幕末維新期における列強の対日政策／第四章　明治初年の領土問題／第五章　条約改正／第六章　大陸問題／第七章　日清戦争／第八章　日露戦争／第九章　日露戦以後の国際情勢と日本／第十章　第一次

大戦と日本／第一一章　日本の対ソ承認／第一二章　ワシントン体制と日本／第一三章　満州事変／第一四章　日中戦争／第一五章　日独伊三国同盟と日ソ中立条約／第一六章　太平洋戦争／学習の手引き／日本外交史年表／索引

こうして本文二三〇頁、索引までふくめて二八二頁の『日本外交史概説』が出来上がりました。出版は慶應通信（現慶應義塾大学出版会）、定価は一六〇〇円、初版は一〇〇〇部でした。好評だったのは「学習の手引き」です。テキストを土台として、日本外交史のテーマについてレポートを書いたり卒業論文を完成したいという学生諸君に参考文献を紹介したのです。

例えば、ロンドン海軍軍縮会議に関しては、当時の首相であった浜口雄幸の日記が池井優・波多野勝・黒沢文貴編『濱口雄幸日記、随想録』（みすず書房）として刊行され、最高責任者の考えが明らかになったことを紹介し、研究書としては渡辺行男『軍縮―ロンドン条約と日本海軍』（ペップ出版）、ロンドン条約をめぐる日本国内の政治を詳細に分析したものに、伊藤隆『昭和初期政治史研究―ロンドン海軍軍縮をめぐる諸政治集団の対抗と提携』（東京大学出版会）、当時の関係者の回想録には、全権としてロンドンに赴いた若槻礼次郎『明治・大正・昭和政界秘史―古風庵回顧録』（講談社）、原田熊雄『西園寺公と政局』（岩波書店）、岡田貞寛編『岡田啓介回顧録』（毎日新聞社）が昭和五年から七年にいたるロンドン海軍軍縮日記を収録しており、加藤大将伝記編纂会編『加藤寛治大将伝』などと合わせて参照すれば軍縮に対する政府、海軍の関係者の考えを知ることができるといった紹介です。

本書は慶應の「日本外交史」の授業のテキストとして使用しましたが、他大学でも使ってくれ、嬉しかったのは、外交官を目指す人たちが受験のため利用したことでした。南京大学で「日本外交史」を集中講義した際、中国語研修で留学していた京大出身の若い外交官の卵から「池井先生の本で外交史を勉強しました」と言われました。その外交官はなんと二〇二一年に中国大使に任命された垂秀夫さんでした。

一九七四年に『日本外交史概説』初版を刊行してから、八年の歳月が経過しました。この間何度も戦後の部分を加えて増補しないかとの要請があり、戦後の日本外交も占領、独立、日ソ国交回復、韓国との関係修復、日中国交正常化、日米経済摩擦など多くのテーマが発生しました。戦後の日本外交は、大きな広がりを見せ、開発途上国、国連、ＯＰＥＣ、ＥＣとの関係など、従来の二国間外交では処理できないものを含んでいます。この増補版では戦後日本外交の転換点と思われるところを重点的にとりあげて記述しました。そこで、初版に次の六章を加えたのです。

第一七章　アメリカの対日占領政策／第一八章　サンフランシスコ講和／第一九章　日ソ国交回復／第二〇章　六〇年安保改定／第二一章　日韓国交正常化／第二二章　沖縄返還と日米繊維交渉／第二三章　日中国交回復

こうして出来上がった『増補　日本外交史概説』（一九八二年）は、「学習の手引き」は戦前の分については新しい研究成果を取り入れて全面的に書き直し、年表は一九八一年末まで収録しました。三三六頁となり、定価も三二〇〇円となりました。増補版も幸い好評で、四版まで増刷となって、日本外交史の標準的テキストとなったのです。

一九九三年から外交官試験の必修課目「外交史」の範囲が従来の「一八七〇年から一九六〇年まで」が「一九〇〇年から現代まで」に改められました。一九八二年に刊行された増補版は日中平和条約まで扱いましたが、一九八〇年代は、東欧の大変革、ソ連の解体、ドイツ統一、中国の変質など戦後世界の秩序が次々と崩壊していきました。外交も二国間の懸案処理から自動車、半導体など外務官僚でなく、通産官僚と専門家が交渉の主役になったり、従軍慰安婦、強制連行など戦時中の恥部が改めて露呈され、その対応に苦慮することもでてきました。対外援助の在り方、サミットへの参加、湾岸戦争とPKO、難民、飢餓、地球温暖化、環境保護など日本が直面する問題も多岐にわたります。新型コロナの蔓延のような予想もできないことが世界的規模で発生する時代です。

こうした時代の変化に応じて『三訂 日本外交史概説』（慶應義塾大学出版会、一九九二年）が刊行されました。初版以後約七〇〇〇部のロングセラーとなり、標準的な教科書として多くの学生、外交官志望者に読まれたのは嬉しい限りです。

政治学科OB・OGへのインタビュー
――『政治学科百年小史―師友人物記』の執筆――

一九九八年、慶應の法学部政治学科は創設百年を迎えました。四冊におよぶ記念論文集の刊行の他、政治学科の百年史を出すことになりました。執筆を依頼されたとき考えました。一般的にいって社史、校史には面白いものが少ない。組織、制度、人事の変遷に多くの記述が割かれ、歴史的価値はあっても、興味深く読めるものでないのです。

そこで、思ったのは政治学科を卒業して各界で活躍しているＯＢ・ＯＧにインタビューし、どのような塾生時代を送ったか語ってもらうことでした。戦前から「理財の慶應」と呼ばれ、慶應といえば経済学部が看板でした。そうした慶應のなかで法学部は目立たない存在でした。こんなエピソードを耳にしたことがあります。戦前に「博士中の博士」といわれた京都帝国大学の岡松参太郎教授に慶應の法学部が講演を依頼したところ、「ほう、慶應に法学部があったのですか。慶應は経済学部と野球部だけだと思っていました」。随分失礼な話ですが、岡松博士は真顔でおっしゃったといいます。

しかし法学部政治学科は政界、財界、言論界、芸能界、スポーツ界などあらゆる分野に多彩な人材を送り込んできました。インタビューの人選をどうするか。まず、トップに選んだのは当時の現職の橋本龍太郎首相でした。連絡をとると、総理官邸で四十分時間を割いてくれることになりました。早速教務課にいって橋本さんの学生時代の成績表をコピーしてもらいました。

「取り扱いには十分気をつけてください」

「橋本さんに直接渡すからご心配なく」

こうして成績表持参で総理官邸に乗り込んだのです。

「橋本さん、これお土産です」

「先生、えらいものを持ってきましたね。だけど国際政治学の成績

が最低のCで、一国の総理が務まる、日本ってすごい国じゃありませんか」

橋本さんからは、なぜ慶應を第一志望としたかに始まり、興味深い話がたくさん聞けました。高校は名門の麻布。慶應を目指した理由の一つは父の影響でした。父上橋本龍伍は少年時代カリエスを患い、不自由な体ながら刻苦勉励、中学時代は抜群の成績で当時の最難関とされた旧制一高、三高も受験すれば合格間違いなしといわれるほどでした。しかし、身体が不自由のため「軍事教練」に適さずと書類選考ではねられたのです。それではと慶應予科に問いあわせると、「自分で行動できれば軍事教練など関係ありません」と入学許可を出し、チャンスをくれたのです。慶應が入れてくれるのに官立の高校が門戸を閉ざすのはおかしいと文部省に日参し、翌年制度が変わり、あらためて一高を受験して合格。その後東大を出て大蔵省に入省、さらに政治家の道を歩んだのですが、慶應に対しては「懐の広い学校だ」と最初のチャンスを与えてくれたことに感謝と持ち続けていたそうです。

慶應を希望した第二の理由は、慶應の山岳部の在り方でした。高校時代仲の良い友人といろいろな山に登った際、各大学の山岳部と出会いました。他大学がチーフリーダーはほとんどなにも持たず、新人が先輩の荷物まで背負って息絶え絶えで山を登っていく、それをピッケルで尻を叩くというやり方に対し、慶應の山岳部はリーダーも新人も公平に共通装備で粛々と頂上を目指すやり方をしていたのです。そんなことで是非慶應へと考え、文学部、経済学部、法学部の三つを受験しました。英語が力不足だったので、受験科目が外国語と社会の二科目で英語の比重の高い文学部はまずだめ、経済学部の一次はパスしたものの二次で落とされました。法学部政治学科も一次補欠でした。慶應だけでは不安だと学習院大学も受けたのですが、学習院の面接で「両方合格したらどっちにいきますか」といわれ「そんなことといわなくてもお分りだと思います」と答え、試験官に露骨に嫌な顔をされたとか、まさに橋本さんの「面目躍如」の話です。

――慶應に入学して選んだのは体育会剣道部でした。慶應高校出身者にはすでに初段、二段もいましたが、外の高校からの入部者は初心者ばかりですぐになじめました。学年の上下関係はありましたが、きちんと行動し、和気あいあいの雰囲気でした。忘れられないのが三年春の倉敷での合宿の時のことです。目覚まし時計にいたずらされ、集合時間に遅刻しました。集団行動にそんなことがあってはならないと、一〇〇〇本の素振りを中野師範が命じたのです。一人一〇回ずつ気合をかけて全員が竹刀を振る。師範は途中でやめさせるつもりだったようですが、真剣な表情に、やらせるところまでやらせようと、終わりまで続けることになりました。翌日は階段を這って上るような有様でしたが、稽古着を着ると不思議と体が動くのですね。

学生時代、政治家になろうとは露ほども思っていませんでした。父の跡を継いで二十六歳で衆議院議員に当選、慶應義塾で学んだことで役立っているのは、自分で責任を取ること、異なる意見も排除せず、それを認めることなどです。慶應関係者が結成した後援会＝慶龍会に顔を出し、石川忠雄元塾長をお訪ねするなど「塾関係者」とは群れ集まる関係とは違ったのびのびとした生き方を共有することができて幸いです。――

言論界にも面白い人材が政治学科から出ています。読売新聞特別編集委員で、テレビの政治番組のコメンテーターとしてよく登場する橋本五郎さんです。

――秋田高校から一浪して慶應へ。東大卒だったが福澤ファン、海軍ファンであった長兄の影響と政治への興味があり、政治学科を選んだのです。慶應合格を喜んだ兄は慶應義塾創立百年記念出版の『福澤諭吉全集』を非売品でしたが、塾監局に問い合わせて入手し、プレゼントしてくれました。二年の後半になってどこのゼミを選ぼうか考えました。履修した堀江湛先生の「政治心理学」が大変面白かったので選考に備え、論文「戦後における民主主義受容の思想史的構造」を書きました。この論文は書き直して一九八八年の学生論文集『政治学研究』に池井ゼミの河内孝君（のちに毎日新聞常務）、中村菊男ゼミの曽根泰教君（のちに総合政策学部教授）の論考とともに掲載されました。三年に進級し三田に通うようになりましたが、当時の毎月の生活費は一万五〇〇〇円、寮費が三三〇〇円、昼飯はほとんど学内の山食のカレーライス（七〇円）でした。銭湯の風呂銭二八円、新聞代が一ヵ月四六〇円の時代です。卒業論文は「天皇制イデオロギーの創出と国学との関連」です。

卒業後の進路を考える時期がきました。研究者になるか、新聞社、出版社にいくか考えました。学校に残るのは成績がもうひとつ、雑誌の『展望』の住谷一彦の「長征と出エジプト」の論文を読み、二〇〇〇年の歴史をこのように比較できるのかと、筑摩書房の編集長に会いにいきました。編集方針を尋ねたところ、「昼デモに参加して、夜家に帰って歴史の来し方を思うような雑誌を作るんだ」といわれ感激しましたが、倒産しそうだとのうわさであきらめました。講談社と小学館からは内定をもらいました。講談社で希望は『群像』か『現代新書』の編集をやりたいといったら、重役面接で笑われました。読売新聞にも合格し、迷っていたら、堀江先生に「出版社はデパートの売り場のような面があり、鉄パイプの出ているような裏で着替えて、表は飾るようなものだからやめておけ」といわれ読売を選んだのです。

浜松支局に五年、東京本社の社会部に一年、そして一九七六年に政治部に移り、論説委員、政治部長、編集局次長……となり、「わかりやすく、ためになって、おもしろい」政治記事作りを心掛けています。——

政治学科ＯＢで芸能界で活躍した代表は、映画「若大将シリーズ」への出演、作曲家弾厚作の名で多くのヒット曲を世に送った加山雄三です。加山さんは慶應高校受験から話してくれました。

——父は美男俳優としてメロドラマ「愛染かつら」など一世を風靡した上原謙、立教の卒業生でしたが、家が茅ケ崎で海に近かったので、慶應水泳部の選手がよく泊まりにきていました。それが実にいい雰囲気の人たちで、高校から慶應にいこうと秘かに心に決めました。中学は公立の茅ケ崎一中、出来はまあまあだったのですが、家庭教師をつけてもらい猛烈に勉強した結果、成績がぐんぐん向上し、都立日比谷高校への進学も考えたほどです。慶應高校のキャンパスをのぞき、日比谷高校にもいってみましたが、もう断然慶應だと考え、一本にしぼりました。おふくろはもし「万一落ちたらどうするの」と心配しましたが、「落ちるなんて心配するから落ちるんだよ、俺は受かる！」と背水の陣でとことん準備して試験に臨みました。受験番号が三六九番、これを聞いた祖母が「みろくぼさつだよ、大丈夫」と励ましてくれました。試験場に入る直前、英語の参考書で“not only......but also”を改めて確認したところ、なんと英語の一問目にそれが出て「やった」と思い、すいすい答えてうまくいきました。慶應高校に無事合格、一年の時の成績はよかったのですが、やがて冬はスキー、夏は水泳、さらにバンドにものめり込み、段々成績が落ちてきました。

大学進学の時が来て、第一志望経済学部、第二志望工学部、第三志望法学部政治学科にしたら、成績の関係から政治学科に回されました。大学に入ってからも高校の仲間と冬はもっぱらスキー、地元の元国体代表などに教えてもらい、水泳は自己流でクロールをやっていたのですが、従兄に湘南高校水泳部出身者がいてちゃんとしたフォームを習い、まあまあのタイムが出るようになりました。

音楽はカントリー・クロップスというバンドを結成、米軍キャンプで正式のバンドの都合が悪くなると、〝トラ〟といって代理出演したり、ダンスパーティで演奏するなど、人前での演奏に度胸がつき、曲目のレパートリーも増えてきました。そんなわけで、勉強はあまりしませんでしたが、苦い思い出があります。社会学の米山桂三先生の授業中、空手部の友人に付き合ってダンスパーティの券のことで渋谷税務署にいかねばならず、教室を途中で抜け出そうとしました。下駄を履いていたためガタガタとすごい音がしたのです。「オイ、そこの二人、クラスと名前を言え、お前たちはもう二度と授業にでなくてよい」と宣告されました。社会学を落とすと留年になるので、翌日先生の久我山の自宅に伺いましたが、門前払い。三日続けて通い、三日目にようやく奥さんが「会ってあげたら」ととりなしてくださる声が聞こえ「途中から出るくらいならはじめから出席するな。今後真面目に出ることを約束するなら出ても良い」とようやく許され、以後二人で全出席、試験も一生懸命やってやっとCをもらい進級できました。

卒業後、東宝に入社、「若大将シリーズ」に出ることになりましたが、学生時代にやったスキー、水泳、音楽などは「大学の若大将」、「アルプスの若大将」、「エレキの若大将」などにそのまま活ききました。交友関係を含め、慶應と政治学科の幅の広さはいまでもあらゆる面で役立っています。――

加山雄三といえば、面白い場面を見たことがあります。慶應の卒業生が年一回集まり親睦を深める「連合三田会」が日吉でおこなわれますが、数年前屋外コンサートのため加山雄三がやってきました。演奏が終わると、女子学生が色紙にマジックインクを添えて言いました。

「加山さん、サインをお願いします」

「ああ、いいよ」

まだ若い子のファンもいるぞとまんざらでもなくサインに応じると、女子学生が言いました。

「ウチのおばあちゃんが加山さんの大ファンだったのです」

さて、政治学科出身の女性代表は誰にするか。迷わず選んだのはNC9のキャスターとして全国的に有名になった宮崎緑でした。現在千葉商科大学教養学部長として、元号に関する懇談会の有識者として「令和」の選出に関与したり、天皇の「生前退位」への対応をめぐり天皇の公務負担に関する会議のメンバー、国家公安委員会委員などさまざまな分野で活躍中の宮崎さんですが、意外にも理系だったのです。

――幼い頃から科学に興味を持ち、月の影はうさぎがいるのではなくクレーターだと聞いて、それにロマンを覚えるような少女だったのです。中学生の頃、ノーベル賞を受賞した朝永振一郎博士の『量子力学的世界像』を読んで、角度を変えるとこんなに世界の見方が違うのかと、ろくにわかりもしないのに、物理、特に量子力学をやろうと考えたのです。

神奈川県立の湘南高校から慶應は工学部、医学部、法学部政治学科を受験しました。法学部の面接で「医工併願とは珍しいですね」といわれました。工学部にも合格しましたが、医学部は工、法両学部の結果がすでに出ていたので受けずじまいでした。工学部にいこうと思ったのですが、父は反対でした。白衣を着て実験室にこもるようなミクロの世界よりは、法学部の政治学科にいって国際的な目を養った方がいい。これからは国際政治の時代だというのです。結局父の勧めに従ったのですが、かなりアバウトな性格なので実験と研究をコツコツ積み上げるような工学部にいったらドロップアウトしていたかもしれません。

政治学科のクラスは仲がよく、いまでも時々集まりおしゃべりをしますが、仲の良さが裏目にでたことがありました。「法学」が必修だったのですが、夕方五限であり、出席は取らないと思い込んで全く出席しませんでした。ところがある時出席を取り、友人たちが気をきかせて出席カードを代わりに出してくれたのはよかったのですが、なんと五枚も「宮崎緑」

のカードが出たのです。当然呼び出されてその課目は落としました。

当時政治学科のゼミは二年からでした。友人から勧誘されたこともあり、国際政治の神谷不二先生のゼミを志望しました。当時先生は海外留学中、留守を預かる助教授と院生が選考に当たりました。入ゼミを許可されたのは一一人、女性は二人でした。まず一年間で読むべき一〇〇冊の本のリストを渡され、あるテーマを与えられるとレポーターとディベイターに分かれ、問題点を整理し指摘しながら進めるディスカッションリーダーがいるなど、ゼミでは本当に鍛えられました。卒業論文は「戦略としての核エネルギー―国際政治における平和利用の一考察」を書き上げました。

大学四年になった頃、父が大病を患いました。万一のことがあったら長女の自分が一家を支えていかなければいけないと思っていたところ、NHKのプロデューサーから子ども向けの科学番組の記者をやらないかとの話がありました。テーマを決め、出演者と交渉し、原稿を書き、フィルムの編集をするなど、すべてをやらなければならなかったので大変でしたが、仕事は面白く、やりがいもありました。

学部を卒業すると大学院の修士課程に進学しました。研究者になりたいと考えていたので大学院に進学するのは当然だと思っていたのでした。学業と並行して務めていた科学番組で二年経った頃、報道局から「キャスターにならないか」と誘いがありました。それまで女性のアナウンサーはいたのですが、記者の書いた原稿を読み上げるのではなく、自ら取材し、自分の言葉で語るキャスターにこれまで女性はいない、そこでどうかというお話でした。科学番組は制作局の担当、ニュースキャスターは報道局の担当です。NHKに入局しないかとの話もあったのですが、研究者になる夢を捨てきれなかったので、それはお断りして大学院と両立させることを決心しました。ところが両立どころか、一日の九八％がNHKの仕事にとられ、修士論文を徹夜で書いて目の下にクマをつくりながらNC9に出演したこともありました。

「総理に聞く」、「党首インタビュー」をはじめ、キッシンジャー博士、サッチャー首相などにもインタビューすることがありましたが、学生時代、国際政治学、特にパワーポリティックスについて勉強していたので、他の方とは一味違った質問ができたような気がします。NC9のパートナー木村太郎さんも政治学科の出身。「慶應の政治学科は体育会かキャスターしか出ないのか」と言われたこともあったようですね。――

さて、「女性キャスター宮崎緑」の登場は女子大学生の意識を変えました。思い出すのは日吉で経済学部、商学部、文学部などいろいろな学部混合の一、二年生向けの「政治学」の講義をしていた時のことです。大教室の授業が終わると毎回質問にくる文学部の女子学生がいました。

「政治学って面白いですね。世論調査は世論の反映だと思っていましたが、設問のやり方で操作できることを知りました。ところで世論について簡単に手に入る本はありますか」

「そんなに政治に興味と関心があるなら、二年に進級するとき法学部の政治学科に転部しませんか」

「そうですね。父に相談してみます」

翌週やってきた彼女は悲しそうな顔でいいました。

「父に政治学科に代わりたいと言ったら、女が政治学などやると生意気になって結婚できなくなるからやめとけと言われました」

「お父さんは考え方が古いね。仕事はなにをしてる方ですか」

「新聞社の論説委員ですが」

日本社会はもっと女性を活用すべきだ……など社説で論じている新聞の論説委員でさえ、自分の娘となると、文学部を卒業し結婚するのがベストだと考えていた時代でした。

ニュースキャスター宮崎緑の登場は女子高生の考え方まで変えました。慶應女子高から第一志望で政治学科に進学してくる「第二の緑さん」を目指す数が急増したのです。付属の女子高だけではありません。私立女子高御三家と称される四谷雙葉、桜陰、女子学院からも続々と政治学科の門を叩くものが増え、偏差値のアップにつながったのです。いまや大新聞社の政治部長や海外支局長のポストに女性がつく時代がきたのです。

さて、スポーツの世界で活躍した政治学科ＯＢは誰か。かって政治学科は体育会部員の巣でした。野球、ラグビー、サッカー、陸上競技……日本を代表するような名選手はほとんど政治学科の出身でした。あまり古いプレーヤーでなく、印象に残るのは高橋由伸でした。高橋由伸君は野球部の合宿所の一室で淡々とインタビューに応じてくれました。

――慶應にいこう、慶應で野球がやりたいと思ったのは桐蔭学園に入学した時からです。高校時代、幸い甲子園に二度出場、野球生活もそれなりに充実していましたが、桐蔭学園が慶應法学部の推薦指定校になっているので、その権利はとっておこうと勉強もそこそこやりました。

高橋が利用しようとした「指定校推薦」を慶應法学部がスタートさせたのは、一九八一年のことでした。①現役であること（浪人は不可）、②一年から三年一学期までの成績が五点満点平均で四・〇以上であること、③意義ある充実した高校生活を送ったと認められるもの、を条件に、北は北海道から南は沖縄まで指定校一〇〇を選定し、校長宛てに推薦を依頼することにしたのです。関東地方を中心に都会の受験校からの入学者が増え続けるなか、日本全国からユニークな人材を集めたいと始めた制度はうまく機能しました。甲子園に出場すべく猛練習と試合に全力を投入した、高校新聞の編集長として学校内外の材料を集めて記事を書き、広告取りまでやって発行にこぎつけ、県高校新聞コンクールで金賞を獲得した、高校合唱団の指揮者として県大会で優勝、トップコンディションを維持する苦心を抱え日比谷公会堂の全国大会に出場した……など、実に魅力ある人材が集まってきたのです。

書類選考を通ると面接ですが、教員と受験生が二対二、一緒になったもうひとりがものすごく優秀で、試験官の質問はもっぱらそちらに集中し、「高橋君はどうせ野球をやるんだろう」ということで「もう終わりかな」と思うくらいあっさり済んだのでした。慶應の野球部は授業の出席に厳しく、後藤監督からも必修の語学は必ず出るようにとうるさく言われたので、英語、ドイツ語には真面目に教室に出ました。

期末試験になるとノートを集め、携帯電話で連絡を取り合ってコピーをとったり、政治学科の部員、マネージャーと四人で合宿や近所のファミリーレストランにいき徹夜で勉強したものです。ほとんど一夜漬けでしたが、単位を落とすこともなく進級、そして無事卒業にこぎつけました。留年したり、ましてや卒業できないようなことは絶対したくなかったので、一、二年の時は全日本のメンバーとして海外遠征に出るのをお断りしたほどです。そのせいか、三年時のアトランタ・オリンピックのメンバーには選ばれませんでした。特に後藤監督の「好きな野球をやりたければ、勉強をやって野球をやる時間が制限されれば、それだけ野球をやりたくなる。勉強も必死でやれ。少ない時間でやれば精神的にも強くなる」とのやり方は非常に良かったと思います。てこずったのは「日本政治基礎」です。一年生の設置課目ですが、四年まで持ち越し、プロ入りが決まってマスコミ関係者に「いま一番なにが欲しい」と聞かれ、思わず「日本政治基礎の単位です」と答え、大笑いされました。開幕スタメン、新人王、打率三割といった答えを期待していたのでしょう。

　四年間の学生生活を通じて最大の思い出は四年春、一九九七年東京六大学野球春のリーグ戦の優勝です。三年までチームの主軸を任され、リーグ戦全試合に出場してきましたが、優勝を味わったことは一度もありませんでした。キャプテンに指名され、「優勝したい」との気持ちは人一倍強くなりました。なお、ホームランはシーズン開始を前にして十九本、法政の田淵幸一の東京六大学野球記録二二本まであと三本と迫っていましたが、優勝することが先決でホームランの記録まで考える余裕はありませんでした。

　立教戦から開始された春のリーグ戦、覚悟していたものの各校のマークは厳しいものがありました。徹底した外角攻め、ボール球に手を出してチームも初戦を落としました。第二戦内角高めを詰まりながらライトスタンドへ。勝って迎えた第三戦、慶應三点のリードで迎えた九回、立教の攻撃、満塁の場面でショートが大暴投、ランナー一掃で同点。エラーしたショートはショックで守備位置でしゃがみこんでいます。ライトの守備位置からすっとんで行って怒鳴りました。「オレがわかるか、前をみろ」。四年間の野球部生活で声を荒げたのはこの時だけでした。延長一一回、ようやく勝利しましたが、あの時負けていたら優勝はおろかBクラスに転落したかもしれません。

次は明治戦、のちに中日ドラゴンズや大リーグで活躍するエース川上憲伸は六大学でも数少ない本格派、数少ない真っ向から勝負してくる投手でした。インコースに一五〇キロ近いストレートを投げ込んでくるかと思うと、するどいフォークボールも連投してくる。第一戦、一点を追う四回の初球、ストレートに狙いをしぼってフルスイング、打球は詰まったものの風にも助けられ同点のホームラン。しかし、怒った川上の三連投の前に一勝二敗、痛い勝点を落としました。優勝するにはもう負けられない状況に追い込まれました。東大一回戦は試合には勝ったが、ノーヒット。二回戦も大量点を取りながら五打席目までは勝負してもらえず、九回「なんとしてもキャプテンに打席を」のチームメイトの願いが通じ、二アウトから六打席目が回ってきました。勝負に来たインコースを無心でスイングするとボールはライトスタンド中段へ突き刺さりました。

これで勢いに乗り、法政には連勝。早稲田から勝ち点を取れば優勝です。優勝のかかった早慶戦は神宮に大観衆が詰めかけました。第一戦は三連続四球と厳しいマーク、振ったのは一球だけ、ここはチャンスメーカーに徹しようと心に決めました。幸い、後続の打線は期待に応えてくれ、大きな一勝をものにしました。そして第二戦、一、二回に六点を奪われ、一点返したものの五点のビハインド、毎回の円陣でキャプテンとして「いまからでも一点ずつ返していけば必ず勝てる、今日、皆で決めるんだ」声を掛けました。二点差まで追いついた五回、ランナー一塁で打席が回ってきました。「とりあえずいい形で後ろにまわそう」それだけを考えて打席に入りました。初球、内角にあまく入ってきたストレート、思い切って引っ張ると確かな手ごたえを残して打球は一直線にライトスタンドへ。東京六大学記録に並ぶ二二号本塁打を打ったことより、同点に追いついたことの方が嬉しかったのです。これで勝てる、優勝できると確信しました。大学生活初の優勝の瞬間はこのすぐあとに訪れました。

閉会式で優勝チームのキャプテンとして天皇杯を受け取り、優勝パレードです。オープンカーに乗って神宮絵画館前を出発、青山通り、六本木を経て三田へ帰って来たときは、本当に感激しました。オープンカーに乗った写真は翌年の年賀状に使ったほどです。

主将としてどこまでチームを引っ張れたか判りませんが、慶應の部員は大舞台でプレーした経験が少なく、勝ちを意識したり、ましてや優勝がかかるとプレッシャーを感じるので「こういう時は相手もプレッシャーを感じているんだ」というようにしました。――

卒業後、高橋は巨人に入団、腰痛や怪我に悩まされながら一八シーズン現役で活躍、監督を三シーズン務めたのは周知のことです。

この『政治学科百年小史―師友人物記』（慶應義塾大学出版会、一九九八年）は、忠臣蔵に例えると「義士外伝」「義士銘々伝」です。必ずしも功成り名を遂げた人たちだけではありません。

野党社会党から連立政権の誕生によって大臣の座を得た女性、体育会剣道部で鍛えた体力とバイタリティにものいわせ、ニューヨークで日本レストランを開き大成功をおさめた経営者、代々続く萩焼の窯元の家に生まれながら後を継ぐ気はまったくなかったにもかかわらず、会社員生活をへて陶芸に目覚め芸大、美大出身者が多い世界で各種工芸展に入選し、窯元を継いだOB、司法試験に六回挑戦して失敗しながらノンフィクション作家としてその才能を開花させたOB、逆にチアリーダー、大手航空機会社の客室乗務員という華麗な過去から一転して猛勉強の結果司法試験に合格、弁護士になったOGなどユニークなひとびとも登場させました。

インタビューに応じてくださった皆さん、塾生時代に思いを馳せて実に楽しそうに思い出を語ってくれました。

社会人向けに「戦後日本外交の歩み」を講義する
――『語られなかった戦後日本外交』の刊行――

大学を定年退職し、NHK文化センターはじめ、生涯学習センター、「老人大学」などから講義、講演を依頼されることが多くなりましたが、聴講を希望する年配者が大きな関心をよせたのは、戦後日本外交の歩みでした。自分たちの生きてきた時代と重なり、庶民が食料の確保に夢中になっていた時、時の総理吉田茂はどのようなこと考え、実行に移していたのか、岸首相は日米友好をアピールするためどんな手を使ったのか、とかくぎくしゃくしがちな日韓関係だが、椎名外相は両国の正常化に当たり、現地でどのような行動をとったのか、小泉首相はどのようにして拉致被害者を取り戻すことに成功したのか……など、エピソードを交えて紹介すると大変興味を示してくれました。

話に興味をもってくれる、だったらエピソードを散りばめて活字にする、本にしたら肩のこらない読物になるのではないかと考え、産業雇用安定センターの月刊誌『かけはし』に「語られなかった日本外交」の名で一年間連載することになりました。

占領とサンフランシスコ講和・日米安保

戦後の日本外交は、占領からはじまります。出だしに工夫を凝らしました。

「ウヌ！　マッカーサーの野郎」

一九四五年九月二九日の新聞各紙に掲載された写真をみた歌人の斎藤茂吉は、その日の日記に怒りをこめて書き記しました。マッカーサーと昭和天皇が並んだ写真でした。背の高さが違う、モーニング姿の天皇に対し、開襟シャツの軍服姿のマッカーサー、直立不動の天皇、腰に手を当て悠然としたポーズのマッカーサー。日本人はこの一枚の写真によって日本の真の支配者はだれであるか、はっきり知らされたのでした。連合軍最高司令官として日本に赴任したマッカーサーは、意識して親しめるアメリカ人、ジョークで人を笑わせるアメリカ人とは異なる態度で日本人に対応しようとしました。公衆の前にでることはせず、虎ノ門のアメリカ大使館内の住居と宮城のお堀端に面した第一生命ビルの総司令部を往復する以外、日本国内を旅行することなどほとんどありませんでした。かつての天皇と同じように「神秘的に振る舞うこと」の効果を計算したのでしょう。

陸海軍の解体、三井、三菱など大財閥の解体、戦争犯罪人の裁判と処刑、戦争責任者の公職追放、新憲法制定、労働改革、婦人解放などがマッカーサーのもとでつぎつぎと実行に移されていきました。しかし、アメリカの対日占領政策は国際情勢の変化に応じて変化していきます。軍国主義日本に代わって戦後アジアの中心になると期待した中国は、対日戦争の終了と同時に国民党と共産党が内戦を開始、混乱に陥り、ヨーロッパでは米ソの対立が次第に明らかになってきます。こうした状況は日本の占領の在り方を徐々に変えていきました。財閥解体の緩和、追放解除などによって具体化していきます。

戦後日本の再建を担ったのが吉田茂です。吉田はかねてから「戦争で負けて外交で勝った歴史はある」と側近に語っていました。戦争で負けて外交で勝つとは、負けた国は勝った国の対立に乗ずることです。米ソの対立、中国の混乱はアメリカに日本の価値の見直しを迫ることになりました。

マッカーサーに対しても卑屈にならず、葉巻を勧められると「それはマニラ産でしょう。私はハバナ産しか吸いません」と応じるなどプライドを捨てず、また「四五〇万トンの食糧を輸入しないと多数の餓死者がでます」と訴え、六分の一の七〇万トンの輸入で別に餓死者もでなかったことをとがめられると、「日本の統計数字が正しければあのような惨めな敗戦はありませんでしたよ」と答え、元帥を苦笑させるなど、白足袋、葉巻の姿とあいまって敗戦国の首相らしからぬユーモアのセンスで対処したのでした。

吉田が外交の分野でその能力を発揮したのは、サンフランシスコ講和と日米安保条約の締結でした。日本と戦争したすべての国と関係を修復する全面講和と冷戦のなか、取り合えずアメリカはじめ西側諸国を優先し、ソ連、東欧諸国とは後回しにする多数講和の両論があるなか、吉田が選んだのは、多数講和によって占領を脱して独立する、そして日本の安全は別個にアメリカと条約を結び、占領軍改め在日米軍によって保障してもらうという構想とその実現でした。再軍備を迫るアメリカに対し、財政上の理由、憲法の制約、近隣諸国の反発を理由に拒否しながら、朝鮮戦争の勃発を機会に治安維持を名目として警察予備隊（七万五〇〇〇人）を創設、「名は与えないが、実を与える」方策で対処したのでした。

サンフランシスコ講和会議の受諾演説は、巻紙に毛筆で清書したものを議場に持ち込みました。原稿を淡々と日本語で読み上げる姿に各国全権は、「あのキングサイズのトイレットペーパーはなんだ」と言ったそうです。国内で反対の多かった日米安保条約には一人でサインし、自分一人で責任をとろうとしたのです。講和が成立するまで絶っていた好物の葉巻を吉田はゆっくり楽しんだのでした。

日ソ国交回復

鳩山一郎首相が取り組んだのは、多数講和で残されたソ連との国交回復でした。脳溢血の後遺症で不自由な体を車椅子に託し、夫人、医師、看護婦が付き添っての老首相の執念の旅でした。日ソの国交回復なくしては日本人抑留者全員の帰国も実現せず、ソ連の拒否権によって国連加盟もできないと意を決してのモスクワ訪問でした。

宿舎にあてられたスピリドノフカ宮殿の長い階段を、椅子に座ったままの鳩山を屈強な体格の二人のロシア人が毎回二階まで担ぎあげてくれました。

鳩山首相訪ソ以前の交渉期間中、ソ連側は出漁期を前にカムチャッカ半島と千島列島周辺の公海上に日本のサケ、マス漁の調整区域を制限する特定の地域―ブルガーニン・ラインを設定し、揺さぶりをかけてきました。困惑する水産業者の要望によって担当大臣の河野一郎が訪ソ、イシコフ漁業相、さらにブルガーニン首相に面会、難航した漁業問題は解決しました。しかし、単身でクレムリン宮殿に乗り込み、日本人通訳を同行せず、ロシア側の通訳のみによる交渉は「出漁が可能になる暫定協定を結んだ代償に北方領土で妥協したのではないか」との「河野密約説」まで噂されることになりました。

鳩山首相自らの訪ソによって、ようやく「日ソ共同宣言」が調印され、領土については平和条約締結後に歯舞、色丹を引き渡すとして事実上棚上げになったものの、北洋漁業の安全操業、抑留者の全員送還、国連加盟が実現することになりました。

しかし、積極的な政府と消極的な外務省、保守党内の不一致、マスメディアによる混乱した状況の報道など、日ソ交渉ならぬ〝日日交渉〟の側面があぶりだされました。

日ソ交渉から六五年以上経過したいまでも、平和条約は締結されず、北方領土返還も実現せず、停滞したままなのはこの当時の混乱が尾を引いているといっても過言ではありません。

日米安保条約改定

岸信介首相は、吉田の結んだ日米安保条約には不平等条項があり、改定する必要があると「日米新時代」を掲げて訪米しました。アイゼンハワー大統領と一緒にゴルフをプレーし、ヤンキースタジアムで始球式をおこなうことで、メディアを通じて「スポーツを愛する日本のプライムミニスター」をアピールするのが狙いでした。

ワシントン郊外の名門バーニングツリー・ゴルフクラブ。岸首相が第一打を打とうとすると、静寂のなか、映写機のアイモがジーと音をたてます。「ここで失敗し、日本国の総理大臣がぶざまな恰好をしたとあっては、おおげさにいえば日本国の名誉にかかわると思った。源平の昔、屋島の沖で扇を射る那須与一の心境であった」と、岸は当時の思い出を回想録に記しています。

藤山外相はじめ外務省関係者は、不平等な点の部分的改定と理解していたのです。しかし、政治家岸は新条約を締結、批准書の交換にアイゼンハワー大統領を招き、羽田の空港から迎賓館まで沿道を日の丸と星条旗で埋め尽くすなか、オープンカーのパレードをおこない、その実績をバックに保守政権の長期化を目指そうと考え、実行に移そうとしたのでした。

思わぬことから岸は苦境に追い込まれました。警官の権限を強化しようとした「警察官職務執行法」（警職法）の改定は「オイ、コラ警官の復活だ」と世論の反発を招き、野党議員を排除した新安保条約の単独採決は、国会周辺の「アンポハンタイ、キシヲタオセ」のシュプレヒコールを叫ぶ大デモ行進となったのです。

警備に自信が持てないと「アイゼンハワー大統領の訪日」は中止、新安保の承認と引き換えに岸退陣で「安保騒動」は終わりましたが、岸の孫、後の首相安倍晋三はおじいちゃんの背中でお馬さんごっこをしながら、まわらぬ口で「アンポ、ハンタイ」といっていたそうです。

日韓国交正常化

戦後の日本外交で一番やっかいだったのは、韓国との国交正常化でした。一九一〇年に併合して以来三十六年に及ぶ植民統治、朝鮮戦争による南北分断、戦後の反日教育の徹底など、交渉は難航が予想されました。この困難な役割を引き受けたのは椎名悦三郎外相でした。

「両国間の歴史の中に不幸な期間があったことはまことに遺憾な次第でありまして、深く反省するものであります」

一九六五年二月、ソウルの金浦空港に降り立った椎名外相の空港演説「深く反省する」の一言は韓国の雰囲気を変えました。韓国側は、日本の責任者が「悪かった」と表明するのを待っていたのです。この訪韓は親善を目的としていましたが、日韓両国間の基本条約について仮調印まで進めたいとの意向でした。しかし、韓国内では「韓日交渉反対」、「日本の韓国進出を許すな」のデモ隊が街頭を練り歩き、日本国内でも「朝鮮半島の分断を固定化する」と反対の声があがるなど前途多難を思わせました。

韓国のメディア関係者にかこまれた椎名外相はいいました。

「驚いたね。反日デモの先頭に私が立ってるじゃないか」

ソウルのデモの先頭にいた尹普善前大統領は椎名さんによく似ていたのです。記者団が笑い出し雰囲気がほぐれていきました。到着して翌日の大統領官邸青瓦台での昼食会、椎名外相は朴大統領にむかって真面目な顔でいいます。

「閣下、お願いがあります」

「どうぞ、おっしゃってください」

何事かと一同が見守るなかで出たのは次の言葉でした。

「その……、ご飯が実においしくて、もう一杯いただけますか」

なんと、ご飯のお代わりのお願いに場の雰囲気はあっという間に変わりました。さらに椎名外相は細かいところに気配りをみせます。佐藤首相はじめ日本との連絡に国際電話を利用する機会が多いと考え、ソウルの国際電話局の交換手にコカ・コーラとケーキを届けさせました。当時の韓国ではコーラもケーキも簡単に庶民の手に入るものではなかったのです。

日韓併合条約など旧条約をどのような形で確認するか、北朝鮮の存在、とくに韓国政府の管轄権はどこまで及ぶのかが問題でした。

難航の末、日韓基本条約は成立しましたが、難題の領土権の管轄は「国連の決議により韓国が朝鮮半島で唯一の合法政府」と明記する旨、椎名がソウルのホテルのベッドにステテコ姿であぐらをかき「自分にまかせて欲しい」と佐藤首相に直接電話し、了承をとった結果できたものでした。

外務省関係者に「戦後の外務大臣でナンバーワンは誰でしょう」と聞くと、異口同音に「そりゃ椎名さんでしょう」との答えが返ってきます。外交案件を引き受けると「最善と思う方法でやれ。責任はオレが取る」と部下に任せ、官邸、大蔵省（現財務省）など問題になりそうなところは、自分で了承をとりつける、国会答弁はうまい、外務省の人事には口を出さない、まさに下で働く者にとってこれほど信頼できる上司はいない、というわけです。

椎名さんは、日中国交回復に伴う台湾の処遇について訪台を引き受けるなど「損な役」を引き受け、役割を果たすなど「戦後日本外交の名わき役」を演じたのでした。

日中国交回復

日中国交正常化のため、大平外相以下日本代表団一行とともに北京を訪れた田中角栄首相は、宿舎のホテルの朝食に用意された味噌汁に口をつけた途端「あっ」と言います。「おい、これは毎朝オレがとっている新潟の味噌じゃないか」。柏崎の老舗西巻の三年味噌を中国はわざわざ取り寄せていたのです。昼には田中の好物の台湾バナナと木村屋のアンパンが卓上に並んでいました。中国側は、田中の秘書などから田中の好みを〝取材〟し、最大限に活用したのです。

「えらい国へ来たぞ」

味噌とデザートで、田中は中国側のこの交渉にかける準備と決意を察知します。

周恩来首相主催の歓迎宴でも、中国側は気配りをみせます。「さくら、さくら」に始まった人民解放軍オーケストラの演奏は「佐渡おけさ」「金毘羅船々」「鹿児島おはら節」へと移ります。新潟の田中首相、香川の大平外相、鹿児島の二階堂官房長官、それぞれの出身地を代表する曲を用意していたのです。

交渉はスムーズにいったわけではありません。高島条約局長が国際法を援用し、「日本と中国との戦争は一九五二年の日華平和条約で終結しています」と条約論を展開し、持ち前の粘り強い性格で中国に対抗します。法律論を楯に譲ろうとしない高島局長に対し、周恩来は「あなたは〝法匪〟(法律をもてあそぶ奴)だ」と厳しく批判します。

その日の夕方、宿舎のホテルに帰って来た日本側のメンバー、特に高島局長は元気がなく食事も喉を通りません。田中首相一人元気で、よく食べ、マオタイ酒をあおります。

「おい、この料理はうまいぞ」と田中がすすめても誰も手を出しません。

「大学出のインテリはあれこれ悩んでだめだな」

「じゃ、どうすればいいんだ。このままだと決裂だよ」

むっとした大平外相の言葉に田中がいいます。

「そんなことは大学出の勉強したやつが考えるんだ」

いま、大学出はダメだといっておきながら、今度は「大学出が考えろ」という。東大法学部出身のトップエリートが思わず吹き出して、雰囲気がほぐれ、明日に向かっての準備にとりかかったのでした。

首脳同士の田中・周恩来会談、外相レベルの大平・姫会談で問題はつぎつぎと解決の方向に向かっていきました。

訪中して三日目。「今晩毛沢東主席がお目に掛かりたいとのことです」と儀典長からの突然の申し出がありました。漢籍に埋め尽くされた部屋で、毛は田中に周を指しながら言いました。

「もう喧嘩はすみましたか、喧嘩しなければ本当に仲良くなれませんよ」

そうした模様はメディアを通じて流され、今回の日中国交正常化を毛主席も認めていることを、党内の反対派と中国民衆にアピールしたのでした。

「ニクソンショック」の名で知られる米中接近に触発された日本は、あっという間に中国と国交正常化をやってのけました。「決断と実行の田中」と、すでにがんに侵されていることを知っていた周恩来の力をもってしての成果でした。

大平正芳とモスクワ五輪不参加

「総理、モスクワに選手を送らないのは、一番安上がりな対米協力かもしれませんよ」

オーストラリアから特別機で羽田に帰ってきた大平首相にささやいたのは、池田首相の元秘書で大平のご意見番であった伊藤昌哉でした。帰国した大平を待っていたのは、カーター大統領の特使でした。「モスクワで開催されるオリンピックに日本は参加しないで欲しい」とのメッセージを持っての来日でした。一九八〇年一〇月、ソ連の首都モスクワで第一二回オリンピック夏季大会が開催される、それに参加しないようにとの強い要望がアメリカからもたらされたのです。

前年一二月、ソ連の軍事介入のもとアフガニスタンのカブールでクーデターが発生しました。アミン革命会議議長が殺害され、タラキ前政権の元首相カルマルが新議長兼首相に就任、クーデターは見事に成功しました。ソ連の行動は、アフガニスタンは中東の石油を確保するための進出の第一歩であり、イスラム教徒の高まる宗教ナショナリズムをコントロールするためにとった措置でした。しかし、新政権はソ連が軍隊を派遣し駐留することでようやく存続するほど弱体でした。ソ連は二つの誤算をおかしました。第一は、開発途上国や第三世界の反応が一気に反ソ的になったこと、第二に、イランのアメリカ大使館人質事件で手一杯と思われたアメリカが予想外に強い対応を示したことでした。

アメリカのカーター政権はソ連のアフガニスタン進出に対し、さまざまな対応策を考えました。米ソ交流の中断、対ソ借款供与の停止、特に有力だったのは対ソ穀物輸出の中止でした。しかし、穀物禁輸は農民、穀物倉庫や輸送の業者への影響が大きく、ソ連に代わる第三国に輸出したとしても、第三国経由でソ連が入手すれば意味がありません。

そこで考えたのが社会主義国初のオリンピックを首都モスクワで開催し、その力を世界に宣伝しようと目論んでいるソ連に「アフガニスタンから撤退せよ、しなければアメリカはオリンピックに選手を送らない」と表明することでした。カーター大統領がなすべきことは二つありました。第一は、オリンピック不参加についてアメリカ国内の同意を取り付けることであり、第二は西側諸国に呼びかけボイコットに同調してもらうことでした。幸い、与党民主党のみならず野党共和党もボイコット案に賛成、マスメディアはじめ国内世論もボイコット支持でした。

諸外国に対するアメリカの工作は、西の西ドイツ、東の日本とスポーツの盛んな二大国に積極的になされることになりました。特使の要請に日本としてどう対応するか、政府部内で協議が行われ、「政府はアフガニスタンへの軍事介入、これに対する厳しい国際世論などに重大な関心を払わざるを得ない。日本オリンピック委員会はこの事態を踏まえ、諸外国の国内オリンピック委員会と緊密な連携をとって適切に対処されたい」との政府見解が発表されました。参加か、不参加か、最終的決定は日本オリンピック委員会（ＪＯＣ）に任されました。ＪＯＣは独立した民間団体でしたが、実態は日本体育協会の傘下にあり、年間予算の五〇％以上を国庫補助に頼り、政府の方針に反することはできない状況でした。

アメリカが呼びかけたボイコットは、六六ヵ国が不参加、参加はしたが抗議の意思をしめすため、開会式の行進に参加しなかった国は八ヵ国も出るなど、五輪大会は四輪、あるいは三輪大会になったのです。四年後のロサンゼルス大会をソ連、東欧諸国は〃報復ボイコット〃しました。

近代オリンピックの創始者クーベルタンの「オリンピックは参加することに意義がある」は、「参加しないことを政治外交の手段に使う」政治の思惑で踏みにじられたのでした。もっとも犠牲になったのは、四年に一度のオリンピックに備え、猛練習に励んできた選手でした。

中曽根と新外交の展開

早くから総理、総裁の器といわれ、若いころから首相になった日を考え勉強を怠らず、演説も工夫していた中曽根康弘が待望の総理に座についたのは一九八二年一一月のことでした。内政では「戦後政治の総決算」として行政改革、外交面では、まず韓国、アメリカとの関係修復がなされなければなりませんでした。借款問題、日本の歴史教科書の記述をめぐるトラブルを解消するため、政権発足後まず訪問したのが韓国でした。四〇億ドルの経済協力を約束し、公式晩餐会の席では、全体の三分の一をこの日に備え一年前から勉強していた韓国語でおこない、列席者を驚かせました。スピーチの内容も、日韓関係の負の部分だけでなく、古代日本の国家形成に果たした輝かしい韓国文化の役割に触れ、出席者の共感を引き出しました。

ネクタイをはずした二次会の席上、中曽根はかねてから練習していた韓国の大ヒットソング「ノーラン・シャツ」(黄色いシャツ)を韓国語で歌い、お返しに全斗煥大統領が日本語で「知床旅情」を披露し、友好ムードは一気に高まりました。

次は訪米です。アメリカへの公式訪問を控え、中曽根は米国からの防衛費七%増額要求に応じるよう大蔵省に命じ、各省との折衝も終わりもう動かせないと渋る大蔵省主計局長を怒鳴りつけ、徹夜で予算を組み替えさせたのです。

ワシントンでは「日本は不沈空母」と発言、防衛に関する日本の消極的態度へのアメリカ側の懸念を吹き飛ばしました。ブッシュ副大統領主催の晩餐会では、次女がアメリカの家庭にホームステイし、その一家とは二〇年の付き合いがあること、その一家が今回の訪米に合わせてワシントンにきてくれたこと、そして次女に通訳をしてもらう夢がかなったこと、日米両国もこの両家族のようでありたいことをスピーチすると、列席者がハンカチで目頭を押さえるほど感銘を与える効果があったのでした。

翌日、レーガン大統領がホワイトハウスの私的な住居に招いてくれました。

「これからは自分をロンと呼んでください。あなたをヤスと呼びましょう」

欧米人の間では親しくなるとファーストネームで呼び合うのは、普通ですが、日本人には抵抗があります。しかし、レーガン大統領から言い出したこともあり、以後「ロン・ヤス関係」は両者のみならず、日米関係の緊密さを示す言葉となりました。

中曽根のレーガンへの手土産は対米武器輸出技術供与の決断でした。これまでアメリカから再三にわたり要請がありましたが、日本は武器輸出三原則を理由に拒否してきました。しかし中曽根は武器そのものの輸出はできないとしても、技術協力は可能であると実現にこぎつけたのでした。

中曽根がその真骨頂を発揮したのは、ウィリアムスバーグでおこなわれた第八回先進国首脳会議（サミット）でした。サミットの期間中各国首脳が中庭に並んで撮る〝写真セッション〟があります。第一回サミット以来、三木、福田、大平、鈴木と歴代総理が晴れの舞台に登場しましたが、集合写真をみるといつも端、しかも離れて立っていることが多く、背の高さの違いと相まって、日本人の目に欧米との差、疎外感を与えるものでした。しかし中曽根は違いました。会議場から写真撮影の中庭に行く途中、話しながらレーガン大統領とイギリスのサッチャー首相の間に割り込むようにして入り、そのまま撮影に臨んだのでした。これを目撃した日本人記者団の間から「中曽根もやるなあ」と驚きの声があがりました。背の高さ、太い眉、大きな目、欧米代表にひけを取らない外見もいい印象を残しました。

小泉純一郎と対北朝鮮外交

なにをしてくるか判らない北朝鮮という国ですが、日本人にとって最大の関心事は、拉致された日本人が無事でいるのか、帰国できるのかでした。この点、自ら平壌に乗り込み、最高指導者金正日と会談、拉致被害者を取り戻すことに成功したのが小泉純一郎首相でした。

北朝鮮はそれまで拉致の事実さえ認めようとしませんでしたが、ブッシュ大統領の「北朝鮮はイラク、イランと並ぶ〈悪の枢軸〉との批判、「テロ指定国家」が圧力となり、日本への接近を促す大きな要因となりました。またロシアのプーチンも、小泉への恩義のお返しに金正日に働きかけてくれました。フランスにおけるサミットとプーチンの出身地での建都三〇〇年祭が重なり困っていることを打ち明けられた小泉が、シラク大統領に頼み込み、サミットの日程をずらしてもらったことがあったのです。

北朝鮮の「ミスターX」と外務省の田中均アジア大洋州局長との数回に及ぶ極秘会談を経て、小泉首相自ら平壌に飛ぶことになりました。首脳会談に先立ってもたらされた拉致被害者の安否情報は衝撃的でした。五人生存、八人死亡というものでした。報告を受けた首相は沈痛な表情を浮かべ、目をつぶりしばらく絶句しました。五人生存、八人死亡の情報が記されたペーパーは、北朝鮮赤十字から日本赤十字に宛てた資料という形をとり、被害者二人の死亡の日が同じであったり、リストの並べ方も時系列でなくバラバラとなど明らかに不自然なところが見受けられました。

ランチタイムを含め、豪華な食事でもてなしたいとの北朝鮮側の申し出を断り、日本からJAのおにぎり弁当、ポテト付き三五〇円をお茶、水と合せて大量に持ち込みました。首相は具の入っていない塩おにぎりが大好物でしたが、八人死亡のニュースに衝撃を受け、ほとんど食事に手をつけませんでした。

翌日の首脳会談で予想もしなかったことが起こりました。なんと金正日総書記が拉致の事実を認め、謝罪したのです。懸案だった日朝平壌宣言はその日のうちに署名されました。

北朝鮮は拉致の事実を認め謝罪したことで、日朝関係が正常化に向かい、日本から多額の経済協力が得られると期待したのですが、「拉致事件の真相を究明せよ」と日本の世論は厳しく、北の思惑ははずれました。やがて拉致されたうち五人の生存者が帰国、平壌で生まれた子どもなど家族は残されましたが、小泉は再び平壌を訪れ、残っていた五人の家族も帰国することができたのです。

「自民党をぶっ壊す」。衝撃的な発言と選挙の争点を「郵政民営化」一本にしぼり、小泉は自民党総裁選を勝ち抜き、衆議院選挙に勝利しました。内外の反対を押し切って自分の信念を貫き、靖国神社参拝を五回にわたっておこない、中国、韓国の反発を招いたり、ニューヨークの貿易センタービルに自爆機が突入した九・一一テロ直後に「テロ特措法」を制定し、ブッシュ大統領との間に「戦後最良の日米関係」を築きあげたり、北朝鮮を自ら訪れ、拉致被害者を取り戻すなど、良くも悪くも首相の個性がこれほど外交に反映した例は他にありません。

『かけはし』の連載は幸い好評でした。連載が終わったら本にしようと考えましたが、連載のままでは絶対に頁数が足りません。そこで各項目を三倍にふくらますと同時に、項目も増やすことにしました。『語られなかった戦後日本外交』(慶應義塾大学出版会、二〇一二年)としましたが、いささか「看板に偽りあり」です。本人はじめ家族、秘書など関係者が残していた埋もれたエピソードを集めて紹介したものです。

人を通して差し上げた中曽根元首相から直筆の礼状を頂戴しました。

拝啓

「語られなかった戦後日本外交」有難うございました。

戦後外交の中味を国民に知らせていただき関係者の一人として感謝申し上げます。

御健斗を祈ります。

中曽根康弘敬白

この本は二〇一二年、喜寿の折に刊行したものです。お祝いの会を開いてくれるかつての教え子に配布し、学窓を離れたあと気軽に読んでもらえることを意図してパソコンに向かいました。釜石在住のOBが東日本大震災の津波の犠牲になったため、喜寿の祝いは一年延期となりましたが、「寝転んで読める外交史」の本を配ることができて幸いでした。

のど自慢から考える日台関係を論文にまとめる

大学の研究者としてやらなくてはならないのは論文を書くことです。関心あるテーマを見つけると、まず先行業績をチェックする、それを超えよう、先行業績がない場合は未知の分野に挑戦するため公開、非公開の資料を探す、新たな視角を考える……といった作業から始めます。テーマを決め、資料を集め、ときには関係者にインタビューして論文を完成させ、学会誌、学内の紀要に発表するのはわれわれの務めです。論文あるいは著書によって審査され、助手から専任講師、助教授、教授と昇進するのが普通ですが、なかには教授になると、研究への意欲を失い、著書はもちろん論文もまったく発表しない研究者もいます。研究しないから当然授業も古いことの繰り返しで面白くない、そこで唱えられたのが「教授＝大関論」です。

大相撲の場合、大関は三場所負け越すと降格します。これに習い、教授も「三年研究業績をださない時は准教授に降格させる」という案です。横綱は降格がありませんが、あまり不成績だと引退を余儀なくされます。教授は不勉強でも定年まで在籍できるとあって「この十年間であのひとの書いたもので活字になったものがあるかね」、「たったひとつあるよ、年賀状だ」といったジョークが囁かれることさえあるのです。

論文のテーマについては、共通する大きなテーマ、たとえば第一次世界大戦と第二次世界大戦の間にしぼった「戦間期の日本外交」のなかで書いて欲しいと編集責任者から要求されると「一九四〇年・幻の東京オリンピック—招致から返上まで」といったテーマを考えますが、面白い独自のテーマを見つけて自由に書くことほどやりがいがあり、これほど楽しいことはありません。

そのひとつが、台湾で行われたＮＨＫのど自慢の開催をめぐる過程を分析したものです。のど自慢はＮＨＫの誇る長寿番組です。占領政策の一環としてＧＨＱが推奨したラジオの聴取者参加番組の「のど自慢素人音楽会」（一九四六年一月）に始まり、七〇年以上になります。開催の会場も全国を回り、海外の日系人、在留邦人も毎週の放映を楽しんでいる人気番組でもあります。海外でも開催して欲しい。そうした要望に応え日本移民九十周年を記念して一九九八年二月ブラジルの首都サンパウロでおこなわれたのが「のど自慢インブラジル」でした。ブラジル公演の好評に、以後海外ではペルーのリマ、ハワイのホノルル、アルゼンチンのブエノスアイレス、アメリカのサンフランシスコ、中国の北京、カナダのバンクーバー、シンガポール、イギリスのロンドン、韓国のソウル、メキシコのメキシコシティと世界各地で行われてきました。

台湾でも開催して欲しいとの強い要望が日台双方からわきあがったのは、二〇〇三年のことでした。しかし、台湾でのＮＨＫのど自慢の開催は、他の海外公演とはいささか状況が異なります。他の国が、日系人、在住日本人あるいはごく限られた現地の日本の歌好き相手の開催であったのに対し、台湾の場合は日本統治時代教育を受けた旧日本語世代、日本の演歌を愛する中高年、ＡＫＢ48など日本のアイドルの歌を歌うことに夢中な若い世代など台湾各界の人々、また台湾でビジネスに従事、台湾企業で働く、台湾人と結婚した……といった、台湾各地に滞在する日本人を対象としなければならなかったことです。

また日中国交正常化に伴い、日本は日中共同声明で「台湾は中華人民共和国の不可分の領土の一部である」との中国側の主張を入れ、「十分理解し、尊重する」として台湾との外交関係を断絶しました。しかし、実務関係—貿易、文化交流などは存続することになり、相互に〝影の大使館〟として日本は交流協会（現日本台湾交流協会）、台湾は亜東関係協会（現台北駐日経済代表処）を設置し、日本代表は大使を経験した〝大物〟が外務省を退職し、民間人として赴任していました。だが、文化的イベントの「のど自慢」とはいえ、中国への配慮などいくつかの複雑な要因が関連してくることが予想されました。

たまたま、二〇一二年に台湾の大学で講義するため、台北に二ヵ月滞在する機会があり、二〇一一年一〇月の「ＮＨＫのど自慢イン台湾」開催をめぐり、さまざまな動きがあったことを知り、現地で資料を集め、関係者にインタビューすることができたのです。

どのようなきっかけで開催要望の運動が開始されたのか、それは具体的にどう展開されたのか、実現を阻害する要因はなんであったのか、開催の決定と実現までの苦心、決定に伴う出場者の選考、観覧希望者に抽選、実施の結果を分析することにしました。

台湾でＮＨＫのど自慢を開催したい、こうした動きが具体化したのは二〇〇三年のことでした。まず台湾側が動きます。台湾日本人会笠間理事長からＮＨＫ海老沢会長宛に、台湾日本人会の総意として台北でのど自慢大会の開催を要望する旨の書簡が出されます。これに対し、ＮＨＫの担当局長から開催の意義は十分理解し、早速検討を開始するが、若干にリサーチ期間が欲しい、改めて返事をするとの中間報告が入りました。台湾ではこの中間報告を前向きのものと受け止めました。

こうした動きを積極的に支援したのは、交流協会に赴任した内田勝久代表です。イスラエル、シンガポール、カナダの大使を歴任したのち、台湾に着任した内田代表は、天皇誕生日祝賀会を断交以来三二年ぶりに開催するなど、日台関係をより緊密にするための方策を考え、「のど自慢」の開催はまさに望むところでした。開催を希望する会の発起人にもなり、一時帰国した際にはＮＨＫを訪ね、開催実現を直接陳情するなど積極的に動きました。ＮＨＫの担当局長の反応は消極的なものでした。しかし、内田代表はじめ台湾の在留邦人は後に引くつもりはなく、署名運動がおこなわれ、六五一〇名の署名簿がＮＨＫに届けられたほどでした。

一方、日本でも二〇〇四年一月、「ＮＨＫのど自慢の台湾開催をお願いする会」が発足し、短期間で一万四八三六名の署名を集め、台湾出身の呉正男会長がＮＨＫを訪問、署名簿を提出し早期開催を要望しました。さらに交流協会日本支部を訪れ、ＮＨＫに働きかけてくれるよう依頼したのです。台湾の駐日代表が交代した折にも、主催者から「ＮＨＫのど自慢」の台湾開催を実現するよう要望し、許代表も実際にＮＨＫに働きかけてくれましたが、ＮＨＫは財政難を理由に消極的態度に終始しました。

呉会長は「予算不足との理由は韓国のソウルで開催したことから納得できない。台湾新幹線開通一周年記念のど自慢大会の名目で実現できないか」との書簡をＮＨＫ会長宛に送りました。これに対しＮＨＫの担当理事から「毎年海外のど自慢を実施してきたが、所期の目的を達成したことに加え、財政健全化に取り組んでいる状況であり、平成一八年以降は実施しない方向で考えている」と、全面否定ともとれる返事がありました。

呉会長はこの回答に満足せず、さらに質問状を四点にしぼって質問状を提出します。

①毎年「海外のど自慢大会」を実施しているが、何故台湾開催が除外されたのか

②〃所期の目的を達成した〃とあるが、所期の目的とは、また目的の達成とはなにか教えていただきたい
③〃財政の健全化〃とあるが、海外実施と国内実施ではどのくらい支出の違いがでるのか
④膨大な支出が予想されるが、開催のための協賛金、募金運動もしたいとの声がある

NHKの理事から返事が来ます。

①なぜ台湾を除外したかについては、NHKは財政の健全化を最優先課題として取り組んでいるため「海外のど自慢」は実施しない方針としたのであり、すべての地域からの要請に対し、同様の答えをしており、決して台湾を除外したものではない
②八年間に世界の一一都市で実施し、開催回数も一〇回を超えたことから、すでに所期の目的は達成できたと考える
③国内、海外の制作費については公表できない

確かに、当時のNHKは番組プロデューサーによる公費の乱用など多くの不祥事が明るみにでて世論の非難が集中、受信料不払い運動も活発化し、会長が交代、財政再建を第一に「新生プラン」を発表したばかりでした。

こうして、台湾における「NHKのど自慢」の開催は可能性がなくなったと思われました。

事態が動いたのは、東京新聞の「ニュースの追跡」の特集記事でした。二〇〇六年二月一九日、「中国の声怖い？」の大きな活字を真ん中に据え「NHKのど自慢　台湾でできないわけ」を見出しに、呉会長にもインタビューし、二万五〇〇〇の署名簿の写真を添えた記事は、各方面の開催への熱望を伝え「さて、この切実な思いをNHKは何と聞くか」と結んでありま

した。この特集記事を見て動いたのが総務副大臣菅義偉でした。言うまでもなく後の首相です。呉とは横浜の地元を通じて旧知の仲であり、早速電話で連絡をとり、呉はNHK会長に直接陳情したい旨依頼します。

NHKのど自慢を台湾で開催するに当たって、問題は中国への配慮でした。しかし二〇〇八年に行われた北京オリンピックは無事終了し、台湾もチャイニーズ・タイペイの名称で参加しました。あとは、NHKが財政的危機を脱し、のど自慢の海外公演が再開される、その際台湾が優先されるとの表明を信じて待つばかりとなったのです。だが、ここで発生したのが、NHKが台湾をとりあげた番組をめぐるトラブルでした。

二〇〇九年四月、NHKは長期大型企画「シリーズ　JAPANデビュー」の放映を開始しました。第一回「アジアの〝一等国〟」で台湾を取り上げましたが、「日本統治のマイナス面ばかり強調している」と批判が殺到し、台湾でもインタビューの一部しか紹介されていないなどNHKに抗議文が送られ、NHKに向けてのデモ行進がおこなわれるほどの波紋を呼んだのです。

この番組を批判し、NHK受信料不払い運動のメンバーが、台湾のど自慢開催を推進してきたメンバーと重なる事態も発生し、開催実現へのマイナス材料となると思われました。NHK内部の混乱の収束、JAPANデビュー問題の修復、松本正之会長のもと新体制の発足などによって二〇一〇年一二月、ようやくのど自慢開催の目途が立ちましたが、年が明けて再び不安材料が出てきました。

三月に東日本を襲った大震災です。津波、火事、原発の事故……と、NHKは局すべてをあげてその報道と対応に追われます。この時点でのど自慢の海外開催などとても考えられない状況でした。しかし、思わぬところから道が開けました。東日本大震災の義援金は、台湾は世界各国のなかでも最高額の二二〇億円に達し、台湾芸能界は震災チャリティを企画、台北の交流協会には次々と励ましのメッセージが寄せられました。こうした台湾の動きが伝えられると日本人の間に改めて台湾への思いが強くなり、のど自慢の実施に追い風となったのです。

こうして二〇一一年五月一三日に「のど自慢イン台湾」が台北の国父記念館で開催されることが発表されました。ＮＨＫは台湾による政治利用を避けるため、こののど自慢大会は「辛亥革命一〇〇年、民国誕生一〇〇年とは無関係」と、あくまで台湾日本人会五〇周年、日本商工会四〇周年の記念イベントとして開催することを強調し、了解を得ました。

番組公開の予告は反響を呼びます。出場希望の応募者は一四八〇組に達しました。その中から予選出場二五〇組を絞り込みます。日本人、台湾人のバランス、曲目、地域、先住民族への配慮など、台湾を舞台にどのような「人間ドラマ」が展開できるかを考えて選んでいきました。予選の結果、二五組が残されました。台湾人一九組（先住民族のペア一組）、日本人五組、日本人台湾人のペア一組、年齢も一九歳から八四歳、男性一三人、女性はグループで出演する七人を含め一八人、曲もポップス、演歌、叙情歌などバラエティに富んだ人選となりました。招待者にも気を配りました。国民党、民進党のバランス、台湾の政界、財界、言論界など各界の実情を踏まえて招待状を送ります。

いよいよ開催日。会場国父記念館の舞台のバックには台北の象徴一〇一ビル上空を舞う龍と故宮博物院が描かれた大きな絵が掲げられ、ゲストの吉幾三、小林幸子の二人が台湾との関わりとともに紹介されます。小林は台湾への親善大使であり、東日本大震災への台湾の支援に改めて心から「謝謝」（ありがとう）を表明、場内から拍手が起こります。

一番中年女性、二番中年男性、三番先住民アミ族のペア……一一番目は長期出張中の日本人三人組、黄色い作業服姿で歌い、はじめての鐘ひとつ、前半一三人が終わったところで、郷土芸能紹介の時間となります。タイヤル族のこどもたちのパフォーマンスが披露されます。NHKのど自慢は原則として生放送ですが、今回は時間をたっぷりとるため録画とし、司会の徳田アナウンサーと出演者との通訳を交えた会話は編集の段階で縮めることができ、ゲストのトークも弾みました。

予選会には一一〇〇人、本選には二三〇〇人の日台混合のボランティアスタッフが運営に当たり、まとまったチームワークで効率よくこなし、NHK関係者が絶賛した協力体制で見事乗り切ったのでした。当日の会場には、以前から「のど自慢」の台湾開催に努力してきた人々—実現前に他界した内田交流協会元代表の真美子夫人、呉会長などの姿も見られました。

台湾の大手新聞『聯合報』はつぎのように報じました。

—国父記念館に集まった二〇〇〇人の観客は、合格者出場者とともに笑い、鐘を鳴らされて引き下がる出場者とともに泣いた。制作スタッフは「会場は明るく、温かい空気が充満していた」と語っていた。放送されるのは、まさに台湾と日本の人々を情誼を描いたドキュメンタリー番組だ—

通例ののど自慢は日曜日昼の四五分の生放送であるのに対し、今回は編集され、土曜日のゴールデンアワー午後七時三〇分から八時四三分まで一時間一三分を使っての特別版として放映されました。大きな反響がありました。「台湾はこれほど親日的な国だったのか」といった感想が多くの視聴者から寄せられたのです。当初の企画から延べにして八年を費やしてようやく実現した台湾におけるＮＨＫのど自慢、その過程を呉会長とＮＨＫ関係者の間でかわされた書簡など公開されていない各種資料と日台双方の関係者へのインタビューによって論文にまとめるのは実に楽しい作業でした。草稿の段階で関係者にチェックしてもらい、正確を期しました。「日台関係の一考察―ＮＨＫのど自慢イン台湾の実現をめぐって」と題し、慶應法学部の紀要『法学研究』に掲載したのは二〇一二年九月のことでした。

弔問外交の研究――蒋介石総統の死去と日本の対応

二〇二二年は、凶弾に倒れた安倍晋三元首相、七〇年の在位ののち死去したイギリスのエリザベス女王に対し、それぞれ国葬がおこなわれました。安倍元首相の場合は国葬自体の可否を含めさまざまな論議がありました。

国交がある国の要人が他界し葬儀がおこなわれる場合に対し、国交が断絶している国のかつての最高指導者が亡くなり、しかもその指導者が日本と関係が深い場合、日本はどう対応したのか、そこに目を付け、乏しい資料を集めて書いた論文が「弔問外交の研究」（『法学研究』一九八八年五月）でした。

蒋介石は、中国国民党政権の指導者として、また第二次世界大戦中連合国の指導者のひとりとして世界的なリーダーの一人でした。日本との関係は、若き日に日本留学、抗日戦争の指導者、日本が降伏した際には「徳を以って怨に報いよ」と全国に呼びかけ、中国にいた日本軍民を無事帰国させてくれた、天皇制維持を支持してくれた、日本の分割占領に反対してくれたなど「恩義」を含めて少なからぬものがありました。

したがって、一九七五年四月五日、蒋総統が死去し国葬の挙行が予定されたとき、日本がどう対応するか注目されました。

①日本のマスメディア、特に文化大革命の最中、北京常駐特派員の追放と駐在をめぐって、中国側に妥協したといわれる大新聞の報道、②日本政府と自民党が北京政権を考慮しながらどう対応したかを探り、③それに対する中国の反応、④三木首相が中国の予想以上の反応に態度を軟化し、弔問団の資格に影響をもたらした点を考え、弔問外交の意義を考えようとしたのです。

日本の全国紙を概観してみると、①各紙とも一面で大きなスペースを割いて報道したこと、②各紙の蒋介石の呼称が「蒋介石総統」、「蒋介石氏」など統一せず、思い思いの表現を使ってちぐはぐな感じがあったこと、③各紙の論調、社説、コラムの中に「報怨以徳」が随所に見られ、この言葉が日本国民にとって忘れてならない名句として残っていることが証明されたのでした。

中国との国交正常化に伴い、台湾との外交関係を絶った日本にとって、政府として動くことはできません。したがって自由民主党として対応しました。三木首相は自民党総裁の名で長男蒋経国行政院長に弔電を打ちます。

次の問題は、自民党として台北でおこなわれる「国葬」に誰を派遣するかです。蒋総統の葬儀に出席するには、①台湾のプライドを満足させる地位の人物であること、②故蒋総統と個人的に接触した経験があること、③中華民国＝台湾の国際的地位の保全に努力した実績のあること、④今後中国とのかかわりを持つことがない人物―が必要でした。この条件にあてはまるのは佐藤栄作元首相以外にありません。

元首相、ノーベル平和賞受賞者、文革中台湾を訪問、国連における中国代表兼問題で国府（台湾）追放に反対する逆重要事項指定、複合二重代表制決議案の共同提案国になるなど、まさに蒋介石総統の国葬に出席するには最適の人物でした。

蒋介石総統の死去と日本の対応について、北京の態度は厳しいものでした。人民日報は「蒋介石死了」と第四面にわずか二段で報道し、新華社の論評も「国民党反動派の頭目、中国人民の公敵蒋介石は台湾で病死した。米帝国主義の庇護のもとに余命を保ち、引き続き人民を敵とすることを堅持した」と極めて厳しいものでした。さらに、学術文化使節団の事務局長として中国訪問中の衛藤瀋吉東大教授の「蒋介石の評価に関する談話」に不快感を示しました。

日本政府、自民党特に三木首相に対する不満は廖承志中日友好協会会長の発言となりました。「蒋介石は中国の国賊として死んだのであり、長年日中友好を唱えてきた人がその葬儀のためわざわざ自民党の高い地位の人を指名して行かせるのは信じたくない出来事だ。本当だとしたら中国人民は怒るだろう」。

廖は三木という名前こそ出しませんでしたが、日中平和友好条約交渉が行きづまっていることを念頭においてきつい非難をしたのです。中国がなにをいおうと気にする必要はないというのが外務省の考えでした。

しかし、自分の在任中に平和友好条約を締結したいと考えていた三木首相にとって、中国の神経を逆なですることは許されませんでした。三木首相から佐藤元首相に自民党総裁代理でなく、故蒋介石総統の友人代表として個人の資格で葬儀に参列してくれよう要請がなされました。自民党内では親台湾派を中心に、中国側の非難によって〝弱腰〟になった点に非難が集中しました。

一方、アメリカは当初フォード大統領の代理として、弔問団団長にバッツ農務長官を予定していましたが、「せめて副大統領クラスの人物を派遣しないと、かつての同盟国に対して礼を失することになる」と、ロックフェラー副大統領をあてることにしたのです。

結局、自民党は一八人からなる大型代表団を派遣することを決定しましたが、佐藤元首相は個人の資格で参列、代表団は団長なしの異例の形をとることになりました。台湾側は佐藤元首相が個人の資格で来台したことには一切触れませんでしたが、新聞が読者の声、コラムを利用して不満を表明しました。「日本の天皇制を残してくれたのは誰か、日本の分裂の危機を救ってくれたのは誰か」と訴え、告別式には少なくとも皇太子を派遣するのが当然だとする読者の声を掲載し、コラムは「率直にいって故蒋総統への感謝について触れるならば、それはまず天皇でなければならない」と書きました。

日本政府、三木首相の対応への不満や批判が次第に高まっていきました。こうした状況に、告別式参列者のひとり玉置参議院議員は宮内庁筋から得た話として、台湾メディアに「天皇はじめ皇室ご一家は蒋介石総統死去の報に接し、大きな衝撃を受けておられ、心よりお悔やみを述べたいということでした。私はこの旨を皇室に代わって告別式後の答礼茶会の席上、厳家淦総統にお伝えしました」と語り、沈静化に努めたのでした。

蒋介石の死去に対する日本の対応は「報怨以徳」の恩義に十分応えるものであったか、釈然としないものがあります。弔問外交は、二国間関係のみならず、葬儀に対象となる指導者、国をめぐる国際関係の反映でもあるのです。

初めての翻訳は日本の外交交渉を取り上げた博士論文
——『根回し、かきまわし、あとまわし―日本の国際交渉行動の研究』——

初めての翻訳はおもわぬ一言から生まれました。

一九七三年八月から七四年七月にかけてコロンビア大学の客員准教授として滞在した際、博士学位請求論文が提出されました。戦前における日本の外交交渉を明治時代の日清下関条約交渉から太平洋戦争直前の日米交渉にいたる一八のケースを取り上げ、日本の国際交渉のやりかたを分析したPatters in Japan's International Negotiaiting Behavior before World War IIです。提出したのはマイケル・ブレーカー、南カリフォルニア大学でピーター・バートン教授の指導のもと日本の政治外交の研究をはじめ、コロンビア大学の大学院でジェームス・モーリ教授からさらに学び、日本で一橋大学の細谷千博教授から日本外交文書、回顧録、先行研究など徹底的に勉強して完成させた力作でした。

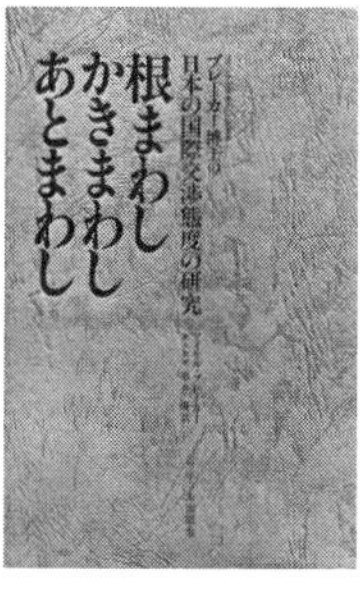

アメリカの博士論文は関連分野の複数の教授が出席しての面接最

後審査により決まります。本研究の面接審査員は、コロンビア大学のカーチス（日本政治）、パッシン（社会学）、プチャラ（国際政治）、ウェッブ（日本歴史）に、ニューヨーク市立大学のティードマン（日本近代史）に小生も加わり六人でおこなわれました。

審査に当たった諸教授はこの研究を激賞し、全員一致で合格としました。コロンビア大学で指導に当たった日本政治外交史専攻のモーリ教授は日本滞在中でしたが、この研究に対し、出版の配慮が直ちになされるべきであること、またなんらかの賞に値することを東京から送ってきました。審査員の一人としてコメントを求められたので「日本人研究者さえおこなったことのない根本資料を駆使しての取り組みと鮮やかな分析を賞賛するとともに「この研究は日本語に翻訳されて日本の読者にも紹介される労作であると思います」と述べたのです。「それなら池井さんがおやりなさいよ」とただちに応じたのがカーチス教授でした。

通常、翻訳は原書がすでに刊行され、書評など一定の評価があるものを日本の出版社が翻訳権を獲得し、訳に取り掛かるのが筋です。今回はブレーカーさんがタイプした原稿があるだけです。しかし、カーチス教授には、日本語訳を出してくれる日本の出版社が頭にあったのです。カーチス教授が自らトラックに乗っての日本の衆議院議員の選挙運動に運動員として参加した経験を含めて書いた博士論文を『代議士の誕生』として刊行したサイマル出版会でした。

タイプ打ちの原稿がサイマル出版会に送られ、アメリカより先に日本語訳がでることになったのです。日本の外交文書、外交官、政治家などの回顧録などを駆使しているだけに、アメリカ政治、アメリカ外交の原書を訳すより楽でしたが、ブレーカーさんの凝った文章には「日本語にならないよ」とこぼすことも再三でした。「構わないから思い切った日本語にしていいよ」との言葉を貰い、そうすることにしました。

日本には明治以来「翻訳調」という独特の表現があり、「私は池のほとりにたたずんでいる私自身を発見した」といった例が挙げられます。読んで抵抗なく頭に入る、翻訳は英文和訳とは違います。外国語をいかにそれにふさわしい日本語で表現するかです。こうして翻訳の作業は進んでいったのですが、問題は本のタイトルです。良く言われるように、本と映画はタイトルに大きく左右されます。その点、サイマル出版会の編集者はタイトルを考える達人でした。同時通訳の第一人者村松増実さんの著書は『私も英語が話せなかった』。こうすれば英語は話せる、こんなやりかたで同時通訳になったなどは内容にまかせ、「あの村松さんはこどもの頃から英語がペラペラかとおもったらなんと英語が話せなかったんだ、読んでみるか」と、新聞広告を見たり書店に並んだ場合、意欲をそそるタイトルです。電電公社、ＫＤＤの内幕を描いた『電話の向こうはこんな顔』、対ソ交渉を分析した『微笑と脅し―ソ連と付き合う法』などそれぞれ、当時のサイマル出版会が出した本は魅力的なタイトルです。

編集担当者は言いました。

「池井さん、この本二〇〇〇部売りたいですか、それとも二万部売りたいですか」

そう言われれば二万部売りたいと思うのは当然です。なんとサイマル側が考えたタイトルは『根回し　かきまわし　あとまわし』。論文のタイトル「日本の国際交渉態度」はサブタイトルではありませんか。素直に受け入れるには抵抗がありました。学術書の感じがまったくしないではありませんか。しかも、タイトルからではどのような内容か全くわからないではありませんか。しかし、プロの編集者がいうのだからと遂に妥協しました。こうして『根回し　か

きまわし　あとまわし―日本の国際交渉態度の研究』が刊行されたのは、一九七六年のことでした。

果たせるかな、学界関係者からは「内容はいいのに、タイトルが酷い」との悪評が聞こえてきました。しかし「神風」が吹きました。朝日新聞のコラム「天声人語」が取り上げたのです。「この度コロンビア大学のブレーカー博士の書いた博士論文が『根回し　かきまわし　あとまわし』のタイトルで訳書として刊行されたが、言い得て妙である。日本ではなにかやろうとすると関係者の意見を公式、非公式に聴取する、すなわち根回しが必要だ、すると各方面からさまざまな意見や異論がでる―かきまわし、そして特別委員会を設置して再検討するなどなかなか決定にいたらない、あとまわしだ……」

こうして、二万部は売れませんでしたが、五〇〇〇部は捌けました。嬉しかったのは一面識もない日本女子大の清水知久教授が「本書を読むと翻訳という気がしない。これは訳者の努力の現れであろう」と書評で書いてくれたことでした。なお、ブレーカーさんは日本語の「根回し　かきまわし　あとまわし」をプリントしたTシャツを作り、コロンビア大学東アジア研究所の職員に配りました。しばらくの間、同研究所の秘書のお嬢さんたちはそのTシャツを身につけて「ネマワシ、カキマワシ、アトマワシ……」と言って喜んでいたそうです。

第三章 ❖ 野球に魅せられて

一、アメリカ野球の魅力

大リーグとの出会い

大リーグに関心を持ったきっかけは一本の映画でした。ルー・ゲーリッグの生涯を描いた「打撃王」です。

ヤンキースひと筋、二一三〇試合連続出場の大記録を打ち立て、ベーブ・ルースとともにヤンキース黄金時代を築き、一九三一年、三四年と二回日本を訪れたこともあるゲーリッグを演じたのは、名優ゲイリー・クーパーでした。ベーブ・ルースは本人が出演、名演技を見せています。この映画のハイライトは、筋収縮症に侵され、引退するゲーリッグがヤンキー・スタジアムで満員のファンの前で挨拶して、静かにダッグアウトに消えていく場面です。

「人は私に不運だったと言いますが、いま考えてみるに、自分は世界で一番幸せだった男だと思います」

この場面をニュース映画でみたハリウッドの名プロデューサー、サミュエル・ゴールドウィンが「これは映画になる」と直感し、愛国心に訴える映画を制作しようと考えたのです。一九四二年、太平洋戦争がはじまって間もなくのことでした。

ゲーリッグ役にはクーパー、奥さんのエレノアには清純派のテレサ・ライト、ルースはじめヤンキースの同僚ビル・ディッキーも本人が出演することになりました。誤算だったのは、プロデューサーのゴールドウインも、サム・ウッド監督もゲーリッグが左利きであることを知らなかったことでした。

クーパーは西部劇に多くでているだけに乗馬は得意でしたが、野球は未経験、しかも右利きで、野球のプレーは全くできなかったのです。頭を抱えた製作者は「名案」を思い付きます。ユニフォームの文字から球場の広告にいたるまですべてを裏文字にし、右打席で打った打者を三塁側に走らせるなど、撮影したフィルムを裏焼きにすることで野球の場面を作ったのでした。

当時の映画評に、「不治の病に悩む姿などクーパーの演技は完璧だが、野球のプレーのシーンは論評以前である」と指摘されました。ちなみに、野球をやらせて一番上手かったハリウッドの俳優は、「フィールド・オブ・ドリームス」のケビン・コスナーと、「ザ・ナチュラル」のロバート・レッドフォードです。コスナーはマイナー・リーガーなら十分通用する腕前、レッドフォードは野球部推薦の特待生としてコロラド大学に入学したほどでした。

こうした裏話はあとから知ったのですが、「打撃王」を見て以来、「ヤンキー・スタジアムでホットドッグを食べながら大リーグの試合を観る」が夢となりました。その夢が実現したのは、一九六四年のことでした。別のところでも書いたように、アメリカに留学、ニューヨークのコロンビア大学に腰を落ち着けたため、ヤンキースの開幕ゲームを観ることができたのです。

忘れもしません。憧れのヤンキー・スタジアムの外野席に腰を落ち着けたのは、一九六四年四月一五日、開幕ゲームの対レッドソックス戦でした。ベーブ・ルース、ルー・ゲーリッグ、ジョー・ディマジオを継ぐスーパースターのミッキー・マントルがセンターを守り、目の前にいるではありませんか。「少年時代の夢がかなったんだ。夢ではないよね」と思わずほほをつねりました。一九六四年のヤンキースは、マントルと、ベーブ・ルースの年間ホームラン記録を破ったマリスのMM砲を三、四番に据える打線と、ホワイティ・フォードを柱とする投手陣によってアメリカン・リーグの覇者となる強力なチームでした。

「ベースボールはアメリカの国技だ」といわれるように、百年以上の歴史があり、多くの名選手を輩出し、名勝負を繰り広げてきました。それはベースボールカードのコレクションにも反映されています。蒐集のなかで最もポピュラーなのは切手とコインです。これに対し、ベースボール・カードは毎年各選手の写真に成績など加えて出されるだけに、そこに人間のドラマがあるのです。たった一年で消えた選手、大スターのルーキー当時の初々しい姿など、そこには人間模様が描かれているのです。従って、ベースボールカードのコレクターは交換会に出たり、通信機能を活用して自分なりのコレクションを追い求めます。ベースボールカード・ショウにいくと会場では、「あと二枚で一九五三年のレッドソックスチーム全員のカードが揃うんだ」など必死でさがしている姿や、数の少ない「レア・カード」、回収漏れの「エラー・カード」—ユニフォームのズボンのチャックが空いている、かついだバットのグリップエンドに放送禁止用語が書いてあった—といった珍品の時価や交換情報を記載した雑誌など、アメリカにおける大リーグの歴史の深さと面白さを伝える雰囲気が伝わってきます。

大リーグを研究対象に

それから九年後の一九七三年、再びニューヨークで一年過ごすことになりました。コロンビア大学に客員准教授として招かれたのです。「よし、今回は大リーグをじっくり研究してみよう」と考え、当時日本で大リーグに一番詳しいパシフィック・リーグの広報部長伊東一雄さんに相談しました。伊東さんはドラフト会議指名選手紹介の独特の「声」で親しまれ、〝パンチョ〟のニックネームで大リーグ関係者に知己も多い方でした。

「ロサンゼルス経由でニューヨークにいくなら、ドジャースの生原さんを訪ねなさい。きっといいアドバイスをくれますよ」

生原昭宏さんは早稲田の野球部OB、社会人野球をへて亜細亜大学野球部監督に就任、東都大学二部のチームを一部に昇格させたすぐれた指導者でした。しかし、大リーグのフロントを経験したいと単身アメリカに渡り、ロサンゼルス・ドジャースのファームチームから修行を積み、オマリー会長の絶大な信頼を得て、〝アイク〟と呼ばれ、会長補佐になりました。日本からやってくる関係者には欠かせない人でした。

オマリー会長から「プロフェッサーは本当にベースボールが好きですね。なにかご協力できることがありますか」との親切な言葉をいただき、「ニューヨークに一年滞在するのでヤンキースとメッツ両球団に紹介状を頂戴できますか」とお願いしました。オマリー会長の紹介状によって、ヤンキース、メッツから通常の試合は無料で観戦できることになりましたが、単にスタンドからグランドを観てゲームやプレーを楽しむだけでなく、研究的視点から見ようと考えたのです。

大リーグのファンはなにを求めて球場に来るのか―ファン論、大リーグ球団はビジネスとしてどのように対策を考えているのか―経営論、野球を伝えるメディアは日本と異なるのか―スポーツマスメディア論、大リーグで指揮をとる人物は―監督論などです。

さらに週刊のスポーツ新聞『The Sporting News』の片隅に載った広告で、野球を研究する学会「The Society for American Baseball Research」(ＳＡＢＲ)があることを知りました。学会といっても堅苦しいものではなく、①世界の野球に関する正確な記録を残し、その研究を促進する、②会員同士の情報の交換の便宜を図る、③研究発表と懇親のため、年一回総会を開催する、④研究の成果を掲載する年報"BASEBALL RESEARCH JOURNAL"を刊行する、こうした目的のため設立された会でした。

早速入会し、総会に出席することを決めると、初めての日本人会員なので研究発表をしないかと連絡がありました。報告時間は一五分、専門の外交史と野球を結びつけ"Baseball across the Pacific"と題する日米野球関係史を紹介しました。反響は上々でした。ベースボールは戦後占領軍がもたらしたと思っていたら一八七〇年代にアメリカ人教師が紹介したのか、戦時中、「敵性スポーツ・ベースボール」を存続させるため、野球用語から英語を追放したのかなど、大いに興味を示し、質問もでました。

ＳＡＢＲでは変わったテーマの研究も披露されます。「ファールボールが一番飛んできてもらえる席はどこか」、「一〇〇年に及ぶ大リーガーのニックネームの分析」、「ワースト・ベースボール・ムービーの研究」……。最悪の三本に入る映画が「ウイニング・チーム」で、主演はロナルド・レーガン、のちの大統領です。

帰国して、大リーグについて原稿を書いたり、講演をおこなったりするうち、平凡社カラー新書から本を出さないかとのオファーがありました。『こけしの旅』、『カエルの世界』など豊富なカラー写真を交え、その世界を描くシリーズです。写真を担当してくれたのは、早稲田の写真部OBで朝日新聞のカメラマンとして活躍後、独立してフリーのフォトジャーナリストとして活躍中の栗原達男さんでした。北はボストンから南はサンディエゴまで二人で全米を巡り、好奇心丸出しでドジャースタジアムのトイレ、シャワー室、五万枚の野球カードを集めたコレクター、クーパースタウンの野球殿堂博物館で生前のベーブ・ルースの声に耳を傾ける少年など、基本的な情報に加え、アメリカン・ベースボールの楽しさを紹介した『大リーグへの招待』は絶好の手引き書として迎えられました。一九七七年のことでした。

NHK衛星放送の大リーグ中継と解説

やがてNHKの衛星放送で「大リーグ中継」がはじまりました。野茂が海を渡る以前です。当時大リーグやアメリカの野球について詳しい人材がいなかったこともあって、時々解説の依頼がありました。現在は大リーグの情報は簡単に入手することができ、選手経験者が作戦や技術中心に解説していますが、当時は基本的な知識をエピソードがらみで紹介することが中心になりました。

ニューヨークの下町ブルックリンを本拠とした人気球団ドジャースは何故ロサンゼルスに移ったのか。それは、①ブルックリンの球場付近の治安が悪くなったこと、②ロサンゼルスから新球場の土地について好条件の申し出があったこと、③移動の手段が汽車から飛行機に代わったことを紹介し、これが大成功に終わったため、大リーグ球団の移動の引き金になったことなどを説明したのです。

藤田元司さんと組んだときは、「大リーグには太った選手も多いね」と振ってもらい、「ジム・フォザギルという投手は一三〇キロあったのですよ。太り過ぎで腰が回らなくなり不調が続き、チームドクターから厳重な食事制限を申し渡されたんです。食べること、特に肉が大好きなフォザギルはイライラして審判の判定に不満で文句を言います。「退場！」と申し渡されたフォザギルはいきなり審判にかみつきました。チームメイトによってベンチに引き戻された彼は言いました。

「久しぶりに肉が食いたかったんだよ」

こうした解説をやっていると、思わぬ人が聴いていて、思ったこともない反応に驚いたことがありました。芥川賞作家で文化勲章まで受賞した丸谷才一さんです。丸谷さんは小説、翻訳以外にエッセイも得意で、『オール讀物』に毎月興味あふれるものを寄稿していました。「声と職業」で取り上げてくれたのです。関連する部分の原文を紹介します。

——ある土曜日、わたしは衛星放送で大リーグ中継を見てゐた。テレビ見物が概してさうであるやうに、はじめからではなく、途中から見たので、アナウンサーの名前も解説者の名前も知らない。ところが、解説者とアナウンサーのやりとり聞いてゐるうちに、わたしは、おや、これは大学の先生の声の出し方だよ、と思った。さう言へば、言ってる中身も大学の先生にふさはしいといふ感想が浮かんだ。（最初に声の出し方についての感想が来るところが肝腎。）そして次に、大学の先生で衛星放送の野球の解説をするとすれば、天下にたった一人、慶応の池井優さんしかゐないはずだから、これは池井さんの声なのだと感じ入って、その声に耳かたむけたのだった。実は、その翌々日、某誌の座談会で池井さんと同席することになってゐたのである。普通わたしは、座談会や対談は前に何かの縁で話をしたことのある人でなければ引き受けないのだが、この場合は特にこちらからお願ひしたのだった。（もう一人は井上ひさしさん）、アメリカの野球について語ることのできる人はこの先生しか思ひつかないし、それにいつも随筆を読んで感心してゐたからである。

柳橋での座談会が終わり、みんなで銀座に出る。（井上さんはすぐに柳橋の近くの仕事場へ。）銀座で、池井さんを前にこの話をして「野球選手だった解説者の声とは違ふやうな気がします。どう言ったらいいかなあ、おだやかで、学生の頭に一つ一つはいってゆくやうな声の出し方ですね」などと説明した。さうすると誰かが「選手あがりの解説者の声は、野外で声を出しつけた人の声ですね。大学の先生の声は室内の声」なんて言ふ。池井さんはアメリカへ行っても草野球がしたくなって、草野球のチームにはいったといふ人だが、それでも声が室内的なわけだ——

作家は特別な目とともに並外れた耳も持っていることを知りました。四〇年以上大学で教鞭をとってきましたが、自分の声が果たして室内向きか、いまだに判りませんが。

やがて野茂英雄が海を渡り大リーグに挑戦、独特のフォーム—トルネード投法から繰り出される速球とフォークボールを武器に大リーガーをきりきり舞いさせ「野茂ブーム」が起こりました。野茂がノーヒット・ノーランを達成したゲームの再放送を解説するという幸運に恵まれました。一九九六年九月一七日のコロラド・ロッキーズ戦でした。結果が判っており、この試合は投手にとって最悪の状況だったので、逆に解説の材料は豊富だったのです。

コロラドのデンバーに位置するクアーズ・フィールドは「ヒッターズ・パラダイス（打者の天国）と呼ばれるバッターに有利、ピッチャーにとっては嫌な球場です。標高一六〇〇メートルの高地にあるため打球の飛距離が二割増しになるのです。例えば九〇メートルの平凡なレフトフライが一〇八メートルまで伸びて一〇五・五メートルのレフトフェンスを越えるホームランになるのです。

したがってこの球場でのゲームは乱打戦になることが多く、球場完成後の二年間で完封がわずか二試合という数字がはっきり投手不利を示しています。球場のみならず、この日の天気も最悪でした。雨のため試合開始が二時間遅れ、試合開始は現地時間二一時過ぎ、気温は五度という最悪のコンディションでした。

野茂は一回裏いきなり先頭打者を歩かせ、しかも盗塁まで許すスタートです。二回も四球で走者を出す、しかし四回ビッグプレーが飛び出しました。ランナー一塁において三遊間へのむずかしいゴロ、これをショートがセカンドに送りフォースアウト、ランナーがいなければ内野安打になったところでした。ドジャース打線は九点を叩き出し、ノーワインドアップ投法に変えて好投する野茂を援護、最後の打者は得意のフォークボールで打ち取り、遂にノーヒットノーラン達成。夜一二時を過ぎても残っていたファンが拍手で祝ってくれました。

残念だったのは、アメリカのメディアから「英語で一言」と言われたとき、野茂が「別にありません」と素っ気なく答えたことでした。「ベリー、ハッピー」とか、「ベストデイ・オブ・マイライフ」とか言ってくれよ、「サービス精神がなさすぎますね」と解説でも触れました。

思いがけず大リーグの始球式に〝登板〟

長い間、アメリカの野球とかかわってきましたが、最大の思い出は大リーグの試合で始球式をやったことです。日本人でも岸信介首相のように、前もってアメリカ側と打ち合わせ、ヤンキー・スタジアムで始球式をおこない、「スポーツを愛する日本の総理」といったイメージアップに利用するケースはありますが、小生の場合はまったくの偶然から生まれたものでした。

一九七五年、かつて日本プロ野球で活躍したアメリカ人選手を追って渡米しました。いままでは、日本プロ野球でプレーし、その良さを吸収して大リーグで活躍する選手もいますが、当時はほとんどいませんでした。数すくないプレーヤーのひとりがシアトル・マリナーズのマイク・ケキッチでした。日本ハムの投手陣の一角を担い二年プレーしたのち、マリナーズに復帰していたのです。シアトルに着いて電話でマリナーズ球団の広報担当に「ケキッチとのインタビュー」を依頼しました。イチローが入団してからマリナーズを訪れる日本のメディア関係者は増えましたが、当時は不人気球団を取材することはありませんでした。そうしたことで広報は簡単にＯＫを出してくれました。「試合開始二時間前に一番ゲートにきてください。彼と会わせましょう」といわれたのです。

約束の時間にいき、待つこと三〇分、なんの連絡もありません。時計を見ながらイライラしている姿を見たガードマンがやってきました。

「どうかしましたか」

「ケキッチとのインタビューの約束なのですが……」

ガードマンが事務所に連絡すると広報担当者が飛んできました。

「すみません。つい、うっかりして、ケキッチとは試合終了後に会わせますから……」

なんと忘れていたのです。こうして「お詫びのしるし」の始球式が実現することになりました。場内放送のアナウンサーが「あなたのお名前はどう発音しますか」と確かめます。ＩＫＥＩは「イッキー」とか「アイキー」と発音されることが多く、ＥとＫを合わせたＥＫと紹介してくださいとお願いしました。

「Today's first pitch will be given by Japanese Baseball Historian, Professor EK」のアナウンス。アメリカの始球式は日本と違ってマウンドからではなく、スタンドから投げます。草野球歴四十年、日本流にマウンドから投げればストライクだったのに、この点だけは残念でした。キャッチャーが受けたボールを「今日のゲームをお楽しみください」と渡してくれました。このボールは一生の宝です。

身近になった大リーグ

空前のバットコントロールによってヒットを量産、「レーザー・ビーム」といわれる強肩でランナーを刺す、俊足にものいわせての盗塁とホームラン全盛時代の大リーグ野球のなかで、「ベーブ・ルース以前」の打って、守って、走ってのベースボールの楽しさを再現したイチロー。名門ヤンキースがワールドシリーズを制した際MVPに輝いた松井秀喜。そして野球少年がそのまま大きくなり毎日プレーするのが楽しくてしょうがないといった雰囲気で投手としてマウンドに上がり、打席に入ると思いっきりバットを振り、走者になればすぐ次の塁を狙う大谷翔平の姿は野球ファンのみならず普段野球のあまり関心のない中年女性、いやかなり高齢の女性の心をとらえました。「あんな息子がいたら」、「あんな孫がいたら」と気持ちをいれて、部屋の掃除や片付けをしながらテレビの中継を楽しんでいる時代になったのです。

コロナの拡大、猛暑、安倍元首相の暗殺、終わりの見えぬウクライナ情勢……と暗いニュースの多かった二〇二二年の日本にとって、大谷翔平の活躍は明るい話題を提供してくれました。「ベーブ・ルース以来」といわれる投手として二桁勝利、打者として二桁ホームランの得難い二刀流選手の登場は、アメリカからベースボールが日本にもたらされてちょうど一五〇年、この記念すべき年に野球の神様がくれた「なによりのプレゼント」かもしれません。

二、早慶戦と東京六大学野球

早慶戦で起きた「リンゴ事件」

「知られざるエピソードを含め、慶應野球部の歴史を一年間連載していただけませんか」

こうした依頼が『三田評論』からあったのは、一九七五年のことでした。『三田評論』は「義塾と社中をつなぐ話題の広場」として定期購読者を含め、相当の発行部数を誇る月刊誌です。社中とは慶應義塾を構成する教職員、塾生（学生、生徒）、塾員（卒業生）らすべてを含む総称です。

最近は時代の要請にこたえて「日韓関係の展望」、「脳科学研究の最前線」、「デジタル教育の未来」、「日本の住環境、再考」、「国際秩序のゆくえ」など毎号特集記事、座談会が掲載され、単に母校の消息を伝えるものとは、一味も二味も違った内容の濃いものになっています。

しかし、塾員にとってなつかしいのは、やはり早慶戦をはじめとする野球部の思い出です。初対面でお互い慶應の卒業生と知ると、「完全試合をやった渡辺泰輔と同期ですか。立教を相手に最後の打者を三振で打ち取った瞬間はいまでも覚えてますよ」、「早慶六連戦、試合が終わるともう翌日にそなえて、神宮球場の外で並んで徹夜しました。若かったからやれたんですね」など、野球が話題の中心になり、あっという間に親しくなります。

さて慶應野球部の歴史については、『三田文学』編集責任者を務め、雑誌『新文明』に慶應ビイキの東京六大学野球観戦記「和木節」を連載していた和木清三郎氏を中心とするメンバーが数年かけて資料や写真を集め、古いOBの座談会、トラブルとなった事件の当事者や優勝した時の監督、キャプテンの「思い出」などで構成された極めて信頼できる『慶應義塾野球部史』（一九六〇年刊）があります。しかし、試合をめぐる記述はあっても、それにまつわるエピソードは当然のことながら、あまり紹介されていません。

そこで、記録を丹念に読み、当時の新聞、雑誌に当たり、関係者の方々を訪ねお話を伺い、時代を再現しようと試みました。例えば、昭和八年秋の早慶戦で起きた「リンゴ事件」です。ご健在だった当事者、水原茂さんはこう語ってくれました。

「いまなら、審判がタイムを掛けて場内整備員が片付けるところですよ」

九回表、三塁の守備についた水原の足元に早稲田側のスタンドから投げ込まれた食べかけのリンゴ、ナシがコロコロと転がっています。小石ひとつあっても気になるグラウンド、水原はスタンドの方向へポイポイと投げ捨てます。ひょっと見ると、早稲田の応援席の一人が立ち上がって自分めがけて何かを投げようとしているのが目に入りました。まだ若かった水原はカッときます。目の前にあったリンゴとおぼしき塊を持つとテニスのバックハンドの要領で投げ返しました。これが最前列の早大生の顔に当たったと早稲田側はいいます。

大きな事件が起こるには必ず伏線があります。乾燥した空気のなかに枯れ葉の山があれば、マッチ一本の火で大火事になります。

前年に文部省が出した野球統制令の規定により、この年すなわち昭和八年の東京六大学リーグ戦は一シーズン制、春一回、秋二回の年間通じて三回総当たりで勝敗を決めるという変則的な方法でおこなわれました。春の早慶一回戦は慶應の勝利、秋の二回戦は早稲田の勝ち、この日の三回戦こそまさに雌雄を決する戦いだったのです。両校選手と応援団がまなじりを決して臨んだのも当然です。

早大先攻で開始された第三戦は、追いつ追われつのシーソーゲームになりました。八回を終えて早稲田8―7慶應、しかも試合中審判の判定をめぐって二回もトラブルがあり波乱が予感されました。

九回表、早稲田、先頭打者を塁に出すが得点ならず。いよいよ慶應最後の攻撃です。先頭打者センター前にテキサスヒット、続く打者は送りバントをせず打って出て一塁ランナーは一挙三塁を奪います。タイムをかけずショート、セカンドが投手に駆け寄ったすきに一塁走者が二塁を奪います。このチャンスに次打者が左中間に痛打、二人のランナーが帰って劇的な逆転サヨナラ勝ち。手の舞い、足の踏むところを知らない慶應ベンチと応援席。

このとき負けた早稲田の応援団席から羽織、袴にステッキを持った学生数名がバラバラとグラウンドに飛び降りると、必死に止める早大応援団員を振り切って「水原、謝れ!」と叫びながら慶應ベンチに殺到してきました。この時代の軍国主義化、右傾化の風潮は学生にも及び、ひげを蓄え、和服姿に木刀を携えて市中をかっ歩する大学生もめずらしくなかった時代です。

危険を感じた慶應ナインは更衣室に通じる地下道に身を避け、迎えの車で合宿に引き揚げました。一方、憤懣やるかたない数名の学生とそのあとにつづいた一部学生は慶應応援団席に乗り込み、慶應応援団の柳井団長の持っていた指揮棒を奪いました。あっという間の出来事でした。塾長から授かった指揮棒を奪われ激昂する慶應、一触即発の状態のなか、駆け付けた四谷警察署の警官隊がなかに割って入り、ようやく事態は収まりました。

早慶の小競り合いは、球場外でも展開されます。銀座に繰り出し、ビアホールやカフェで逆転勝利に凱歌を挙げる慶大生と、「都の西北」を高唱しながらやってきた早大生とあちこちで乱闘騒ぎが発生、警察に検束された両校学生は六〇名におよびました。

では、問題の指揮棒を奪ったのは誰だったのか。〝犯人〟は、当日早稲田が招待していた東都大学の所属の某大学応援部の部員でした。指揮棒は奪ったものの、長いのでそのままでは球場から外へ持ち出せません。三つに折って羽織の下に入れ秘かに持ち出したのでした。その後指揮棒はどうなったのか。なんと〝犯人〟とともに満州に渡ったのでした。終戦による引き上げの折、鷲がついた上部三分の一のみ日本に持ち帰ってきました。

「いつかは慶應に返さなければならない」
「いや不名誉なことだからいまさら受け取れない」

両校ＯＢの間で折衝がつづいた末、ＮＨＫのテレビ番組「スポット・ライト」の時間に「返還式」がおこなわれました。題して「折れた指揮棒」。慶應側から水原と当時の応援部幹部、早稲田側から応援部ＯＢの川崎秀二代議士が出席し、三九年振りに「奪われた指揮棒」が慶應に戻ったのです。

「リンゴ事件」にまつわる話はまだ続きます。昭和五〇年三月三〇日、プロ野球ＯＢの東西対抗戦がおこなわれました。東軍監督水原茂、西軍監督鶴岡一人です。九回裏「ミズさん、守れ、守れ」の観衆の声とベンチの後押しでサードの守備についた水原にスタンドから一口かじった真っ赤なリンゴが投げ込まれたのです。ニヤッと笑った水原はこれをつかむとフワッと投げ返しました。オールド・ファンの粋なはからいでした。

シベリアの捕虜収容所で早慶戦

いろいろ調べているうちに、思いがけないテーマに出会いました。なんとシベリアの捕虜収容所で早慶戦がおこなわれたというのです。

「今日も暮れ行く異国の丘に、友よ辛かろ切なかろ」

戦後、ソ連から復員した一兵士がＮＨＫのど自慢で歌ったこの哀調を帯びたメロディは電波に載って全国に流行し、国内復興に夢中だった国民に改めて極寒の地に抑留されている同胞への関心を呼び起こしました。

一九四五年八月八日、日ソ中立条約を一方的に破棄してソ連は、九日早暁からソ満国境を越えて怒涛のように進撃を開始しました。ソ満国境と同時にソ連軍は朝鮮国境を越え、また樺太、千島を南下して弱体化した日本軍を蹴散らしていきました。

八月一五日、ポツダム宣言受諾、終戦。この時点で満州、朝鮮、樺太、千島などにいた日本軍人と一般邦人は約二七二万六〇〇〇名でした。そのうち約五七万五〇〇〇名がシベリア、中央アジアなどに移送され、収容所に拘置されて建設、雑役などの労役に従事させられました。飢えと寒さのなか、日本人捕虜のなかには帰国がかなう前に命を落とすものも少なくありませんでした。

しかし、否応なく強制労働を科せられた一般兵に比べ、将校にはいささか救いがありました。一九二九年の捕虜条約の規定「抑留国は、健康な捕虜は労働に使役することができるが、下士官は監督者の仕事だけ要求でき、将校には労働を強制できない」によって、多少自分の時間が持てたからです。

ウラルを越えてはるかヴォルガ河の支流カマ河に沿った辺鄙な田舎町エラブカの収容所は将校専用で、次々に送られてくる捕虜によって一万名に達しました。暗い収容所生活の楽しみといえば、手製の囲碁、将棋、さらにソ連から「亡国遊戯」として禁止されていた麻雀を、白樺で作ったパイで秘かにおこなうことでした。

知的要求もありましたが、図書が限られ、学問的な研究会はイデオロギー的制約があり、アカデミックな側面と趣味的側面の兼ね合いが難しく、捕虜の大部分は演芸中隊による肩のこらない素人芝居に関心を寄せたのです。「国定忠治」「婦系図」から、拓大ＯＢの脚本家が書き下ろした「早慶相闘うの日」と題する野球と恋をからませた現代劇まで、名優、名女形の熱演に酔いしれたのでした。

一九四七年の正月が過ぎ、収容所にも春が訪れます。氷がとけ、雪が消えて白樺の芽が青く吹き出すと誰言うとなくこんな声が起こってきました。

「おい、スポーツをやろう。もうじっとしてはおれん」

「野球をやろうか」

将校専用の一万名の大収容所です。早慶出身者だけでも三〇〇名近くいます。呼びかけてみると、早稲田からは、マウンド上で腕を逆にぐるぐる回して打者を幻惑し「逆モーション事件」で有名になった往年の左腕投手谷口五郎など野球部ＯＢ四人と、何人かの運動部出身者が名乗り出ました。慶應には、「学徒出陣を送る最後の早慶戦」当時の主将阪井盛一はじめ野球部、ラグビー部、柔道部などの元体育会、クラブチームでの野球経験者などがいることが判明しました。

人数は揃うことが判りました。用具をどうするか。作ればいい。手分けして用具作りがはじまりました。ボールは丸い小石にボロキレを巻き付け、糸でグルグルと縛ります。「このくらいの大きさがいいでしょう」、投手経験のながい谷口が持ってみてＯＫが出ると、外套、防寒長靴の内側の皮をはぎ取って丈夫な糸で縫い合わせます。こうして三個のボールが出来上がりました。「少々いびつだが、かえって変化球が投げられて面白かったですよ」と谷口さんは言います。バットは白樺の木でつくります。握りの部分を削りなんとかバットらしい恰好がつきました。グラブは、満州で使っていた防寒大手套、あるいは毛布を利用します。九個は間に合わず、外野は素手で守ることになりました。

次の問題は、ソ連側の許可をとることでした。野球を知らないロシア人にどう説明するのか。「自分がやりましょう」、東大出の若い主計中尉は引き受けてくれました。この中尉は給与主任として毎日ロシア側と接触していたので、収容所長の許可をとりつけるに最適の交渉役でした。

「収容所の広場での試合でしたが、狭くて木や花壇があったり、やたらにグラウンド・ルールが細かくてね。ロシア側もルールが判らないながら結構楽しんでいましたよ」

のちに衆議院議員となる相沢中尉というより、映画スター司葉子と結婚し話題となった相沢英之氏は電話での問い合わせに丁寧に答えてくれました。

早慶戦となれば、応援の旗と応援歌がいります。早稲田側はえび茶の毛布を用意し、包帯でWを縫い付けた旗をつくりました。となれば慶應は三色旗で対抗しなければなりません。貴重なシーツを一枚供出して考えます。赤の部分は紅ガラで塗り、青の部分は傷の手当につける赤チンならぬ青チンで間に合わせ、急ごしらえの三色旗が出来上がりました。

演芸中隊の楽団により、ブラスバンドまがいのものもでき、「若き血」、「都の西北」を歌う準備も整いました。主審は佐賀中学時代甲子園出場の経験もある東大野球部OB、早稲田は谷口投手の先発、往年の大投手も四六歳の年齢には勝てず、「コントロールはまあまあだったが、スピードがなく」慶應の元神宮組に打ち込まれ、5—3で慶應の勝利となりました。

娯楽に乏しい収容所の早慶戦とあって、大多数の収容者が観戦したことはいうまでもありません。一塁側、三塁側、さらに広場が見下せる建物の窓にまで鈴なりになって、一投一打に歓声をあげたのでした。この試合を境に、収容所の空気はすっかり明るくなりました。しかし、早慶戦で日本捕虜の気勢が上がったことをロシア側は必ずしも快く思わなかったのです。

「野球はいやになるほどやってきましたが、あのゲームだけは忘れられません」

谷口は本当になつかしそうな顔で語ってくれました。

収容所にも、日本で東京六大学野球と職業野球が復活したとのニュースがもたらされました。

復員した阪井盛一が慶應野球部の監督に就任したのは昭和二四年のことでした。

六試合かけて優勝が決まった早慶戦

早慶戦史上、両校が優勝を賭けて戦った同率による優勝決定戦、さらに日没引き分けによる再試合と「歴史に残る六連戦」（昭和三六年秋）も、調べるといろいろな「秘話」がでてきました。

第三戦が終わった夜、明日に備え早めに床に就こうとしていた慶應の山本野球部長の自宅に野球部のマネージャーから緊急電話が入りました。

「部長、大変なことが起きました。すぐおいでください」

何事かと、世田谷の自宅から日吉の合宿所に車を飛ばすと、選手が神宮で死闘を繰り返している時、合宿所に空き巣が入り、前日の切符の売り上げ約一〇〇万円の現金が手提げ金庫ごとそっくり盗まれたというのです。泥棒はトイレの窓からまっすぐにマネージャー室に入り、戸棚をこわし金庫を持ち去ったのです。選手さえよく知らない金庫の保管場所に直接いったことから、内部事情に詳しいものの犯行と思われました。なぜ多額の現金を誰もいない合宿に残したのか。マネージャーは朝から神宮に詰め、試合終了後合宿に戻ると銀行に預ける時間はありません。しかも優勝のかかった早慶戦とあって、普段なら必ず残しておく留守番も、この日に限って球場に出かけ、合宿は無人だったのです。試合が明日もあるからと警察も取り調べを早めに切り上げて帰っていきましたが、その夜選手たちは予期せぬ盗難事件の発生になかなか寝付けなかったのでした。

早稲田二勝、慶應一勝で同率となり、優勝決定戦に持ち込まれることになりました。頭を抱えたのは応援部です。早慶戦にはとんがり帽子など応援器具は欠かせません。三試合で応援器具がなくなってしまったのです。「なにもなしで応援できるか」、そこで考えたのが、大量の赤とブルーの模造紙を買ってきて裁断し、ホチキスで止めてトルコ帽を作るというアイデアです。部員が徹夜でガチャンガチャンとホチキスで止めはじめましたが、内外野の応援団席にはいる塾生のため数千は用意しなければなりません。休む時間もなくホチキスを押しつづける部員の手がはれ上がってきました。神宮球場の外で明日の試合にため待っている塾生に呼びかけます。

「明日は真っ先に一番いい席にいれるからトルコ帽作りを手伝ってくれないか」

こうして、一般学生の協力も得て、なんとかトルコ帽は人数分作ることができたのでした。

なお早慶六連戦は、神宮球場にはじめてチアリーダーが登場したことでも話題になりました。慶應のリーダーが慶應女子高にバトンを操る二年生がいると聞いて、「隠し玉」として早慶第一戦の前に三塁側ベンチ上の舞台に上げ、パフォーマンスを披露させたのです。はじめての大舞台にあがってバトンを落とすことも一、二回、そのたびに早稲田側はワアワアと野次ります。この女子高生、高山藍子さんは慶應の大学に進学せず渡米、アメリカで

慶應と早稲田の教え子、
青山さん、袁さんと神宮球場で

バトントワリングをじっくり学んで帰国、「高山アイコバトン・スタジオ」を設立、日本におけるその道の先駆者的存在となったのです。

こうした隠れたエピソードを発掘して連載した「慶應野球外史」は好評でした。なかには『三田評論』が届くとまっさきに「外史を読むよ」と言ってくれる卒業生もいて嬉しいかぎりでした。できれば書き足して本にしたいと思った矢先、ベースボールマガジン社から出版の話がきたのです。書き足すとともに、戦前の六大学野球に詳しい作家の井上友一郎さん、映画評論家の津村秀夫さん、毎日新聞運動部副部長の松尾俊治さん、女性野球評論家の坂口喜美子さんに集まっていただき「東京六大学外史座談会」を開催、巻末につけることとしました。

戦前と戦後のベストナインの選出ともなると、白熱した議論となりました。

『東京六大学野球外史—慶應義塾大学野球部にみる学生野球の真髄』としてベースボールマガジン社から刊行されたのは、一九七七年一二月のことでした。年が明けての翌年一月、福澤先生ゆかりの銀座の交詢社において出版記念会が開かれ、水原さん以下なつかしい顔がこの本をきっかけに集まり祝ってもらったのは一生の思い出です。

慶應の応援指導部長を務める

各大学には応援団があります。応援団というと学ラン姿で「オッス！　オッス！」を連発する硬派の学生の集団を連想します。

慶應は応援団でなく、応援指導部といいます。神宮球場でおこなわれる東京六大学リーグ戦をはじめ、来てくれる塾生の応援を指導する、手助けする意味を込めて名付けられたのです。応援指導部は、学生服で「かっとばせ！」と指揮を執るリーダー部、応援歌の伴奏やチャンスに演奏して盛り上げるブラスバンド部、そして華やかなチアリーディング部の三つのパートから成り立っています。

この応援指導部の部長を引き受けたのは一九八七年四月のことでした。就任してすぐ開始されたのが六大学春のリーグ戦です。かっては甲子園を沸かせたスターが、早慶はじめ「今度は神宮でやりたい」と続々と東京六大学の門を叩き、スポーツ紙でない一般紙も金曜日には「今週末のリーグ戦の予想」が載るほどでしたが、近年は甲子園球児が直接プロにいったり、地方大学を選ぶケースも多く、神宮が満員になることはほとんどありません。

したがって応援部員は塾生に呼びかけることから始めます。慶明戦の前にキャンパスに立て看板を立てます。

「慶明戦の応援に神宮へいこう。野球は慶應、チョコレートは明治！」

東大戦となると試合開始前にリーダーが応援席の塾生に呼びかけます。

「本日の相手は東京大学である。東大に負けていいのは偏差値だけである！」

これまでの最高は、東大が創部以来積み重ねたリーグ戦の勝利が一九九、あと一つ勝てば二〇〇勝となるところでなんと七〇連敗、立教を下し二〇〇勝をあげた翌週、慶東戦での慶應のリーダーのアジ演説です。

「先週、東大は立教に勝って待望の二〇〇勝をあげた。だが川端康成はなんと言ったか知っているか。〝連敗の長いトンネルを抜けると、そこは再びトンネルであった〟。連敗の新たな記録に協力しよう！」
川端文学の名作「雪国」の冒頭を活用してのパロディ。「座布団三枚」の傑作です。

さて、部長を引き受けて春のリーグ戦の開幕戦にいきます。背広にＫＯＭ（応援部三田会）のネクタイを締め、学生応援団席の最前列の席に座ります。目の前でリーダーが叫び、チアリーダーが踊り、すぐ横でブラスバンドが演奏する「特等席」です。初戦の立教戦は敗退、しかし一勝一敗で迎えた立教に勝つと、以後七連勝。明治に二勝一引き分けで勝ち点四、早慶戦を待たずして優勝が決まりました。だが楽な展開ではありませんでした。

投手陣は、福島高校から二浪までして入った右の快速球の鈴木哲、桐蔭学園から高校長推薦で入学したコントロール抜群の左腕志村亮の二枚看板、四番に三冠王を獲得したこともある大森剛

東京六大学野球優勝パレード　後ろの車中央に応援指導部長として乗車
先頭車両には高橋由伸主将と鳥居塾長・丸山野球部長

（高松商業）を中心に好打者が揃っていましたが、合宿に風疹が蔓延し、エース鈴木、主将の猿田などレギュラーがつぎつぎ感染するアクシデントに見舞われたのです。

慶明二回戦は延長一二回引き分けの試合を志村が完投、翌日も六回途中からリリーフするなど獅子奮迅の活躍で、投手として六連勝、鈴木の穴を埋めたのです。早慶戦に勝たなければ優勝しても喜べません。

満を持して臨んだ早慶一回戦、チャンスは作りながらなかなか得点の結びつかず2対1で敗北。第二戦を風疹が回復した鈴木が早稲田打線を完封、第三戦は慶應打線が爆発、早慶戦史上最多の二三安打を早稲田の繰り出す五人の投手に浴びせ、13対1で圧勝、歓喜の応援団が見守るなか猿田主将が天皇杯を受け取ったのでした。

早慶戦に勝ったときのみ歌う「丘の上」の大合唱、そして神宮絵画館前を出発した優勝パレードは青山通り、六本木、一ノ橋を経て三田のキャンパスへ。塾旗を先頭にブラスバンド、約一万人の塾生が提灯を片手に「若き血」を高唱しながら三キロを歩きます。オープンカーの一号車は石川塾長と斎藤野球部長、応援指導部長の私は二号車に乗り込みました。ゼミ生は先回りして各地に出没し、芸能人さながらの追っかけをやってくれました。

一九八七年六月一日夜、慶應の三田キャンパスは異常な熱気に包まれていました。優勝を決めた野球部一行のパレードが帰ってきたのです。一般塾生はもちろん、卒業生、地元三田商店街のひとびとの嬉しそうな顔も見えます。

「では応援指導部の池井部長のご挨拶をいただきます」

大銀杏前にあつまったひとびとから大きな拍手が起こります。

野球部優勝「塾生注目！」（撮影／畦田藤治）

「塾生注目！」

「ナンダ」

「一度これがやってみたかった。もう一度いくぞ、塾生注目！」

「ナンダ」

「私はこの四月から応援指導部の部長を引き受けた」

「ソウダ」

「前の部長はなんと言って私を口説いたか」

「野球部が優勝したらオープンカーに乗れるぞといって口説いた」

「ソウダ」

「だが、私は容易にそれを信じようとはしなかった。なぜか」

「ナゼダ」

「前の部長はオープンカーに乗るまでに八年かかったからだ」

「ソウダ」

「ところが、なんと私は就任して二ヵ月でオープンカーに乗ってしまったのである！　気分は最高である。秋もまた乗せてくれ。応援ありがとう！」

大きな笑い声と拍手のなか、ステージを降りました。

その後、部長在任中オープンカーに乗ってパレードすること五回、早慶両校の部員が某大学応援団の団員の暴行を受け、その対処に追われるという不愉快なこともありましたが、一九八九年にはバトン部（後にチアリーディング部に名称を変更）が二〇チーム参加の全日本チア選手権に優勝、スポーツをこよなく愛した故小泉信三元塾長を記念して設定された小泉体育奨励賞を受章するなど思い出に残る一二年間でした。

三　プロ野球への熱い思い

西武ライオンズ「裏金」問題とは

「今回の問題について調査委員会を発足させますが、委員を引き受けていただけますか」

西武ライオンズ球団から電話があったのは、二〇〇七年三月のことでした。ライオンズは「野球協約」で禁止されている「裏金」を何人かのアマチュア選手にドラフト会議以前から「栄養費」の名目で渡していたのが発覚し、調査のための第三者委員会が設けられ、その一員に就任して欲しいとの要請があったのです。

慶應の現役教授だったら絶対引き受けませんでしたが、時間的にも多少余裕があり、長年にわたって好きだった野球―プロ野球の世界が混乱していることに危惧を覚えていたこともあって引き受けることにしました。

いわゆる「西武ライオンズ裏金問題」は、球団をリストラされたスカウトの内部告発によって表面化しました。このリストラは一九七九年以来つづいた堤義明オーナーの独裁体制と球団経営、特に選手獲得に辣腕を振るった根本陸夫氏の遺産ともいうべき「根本イズム」の終焉を象徴するものです。二〇〇四年、堤オーナーが西武鉄道の粉飾決算の責任をとって辞任し、後藤高志オーナーになると堤体制の一掃を目指し、旧体制の整理を目指しました。そのひとつがスカウトのリストラでした。スカウトの一人はこれまでの「球団への貢献」に対する配慮が薄い―生活に十分な退職金、次の就職先の世話など―と、朝日新聞に資料を提示して内部告発をおこなったのです。

朝日新聞の記者から事実確認の取材を受け驚いたライオンズ球団は、先手を打つ形で共同記者会見を開き、金銭提供の事実を公表したのです。早稲田大学の清水勝仁、東京ガスの木村雄太の二人にかなり長期にわたって栄養補給費を渡していたことを認めました。この二人も金銭を受領した事実を認め、球界と世間の関心は一気に高まりました。

裏金問題発生の根源は「日本型ドラフト制度」にあります。ドラフト制度は一九三五年にアメリカンフットボール、NFLで誕生しました。当時のNFLはニューヨーク・ジャイアンツとグリーンベイ・バッカーズの二強時代でした。そうした状況のなかでフィラデルフィア・イーグルスのオーナー、バート・ベルが「共存共栄のためにプロでプレーしたい高校、大学の選手をプールして弱い球団から順に指名し、戦力を均等化させればリーグ全体がもりあがるのではないか」と提案しました。当時のプロ・フットボールはカレッジ・フットボールに人気の面で押され、経営面でも大きな収入は見込めませんでした。ベルの提案を実行に移した結果、戦力が徐々に均衡化し、どのチームも優勝する可能性があり、白熱した試合が展開されるようになりました。ドラフト制導入前の一九三四年に五〇万人だったNFLの総入場者数は、一九三八年に二倍の一〇〇万人、一九七一年には一〇〇〇万人を超えました。

当初、大リーグは「われわれには養成機関であるマイナー・リーグが充実しており、高校、大学の選手をプールして分配する必要はない」との態度をとっていました。しかし、①ニューヨーク・ヤンキースの圧倒的強さ、②テレビの普及により大リーグの高度のプレーが見られることによる地方都市のマイナー・リーグチームの衰退、③新人選手の契約金の高騰、④フットボール、バスケットボール、アイスホッケーなど他のプロスポーツの人気上昇という背景もあり、大リーグは変革を迫られていました。

都市対抗、地域対抗的色彩の濃い大リーグにおいて、ニューヨークのチームだけが強いという状況は地域間の不均衡を生み出し、自由競争による契約金の高騰は球団経営を不健全にしていきました。マイナー球団は一九四九年の四六〇から一九六五年には一二一にまで減少し、優秀な選手の数も減り、質も低下してきました。さらに、バスケット、フットボールなど他のプロスポーツを選択する高校、大学の優れたアスリートも増えてきました。こうして、一九六五年大リーグにドラフト制度が導入されたのです。

大リーグのこの措置にヒントを得て、日本でもドラフト制度を導入しようと提案したのは西鉄ライオンズの西亦次郎代表でした。その背景には、日本プロ野球界のいびつな収益構造がありました。一九六四年の一二球団の売り上げは三二億円でしたが、巨人＝三三％、阪神＝一二％、中日＝一〇％と、セリーグ三球団が全体の五五％を占め、残りの四五％を九球団で分け合っていたのです。西鉄の場合、収入が二億七〇〇〇万円、支出が三億五〇〇〇万円、しかも人件費が二億円という赤字経営でした。

西代表の努力もあり、紆余曲折の結果、一九六五年にドラフトが実施されました。いかにも日本的だったのは「くじびき」にしたことです。くじ引きとはいえ、何年か経つと一応の成果はありました。巨人のV10を阻止した一九七九年の中日優勝、翌一九八〇年の広島の初優勝もドラフトの結果です。巨人や在京セリーグ球団を優先する選手が散らばったからでした。パリーグ球団が日本シリーズでセリーグの覇者を倒す時代もきました。特に西武ライオンズは一九九〇年から一〇年間で七回優勝、日本チャンピオン三回と、強豪に変身しました。

アメリカでは高校や大学の選手ですぐ大リーグを舞台に活躍できる人材はまずいませんが、日本では甲子園のヒーロー、神宮のスターなど人気と実力を兼ね備えた逸材がでてきます。そうなると数球団の指名が重なり、本人の意思や希望に反し「くじ」で一生の運命が決まるケースが出てきます。そうしたなかで発生したのが「江川事件」でした。

高校時代から〝怪物〟といわれ、法政大学でも東京六大学野球史上二位の四七勝をあげた江川卓は巨人志望でした。しかし、ドラフトで指名し交渉権を獲得したのはクラウンライター・ライオンズ（現西武ライオンズ）でした。江川は入団を拒否、渡米して翌年に備えましたが、交渉権が翌年のドラフト会議の前日に切れる「空白の一日」を利用して、巨人は江川と「電撃契約」しました。この契約は認められず、巨人欠席のドラフト会議で江川を指名した阪神は、金子コミッショナーの「強い要望」によって、江川は阪神と一旦契約し、巨人小林繁とのトレードで巨人入りを果たしたのです。日本プロ野球に汚点を残した「江川事件」です。

確かに「くじ引き」でその選手の生涯に及ぶ生活が左右される、それなら何年かプレーしたら希望するチームに移籍できる仕組みを導入しようと、小生も検討委員会のメンバーとなって作成したのがＦＡ制度でした。一九七三年のことです。しかし、その直後「巨人の強い要望」によって逆指名制度が導入されました。ドラフト前に、選手が「××球団を指名させていただきます」と宣言し、他球団の指名をあきらめさせるという仕組みです。となれば、スカウトは早くから目を付けた選手に接触し、「うちを逆指名してくれるよね」と「栄養費」を渡し、家族や指導した監督に接触して顔を売るのは当然の成り行きです。これが表面化したのです。

調査委員会の委員長に就く

さて、調査委員会のメンバーはどうなるのか。選ばれたのは、小生の他、元東京地方検察庁特捜部検事でのぞみ総合法律事務所の矢田次男弁護士、元毎日新聞記者でジャーナリストの嶌信彦さん、『気が付けば騎手の女房』で有名になったノンフィクション作家の吉永みち子さんの四人でした。同じ吉永でも西武ファンの小百合さんでなくて残念でした。

はじめての会合は三月十四日、西武系の赤坂プリンスホテルで顔合わせ、球団による不正行為の有無の調査と原因の分析、再発防止への提言をおこなうことを目的とし、三つの点を確認しました。

①西武球団の弁明に利用されることはやらない
②調査に対する球団側の全面的協力を要請する
③調査に透明性を持たせるため過程を公表する

四人の役割は、矢田さんが資料の調査と関係者へのインタビュー、嶌さんと吉永さんはメディアへの対応、小生が委員長としてまとめるということになりました。一委員として参加するつもりだったのですが、「最年長なので委員長をお願いします」と、半ばだまされた形での就任でした。

初会合が終わり、帰ろうとすると担当者が言いました。

「メディアがかぎつけてホテルの表玄関に数人、裏玄関にも二、三人来ていますが、どうしますか」

「集まって方針を決めたばかりなのでこちらから話すことはなにもないですよ、どこか別の出口はありませんか」

「厨房の脇に材料の搬入の入り口があるので、車をそこへ回しましょう」

こうしてメディアから逃れたのですが、不倫が発覚して逃げまわるタレントの気持ちが判ったような気がしました。驚いたのは、用意してくれたハイヤーで自宅に戻るとなんと家の前に朝日新聞が出している『アエラ』の女性記者が待っていたことです。「慶應の政治学科の出身です」と名乗り名刺を出しましたが、いくら後輩でもこの段階で話すことなどありません。夜になって『東京スポーツ』が自宅にやってきました。「東スポ」はスポーツ新聞唯一の夕刊紙で、プロレスなど朝刊のスポーツ紙がとりあげないトピックを真偽織り交ぜての「よた記事」を売り物にしていました。信用できるのは日付だけといわれるこの新聞になにを書かれるか怖いので、「今日は打ち合わせだけで話すことは何もありません」と追い払いました。

さて、調査の方法ですが、①資料の精査と検討、②ヒアリング、③書面による質問をおこなうことにしました。調査は矢田弁護士が所属するのぞみ総合法律事務所が当たりました。ジャニーズ事務所、吉本興業などの顧問弁護士として、こうした「プロの世界」に精通しているメンバーに任せるのがベストの方策でした。会計帳簿、取締役会議事録、スカウト関係書類など段ボール一〇〇箱に及ぶ資料が残されていました。ヒアリングはスカウト、関係者など二一名―三一回、有識者一七名、スポーツ記者・雑誌編集者九名に対しておこない、書面による質問は二〇〇四年以後の西武入団選手一九名が応じることになりました。

週一回の会合をへて、中間報告をおこなったのは四月四日のことでした。東京プリンスホテルの会場に入ると、新聞社、通信社の記者とカメラマン数十人が待ち構えていました。四人の委員の着席をまってバチャバチャとカメラのシャッターが一斉に切られ、フラッシュがたかれます。テレビでみるプロ野球選手の入団発表、芸能人の釈明会見のあの光景です。

「一九七八年の球団創設から二〇〇五年のプロ野球一二球団の倫理行動宣言前までの二七年間に、高校、大学、社会人野球の監督ら関係者延べ一七〇人に選手獲得の謝礼として一人当たり一〇万から三〇〇〇万円の現金や商品券を渡していました。球団として年間約五〇〇〇万円程度支払いました、一〇〇〇万円を渡したケースも一回ありました……」

報告書を読み上げると、ここまで具体的数字が出るとは予想していなかった記者団からどよめきが起こりました。担当スカウトが調査委員会に対し、「このような行為は他球団でもやっているのではないか。他球団に後れをとるわけにはいかない」と発言したことも紹介しました。西武ライオンズ球団だけの問題ではなく、日本プロ野球界全体の問題だということです。驚いたのは翌日の日刊スポーツ一面でした。委員長としてもらっていた報告書の余白に「高76、大

30、社41、その他23」と書いた走り書きをしっかり写真にとり掲載していたことです。一七〇人の内訳の数字です。ステージの上にいた委員長の後ろに回らなければ絶対に撮れない写真をどのようにした撮影したか、いまでも謎です。

迷惑したのは、週刊誌の記者が事前の連絡もなく突然自宅に取材にやってきたことでした。しかも夜一〇時過ぎに平気で玄関のドアの呼び鈴を「ピンポーン」と押すのです。「調査の経過は共同記者会見で明らかにしているので特にお話しすることはありません」と断っても「週刊誌は記者会見には出られないので……」と、なんとか話を引き出そうとします。

週刊誌の怖いところは、こちらが背景を含め丁寧に説明しても、見出しになる、話題になる部分だけを「つまみ食い」して取り上げる点です。例えば松井秀喜が大リーグ入りを決断した際、某週刊誌の取材に対し「大リーグ特有のホームプレート近くで変化するボールと西海岸と東海岸で三時間ある時差、一二連戦などの過酷なスケジュールに慣れれば、三割、三〇ホーマーも可能でしょう」と丁寧に説明しても。記事になると「松井―三割、三〇ホーマー可能」（池井慶大名誉教授談）となるのです。

スポーツ紙の一面に顔写真！
（『スポーツニッポン』2007年4月5日）

記者会見で前の席に座り、積極的に質問したのは朝日新聞の西村欣也記者でした。中間報告が発表された翌日、次のように書きました。

「調査委員会は違反者の実名をつかみながら、公表しないという。社会的な制裁を受けた清水、木村の二選手との不公平感は否めない。悪習を断つにはすべてを公表するべきだろう」

最終報告書の発表と結果

最終報告書をマスメディアの前に発表したのは、四月二五日のことでした。

調査の結果は

①不正行為の有無及び内容については、公表された早大清水、東京ガス木村両選手以外にも金銭の支給があったこと、高校、大学、社会人野球の監督その他関係者に対し、選手を入団させた謝礼として年間合計約五〇〇〇万円程度を支払っていたこと

②関係選手、選手関係者及び学校等の氏名ないし名称は公表しない

③現経営陣の不正行為に対する認識の欠如

④西武ライオンズ球団におけるコンプライアンスの問題点

⑤西武ライオンズ球団の再発防止に向けた提言

そして委員長として、最終報告書を三三分かかって読み上げ、「今、日本社会に蔓延しているのがモラルの欠如です。いかに立派な憲章を作ろうと、それを守ろうとするモラルが欠如している限り、改善されません。その第一歩となれば、我々の役割は果たせたのではないかと思

います」と結びました。

中間報告で名前を公表しなかったので、今回も具体的名前がでることは期待していなかったと思いますが、問題は西武ライオンズをはじめとするプロ野球から、高校野球の「特待生」問題に飛び火したことでした。野球の強豪校が甲子園出場目指して有力選手を入部させる手段として学費、合宿費免除の「特待生」制度があることが発覚したのです。これこそ「学生野球憲章」違反です。もし、「特待生制度」を採用している高校名を明らかにしたら、「汗と泥と涙」の夏の甲子園大会も、「春は選抜から」の選抜高校野球大会も開けません。

それまで「関係者すべての氏名を公表すべきだ」と主張してきた朝日新聞の論調も、甲子園の高校野球に影響するとあってトーンダウンしてきました。

調査報告の結果、①西武ライオンズ球団が球団人事の刷新をおこない、今後こうしたことが起こらないよう「コンプライアンス室」を発足させること、②コミッショナーからペナルティとして西武球団に対し罰金三〇〇〇万円を課し、翌年のドラフトにおける指名権を剥奪することが公表されました。そして「裏金」を生む原因となっていた希望球団枠＝逆指名はこの年のドラフトから廃止されることになりました。

スポーツ新聞の一面に顔がカラー写真で出たのには驚きました。

「スポーツ新聞一面に顔が出るのは、スポーツ選手と芸能人以外にはオウム真理教の麻原彰晃と先生以外ありませんよ」

教え子がにやにやしながら言ったのを思いだします。

逆指名が廃止されたため、指名が重なった場合は抽選となりましたが、いい選手が各チームに散らばり、特にかって不人気だったパリーグ球団に、ダルビッシュ有、田中将大、大谷翔平などが入団し、どの球団にも優勝のチャンスがでてきたこと、さらに、北は北海道の札幌（日本ハム）、東北の仙台（楽天）、埼玉（西武）、東京（巨人、ヤクルト）、横浜（ベイスターズ）、名古屋（中日）、大阪（阪神、オリックス）、広島（カープ）、九州（ソフトバンク）と、地域代表の色彩が濃くなり、特定の球団に人気が集中することがなくなったことから、「指名されれば十二球団どこでもＯＫです」とほとんどの選手がいうようになったのは、日本プロ野球の活性化のためにも良かったと思います。

古関裕而を野球の殿堂へ

東京ドームの21番ゲートの脇に野球殿堂博物館の看板が掲げられています。日本野球の発展に寄与した選手、監督はもちろん、コミッショナー、経営者、メディア関係者など陰で支えた人々を表彰する殿堂には、レリーフとともにその功績を称える一文が記されています。

この野球殿堂に作曲家の古関裕而《こせきゆうじ》を入れたいと、かねてから考えていました。そうした思いをエッセイに書いたところ、古関の出身地福島の地元紙『福島民報』の記者がインタビューにきました。インタビュー記事が掲載されたのをきっかけに「古関裕而氏の野球殿堂入りを実現する会」が設立されました。福島市、福島商工会議所、福島商高同窓会、福島民報で構成する実現する会発起人会から講演に来て欲しいとの依頼がありました。二〇一八年一一月のことでした。講演に続いておこなわれたトークセッションでは、福島市の木幡市長、福島商工会議所の坪井副会頭が小生を交えて殿堂入り実現への思い、今後の活動について熱く語りました。そのあと古関の母校福島商高吹奏楽部が夏の甲子園大会歌「栄冠は君に輝く」、一九六四年の東京五輪用に作曲された「オリンピック・マーチ」を演奏し、大いに盛り上がりました。

古関裕而を「野球の殿堂に入れたい」と考えたのは、古関が国民栄誉賞授賞を打診されながら遺族が辞退したとのニュースに接したのがきっかけでした。国民栄誉賞が制定されたのは一九七七年八月のことでした。王選手が当時の世界新記録となるホームランを打ち、これを表彰するためといわれました。次のような規定です。

「この表彰は広く国民に敬愛され、社会に明るい希望を与えることに顕著な業績があったものに対してその栄誉を称えることを目的とする」

受賞第一号は王貞治（プロ野球）一九七七年九月五日　「ホームランの世界記録を達成、多くの人に夢を与え、また球界発展に寄与した」のが授賞の理由でした。

第二号は古賀政男（作曲家）一九七八年八月四日　「昭和の歌謡界を通して、大衆に日本の心を語り続けた」。

以後、長谷川和夫（俳優）、植村直己（冒険家）、山下泰裕（柔道）、衣笠祥雄（プロ野球）、美空ひばり（歌手）、千代の富士（大相撲）、藤山一郎（歌手）、長谷川町子（漫画家）、服部良一（作曲家）……と続きます。

この間、国民栄誉賞の授賞を打診されながら、本人あるいは遺族が辞退したケースが三人いました。ひとりは福本豊です。一九八三年六月、当時の世界記録となる通算九三九盗塁をマーク、中曾根首相から授与を打診されましたが、「そんなもんもろたら、立ちションベンでけんようになる」と辞退、二人目はイチローでした。二〇〇一年、日本人選手初の大リーグMVPを獲得したことにより、小泉首相から話がありましたが「まだ若いので辞退したい。野球人生が終わった時にいただけるようがんばりたい」と固辞。二〇〇四年にメジャーの最多安打を更新した折、再び打診されましたが、「野球をしている間は受け取りません」と再度拒否。引退した時の三度目の打診に「人生の幕を下ろしたときにいただけるよう励みます」と三度拒否したのです。

辞退した三人目が古関裕而でした。一九八九年、没後に授与が遺族に打診されましたが、長男の正裕氏が「元気に活躍しているときならともかく、亡くなったあとに授与することに意味があるのでしょうか」と、没後追贈に疑問を呈したのが辞退の理由とされました。

確かに、スポーツ選手はホームランや盗塁の記録、オリンピック二大会連続金メダルなど、はっきりした基準があるのに対し、芸能人、文化人ははっきりしたものがないのでどうしても高齢になるまで待ち、亡くなったのを機会に受賞というケースが大部分です。例外は八一歳で元気なうちに栄誉に輝いた藤山一郎です。しかし、古関裕而と同時代で活躍した作曲家古賀政男と服部良一が受賞しているのに、なんとなく釈然としないものがありました。古関は戦時中、時代の要請とはいえ多くの軍歌を作り、とくに昭和一七年に作曲した「勝ってくるぞと勇ましく誓って国を出たからは……」で始まる「露営の歌」が日の丸の小旗を振って出征兵士を送る「定番の歌」となったことを、心の隅で悔いていたといいます。したがって、生前に国民栄誉賞の打診があったとしても本人が辞退を表明していたかもしれません。

そこで、「国民栄誉賞がだめでも野球殿堂があるじゃないか」との思いが浮かんできたのです。古関裕而が「野球とかかわった」はじめは、昭和六年早稲田大学の応援歌「紺碧の空」の作曲でした。応援の行き過ぎから中止された早慶戦が大正一四年に一九年振りに復活、しかし慶應は復活早慶戦に連敗。野球に負けたが、早稲田の校歌「都の西北」の怒涛のような合唱に圧倒され「歌でも負けた」のでした。そこで堀内敬三に依頼してできたのが「若き血」でした。昭和二年、新応援歌「若き血」の誕生とともに早慶戦に連勝、以後選手の強化と相まって慶應の優勢が続きます。この状況に、早稲田にも「若き血」に対抗できる応援歌との願いから生まれたのが「紺碧の空」でした。

昭和六年、早大専門部学生住治男の作詞による「紺碧の空仰ぐ日輪／光輝あまねき伝統のもと／すぐりし精鋭闘志は燃えて／理想の王座を占むる者われ等／早稲田　早稲田　覇者　覇者早稲田」ができあがりました。選者のひとり、早大教授で詩人の西条八十も素晴らしい詞だと激賞する秀作でした。作曲は誰に頼むか。山田耕筰か、中山晋平か、コロンビアレコードの新進作曲家古関裕而を強く推したのは、早大応援部の伊藤戊《しげる》でした。伊藤戊の従兄は当時帝国音楽学校に通学していた伊藤久男、のちに「イヨマンテの夜」などのヒット曲を出す大歌手になります。伊藤久男のクラスメイトが古関裕而の金子夫人、伊藤久男も福島の出身だけに古関とも面識があったのです。

引き受けたものの、なかなかいいメロディが浮かびません。連日早大応援部の部員が「まだできませんか」と自宅に押し掛け、ようやく完成したのが早慶戦の三日前でした。新応援歌とともに臨んだ早慶戦、二勝一敗で慶應を下し、縁起のよさと歌いやすさから早稲田を代表する応援歌となりました。ラジオの野球中継によって「紺碧の空」は「若き血」とともに世間に知られることになり、作曲した古関に野球ソング作曲の依頼がきました。この年、ルー・ゲーリッグ、レフティ・グローブなどからなる全米選抜軍を迎えての「日米野球行進曲」（久米正雄作詞）でした。この時、ベーブ・ルースは来日しませんでしたが、昭和九年待望のルース一行の来日を機会に、日本にプロ野球が誕生することになります。

昭和一一年、東京巨人、大阪タイガース、東京セネタース、名古屋軍、阪急、大東京、名古屋金鯱軍の七球団からなる日本職業野球連盟が発足したのです。各チームは球団の応援歌を作りますが、最初に応援歌を発表したのはタイガースでした。「むらさき小唄」「緑の地平線」「青い背広で」など多くのヒット歌謡曲の作詞者として知られる佐藤惣之助に依頼した詞「大阪タイガースの歌」に古関が曲をつけることになったのです。

「六甲颪に颯爽と／蒼天翔ける日輪の／青春の覇気うるわしく／輝く我が名ぞ大阪タイガース／オウオウ、オウオウ／大阪タイガース／フレ　フレ　フレ　フレ」

オウオウ、オウオウの「オウ」と「大阪タイガース」の「オ」が韻を踏んでいる詞です。

古関裕而が作曲したこの球団歌は昭和一一年三月、甲子園ホテルの球団結成の披露宴の会場で発表されました。この歌を「六甲おろし」の名で関西に広めたのは、大阪朝日放送のパーソナリティ中村鋭一でした。放送といえば公平中立が原則ですが、中村はパーソナリティの個性を思い切って全面に押し出すやり方をとり、タイガースが勝った翌日には「さ、ほないくで、六甲おろしや！」と言いながら、自ら歌って番組を盛り上げたのです。そして昭和六〇年、タイガースが吉田監督のもと三冠王を獲得したバース、掛布、岡田ら打撃陣の活躍と投手の池田、福岡、ゲイルが頑張り、二一年振りの優勝、しかも日本シリーズで西武ライオンズを下しての日本一のトラフィーバーによって「六甲おろし」は一気に「全国区」の応援歌となりました。

昭和三八年、球団名が大阪タイガースから阪神タイガースに変更され、球団歌も「阪神タイガースの歌」に変ったのですが、いまでは「六甲おろし」の名でカラオケでも登録されています。

「大阪タイガースの歌」と同じ時にできた「巨人軍の歌」（西条八十作詞）にも古関は曲をつけましたが、こちらはあまり歌われることがありませんでした。昭和三八年に巨人軍創設三〇年を記念して歌詞を公募、応募総数二万八二九編のなかから選ばれた「闘魂こめて」（椿三平作詞）も古関の作曲ですが、東京ドームでラッキーセブンに流され、ＪＲ水道橋駅のホームでも着メロとして利用されています。

ちなみに、昭和一一年に日本プロ野球が発足した時の応援歌が今日までつづいているのはタイガースだけです。

昭和二三年、戦前から人気のあった全国中等学校野球優勝大会―通称夏の甲子園は、学制改革による新制高校の発足とともに全国高等学校野球選手権大会と名を改めて挙行されることになりました。後援の朝日新聞社は改称した新大会の歌を企画し、全国から歌詞を募集することになりました。全国から集まった五二五二編にのぼる作品のなかから選ばれたのは金沢貯金局に勤務する加賀道子という女性のものでした。

「雲は湧き　光あふれて／天高く　純白の球　今日ぞ飛ぶ／若人よ　いざ／まなじりは　歓呼に応へ／いさぎよし　ほほえむ希望／ああ　栄冠は　君に輝く」

全国中等学校野球大会にも山田耕筰の歌があったのですが、今回は古関に作曲の依頼がありました。この年八月、第三〇回大会で古関作曲の大会歌は合唱の形で披露され、野球選手のみならず若人の夢をかきたてました。以後この曲は毎回開会式と閉会式で歌われ、NHKの出場チームのふるさと紹介のBGMとして使われています。古関の旧知の伊藤久男が朗々と歌い上げたレコードも売れ、古関は野球の歌の世界でまたひとつ大きな足跡を残すことになりました。なお作詞者は女性でしたが、のちに、実は男性加賀大介が婚約者の名前を借りて応募したと名乗り出て話題になったこともありました。

このように、高校、大学、プロとそれぞれを象徴する名曲を作った古関裕而は野球殿堂に入るにふさわしく、十分その資格があると思いました。

野球殿堂入り、すなわち野球功労者として表彰されるには二種類あります。第一は競技者表彰です。表彰の対象となるのは、選考の時から逆算して一五年以内のある時期に現役として競技した選手、コーチ、監督および審判員であること。第二は特別表彰です。選手、コーチ、監督、審判員の場合は過去一五年以前に現役を引退し、もしくは死亡した者、野球組織やその管理に関し、野球に発展に顕著な貢献をした者です。

特別表彰で殿堂入りしたなかには、『野球界』『ベースボール・マガジン』など出版を通じてアマ野球、プロ野球の発展に貢献したベースボールマガジン社の池田恒雄、NHKのアナウンサーとして魅力ある野球の実況中継で大衆をたのしませた志村正順などがいます。

問題は、表彰委員会のメンバーの投票によって殿堂入りが決まることです。特別表彰は事前にノミネートされた一〇人が対象になります。古関が殿堂入りの候補になったのは二〇一一年、二〇二〇年、二〇二一年、二〇二二年の四回です。表彰委員は一四人で構成され、新聞社の運動部でプロアマの野球を追ってきたベテラン記者、社会人野球協会の役員、大学野球連盟の関係者などですが、古関がいかに音楽を通して野球の発展に貢献したかについての認識がどこまであるか。その点が懸念材料でした。

二〇二〇年は二票、二〇二一年は五票でしたが、二〇二〇年春からＮＨＫの朝ドラに古関裕而・金子夫妻をモデルとした「エール」が放映され、「紺碧の空」作曲の経緯などが番組のなかで紹介されました。さらに番組に出演した俳優の山崎育三郎が「栄冠は君に輝く」を夏の甲子園の開会式で独唱するなど、古関の野球との結びつきが世間に知られることになり、これが殿堂入りの追い風になると思われました。

「今度こそは」の期待は惜しくも裏切られました。一四人の特別表彰委員が一人につき三人まで投票し、七五％の以上の得票があれば、殿堂入りします。二〇二二年一月一四日におこなわれた選考会は委員三人が欠席して一一人による投票となりました。殿堂入りに必要な得票は九票、古関が得たのは八票、一票及びませんでした。この日、福島の古関裕而記念館に集まり吉報を待っていた「実現する会」のメンバーからため息が漏れ、実現したら号外を出そうと準備していた『福島民報』は翌日の紙面に「古関裕而さんあと1票―野球殿堂入関係者、活動継続誓う」と無念さを紙面で伝えました。

二〇二二年の特別表彰で殿堂入りを果たしたのは、九票を得た東海大学松前重義元総長でした。松前と野球の関わりは、武蔵野グリンパーク野球場の建設、東京六大学野球連盟、東都大学野球連盟と並ぶ首都大学野球連盟の創設と初代理事長としての活動、旧ソ連に初の野球場を寄贈したなどが評価されての当選でした。松前も二〇二〇年は一票、二〇二一年は四票しか得られず、複数年を要したことを考えると二〇二三年こそが期待されます。

プロ野球では、阪神の「六甲おろし」、巨人の「闘魂込めて」以外に中日の「ドラゴンズの歌」、大学では慶應の「我ぞ覇者」、中央の「ああ中央の若き日に」、明治の「紫紺の旗の下に」、日大の「水の覇者日大」があり、早慶戦の開始に先立って両校学生が一緒に歌う「早慶讃歌」、さらにNHKのスポーツ番組の冒頭を飾る「スポーツ行進曲」、東京オリンピックの入場行進のため作られた「オリンピック・マーチ」と古関の野球とスポーツに果たした役割は語りつくせないほどです。

次回こそ委員全員の票を集めての一〇〇％での殿堂入り実現を。こころは福島のお祝いの会、野球殿堂博物館のレリーフに飛んでいます。

日本で活躍した外国人選手のその後を追う
——『ハロースタンカ、元気かい—プロ野球外人選手列伝』——

「日本で活躍した外人選手がその後どうしたか追ってくれませんか」

月刊『文藝春秋』編集部の花田紀凱さんから打診があったのは、一九七八年のことでした。

戦後の日本プロ野球は外国人選手抜きにしては考えられません。ウォーリー与那嶺、エンディ宮本に代表される日系二世選手、バッキー、スタンカ、スペンサー、マニエル、バルボン、アルトマン、カークランド、バース……など白人、黒人選手が次々と日本にやってきました。

彼らの活躍なくして日本プロ野球が語れないと同時に、助っ人として期待されながら、日本の水になじめず、みじめな成績しか残せず、お互いに傷ついて帰っていった選手もすくなくないのです。

文春からこの話がきた時、こう考えました。彼らが現在どういう生活をしているのか、日本時代の思い出をどのような形で残しているのか、それを知りたい。こうしてまず手始めにハワイと西海岸に飛んでの情報の収集が始まりました。外国人選手を追うことはやさしいようで意外と難しいことを知ったのです。日本でかなりの活躍をしても本国へ帰ると、かって所属した球団とほとんど縁がなくなり、クリスマスカードのやりとりさえなく、住所もつかめなかったからです。しかし、アメリカで所属したチーム、親身になって面倒を見た通訳、あるいは日本の友人などの線から何人かの懐かしい外国人選手の消息を知ることでできました。

一番嬉しかったのは、戦前の「日本職業野球連盟」創設時の昭和一一年に「外人選手第一号」として名古屋軍に加わったバッキー・ハリスの消息がつかめたことでした。

「ワタシ、トシトッタヨ」

ロサンゼルスのホテルのドアをあけて部屋に入ってきたハリスは、はっきりした日本語で言いました。昭和九年のベーブ・ルースをはじめとする大リーグ選抜チーム来日を機会に日本でもプロ野球が誕生しました。東京、大阪、名古屋の三都市に合計七球団でスタートした「職業野球」でしたが、当然各球団は選手不足に悩みました。そこで目を付けたのがハワイとカリフォルニアの日系人選手でした。そうしたなかで異色のアメリカ人として来日したのが、ＬＡ・ＮＩＰＰＯＮという日系人チームで活躍していたハリスでした。ハリス・マッガリアードは強肩、強打のキャッチャー、マッガリアードではアピールしないと、かつて大リーグの監督として有名だったバッキー・ハリスの名をかりて〝改名〟したのです。

あらかじめ彼らが現役として活躍した当時の新聞、雑誌、記録集などで背景を知った上で渡米することにしたのですが、愉快なことも、逆に不愉快なことも経験しました。

嬉しかったのはかつて南海（現ソフトバンク）ホークスで活躍したスタンカの対応でした。手紙を出し、日程を調整し、「この日に行くのでインタビューに応じて欲しい。近くのホテルを予約して欲しい」と連絡したところ「きたないところだが、自分の家に泊まってください」とまで言ってくれたことです。本当にあまりきれいとはいえない子供部屋に二泊したのですが、ジーン夫人も住んでいた神戸の街のこと、好きだった「稲荷ずし」のことなど楽しそうに語ってくれました。

逆に不愉快だったのは、ライト（元巨人）です。出した手紙に返事をくれることもなく、ロサンゼルスでようやく連絡がとれると、電話での第一声が「インタビュー、いったいいくらくれるんだ」でした。こちらは、金を払うことは考えていなかったので、三〇分なら五〇ドルくらいかなと思い、

「五〇ドルで払いましょう」

「アーユー、クレイジー！（あんたどうかしてるんじゃないか）俺について書いて金を儲けるんだろ。もっと出せ」

「では一〇〇ドルにしましょう」

郊外のレストランで会うと、まず言ったのが「一〇〇ドル持ってきたろうな」でした。

ロスアンゼルスからアイダホに飛び、小さなポカテロという街の事務所に、かつて南海で活躍したケント・ハドリを訪ねました。ロスでライトに一〇〇ドル払った話をすると「わざわざ日本から来た人から金をとるのかね。信じられないよ」と顔をしかめるハドリ。すかさず事務所の同僚が言いました。

「安心しなさい。ケントは一〇〇ドル払ってもあなたに昔話をする男だよ」

地元保険会社の共同経営者となっていたハドリは、風格のある中年のビジネスマンになっていました。

こうして、各地でかつて日本で活躍した選手を追ったレポートは『週刊文春』に「故郷に帰った外人選手」として連載されました。本当は月刊の『文藝春秋』に乗せたかったのですが、執筆を勧めてくれた花田さんが『週刊文春』編集部に移動になり、週刊誌へ掲載されるのを断ることはできませんでした。その後、花田さんは『週刊文春』編集長として、ロサンゼルス郊外で日本人女性がロサンゼルス郊外で狙撃されて死亡した事件、悲劇のご主人に疑いありと「疑惑の銃弾」の大スクープを手掛け、現在は『月刊ＨＡＮＡＤＡ』の責任者として敏腕を振るっています。

幸い、連載は好評でした。連載終了後、文藝春秋で本にしてくれると待っていたのですが、なんの連絡もありません。そのうち、創隆社という無名の出版社の担当がお目に掛かりたいと三田の研究室にやってきました。

「失礼ですが、創隆社という出版社は聞いたことがありませんが……」

「実はうちはテスト屋です。小学生、中学生のテストの刊行が主ですからご存知ないのが当然です。この度、一般書を刊行することになり、早稲田の大学院を中退して入社しました。自分がこれだ！　と思ったのが『週刊文春』の連載でした。他から話がないようなら、是非うちでやらせてください」

本を出す時重要なのは、担当者がどれほど熱意をもっているかです。無名の出版社だが、目をつけてくれたこの人に賭けようと考えました。問題はタイトルです。よく言われるように、本と映画はどのようなタイトルにするかによって、売れ行きや興行収入に大きく影響します。「故郷に帰った外人選手」ではインパクトがありません。そこでふと思い出したのは、かつてのヤンキースの大スター、ディマジオを追った「ジョー・ディマジオはどこへいった」でした。ここからヒントを得て、日本のファンに一番印象に残り、書いていても一番気合いが入ったスタンカをタイトルに使うことでした。

戦前の外国人選手第一号ハリス、日本シリーズにおける連投と、「ストライク」と信じて投げた投球を「ボール」と判定され、逆転された「運命の一球」、長男の事故死などドラマに満ちたスタンカ、阪神に優勝をもたらしたバッキーなど、一〇人の日本で活躍したり話題を残して帰国した外国人選手をアメリカ中を飛び回って直接本人に合い、各種資料を参照して書いた連載が『ハロー、スタンカ元気かい―プロ野球外人選手列伝』として創隆社から刊行されたのは一九八三年のことでした。

期待にたがわず担当者は、各新聞社や雑誌社に書評や新刊紹介の依頼状を添えて本を送る、当時出演していたラジオの番組で紹介した際、聴取者へのブックプレゼント用に一〇冊提供してくれるなど宣伝に努力してくれました。いくつかの新聞、雑誌が取り上げてくれ、創隆社宛てに寄せられた愛読者カードの反応は概ね好評でした。特に嬉しかったのは『週刊ベースボール』のコラム「ベースボール・グラフィティ」にアメリカ研究者で翻訳家の常盤新平さんが寄稿してくれた一文でした。

「野球がこのように読んでも面白いゲームであることを実証してみせた一冊である。池井さんの文章を読んでいると、スタンカにあらためて親しみがわいてくる。私はなんどかほろりとした。ほんとにいい本だ」。

これを読んだ福岡のひとりの高校生が早速本屋で入手し、むさぼるように読んで読者カードを出版社宛に送ってきました。

「大変感激しました。将来スポーツ新聞の記者になって英語で外国人選手を取材したいと思います」

嬉しくなった私はこの高校生にハガキを出しました。

「熱心に読んでくれてありがとう。初志を貫徹してください」

それから数年が経ちました。

「あの時ハガキをいただいた高校生です。大学を卒業し、念願かなって日刊スポーツの記者になりました……」

他の受験者が一般紙を受けて落ち、「スポーツ新聞でも受けるか」という態度だったのに対し、はじめからスポーツ新聞、それも親の代から愛読していた日刊スポーツの入社試験と面接に臨んだ高野勲君は即採用が決まり、その後英検一級、ＴＯＥＩＣ九八〇点を取得、外国人選手や監督に直接インタビューできるまでになったのです。関西にいくと高野君に会い、かつての南海ホークスの「難波ホークスミュージアム」や近鉄バファローズの本拠地藤井寺球場跡を一緒に訪れたり、プロ野球の現状について語るのを楽しみにしています。

この本の刊行にはもうひとついい話があります。本をスタンカに送ると礼状がきました。「本、受取りました。日本語は読めないが、親しくしている日本人商社マンが訳してくれました。日本でのいろいろな出来事を思いだしました。懐かしい日本に行ってみたくなりました……」

『ハロー、スタンカ、元気かい』

「ジョーと奥さんを呼べるよう努力するから、待っていてください」

返事を出すと同時に、かっての南海ホークスの監督だった鶴岡さんに連絡しました。

「ジョー・スタンカが日本に来たがっていますが、お力添えいただけますか」

「呼んでやりましょうや。なんせジョーはわしを男にしてくれたんやさかい。ホークスOB会に声をかけまっせ。一口一万円、わし三〇口にしまっせ」

まさに「鶴の一声」、スタンカ夫妻を招くには十分すぎる資金があっという間に集まり、さらに毎日放送テレビが「帰ってきたスタンカ」のドキュメンタリー番組を作ることになり、旅費を負担してくれることになりました。予想を上回る資金にスタンカの要望をいれ、お嬢さんのジャネットも同行することになりました。

大阪空港の到着ロビー、スタンカがジーン婦人、娘のジャネットを伴って姿を現します。

「ジョー！」

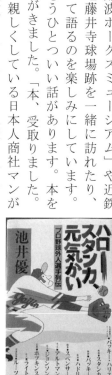

「ツルオカサーン！」

抱き合った二人はぽろぽろ涙、涙、また涙です。通訳もなにもいらない二〇年ぶりの再会でした。かつて鶴岡さんに聞いたことがあります。

「ホークスの外国人選手はよく働きましたが、外国人選手を使うコツはなんですか」

「ガイジンも日本人も変わりませんわ。わしらがアメリカに行ったとき、道も不案内、言葉も通じない、これは不安ですわ。青い目で二メートルの大男も同じ。ですから、まず日本で暮らすについて不安に思うことを聞いて野球に打ち込めるようにすることです。心配になること、気になることはなにか。アパートの壁紙が汚い、明日張替えよう、子供が病気になったとき。神戸の海生病院、英語の判るええドクターがおるで。奥さんのショッピング、通訳に早速案内させよう……。それと日本人のチームメイトと仲良くさせることですよ」

スプリングキャンパスが始まります。

「アメリカからきたジョー・スタンカや。目は青いが今日からチームメイト、みんな仲良うしてや」

こうした人情味あふれる親分といわれた鶴岡監督のやり方が、一九六四年の日本シリーズ六戦、七戦の連投につながり、渡米した際の対応にも現れたのでした。

二〇年ぶりに日本にやってきたスタンカ夫妻とジャネットは、大阪のホテルでおこなわれた「ジョー・スタンカ来日記念南海ホークスOB会」に出席。鶴岡監督以下かつてのチームメイト、ライバル阪神タイガースの村山、ホークスを担当した新聞記者、アナウンサー、オールドファンなどと旧交を温め、毎日放送の特別番組に協力して、大阪球場、亡くなったジョイが通った神戸のカナディアン・アカデミーなどを訪れたのでした。場所を東京に移してのパーティでは、ファンとともに「ジョー・スタンカクイズ」を楽しみました。

「スタンカ一家が日本にきてジーン夫人が最初に覚えた日本語は次のうちどれでしょうか」

「① ガイジン、②バカ、③パン。ジーンさん正解をどうぞ」

「パン、デース」

野球に関する本は何冊か出しましたが、もっとも評判がよく、講談社からノンフィクション作家深田祐介さんの解説付きで文庫にもなり、一番売れたのがこの本でした。

野球関係書の翻訳

学術書の翻訳は『根回し……』だけですが、野球関係の本を二冊訳しました。一冊は、大リーグの「黒い稲妻」といわれたウィリー・メイズの自伝です。アメリカのスポーツ情報サイト「ジ・アスレチック」が選んだ「偉大な野球人一〇〇選」の一位に選ばれた大リーガーです。ベーブ・ルースを抑えて一位に選ばれた理由は、五〇〇二塁打、一〇〇三塁打、五〇〇本塁打、三〇〇盗塁すべてをクリアしているのはメイズだけだからです。それに加え、一九五四年のワールド・シリーズで見せたセンターオーバーの大飛球を、背走に背走を重ねフェンス手前で向こう向きに捕球、味方のピンチを救った〝ザ・キャッチ〟といわれる伝説的プレーをはじめ、守備範囲の広さと強肩―彼がセンターを守るとレフトとライトは守備位置をぐっとライン寄りにする、右中間、左中間はすべてメイズの守備範囲と走攻守そのすべてを兼ね備えた大選手でした。

ベースボール・マガジン社の『大リーガー伝記シリーズ』の一冊として翻訳に取り組んだのですが、多分他の訳者はプレーヤーと直接会ったことはないと思うのですが、小生はメイズの最晩年にそのプレーに接し、ベンチで一緒に写真を撮って訳書の裏表紙に挿入するという幸運に恵まれたのです。握手をした手はまるでゴリラのようでした。


二冊目はロジー・カーンの“A SEASON IN THE SUN”です。ロジャー・カーンはアメリカの代表的スポーツ・ジャーナリスト。一九五〇年代のブルックリン・ドジャースを素材としたノンフィクション『ザ・ボーイズ・オブ・サマー』（一九七二年）はニューヨークを中心に六か月もの間ベストセラーになったほどの傑作を生みました。

「マサチューセッツの四月初旬、春の訪れはおそい。若草より枯草が目立つ原っぱに親子がやってくる。二人はキャッチボールとバッティングをはじめた……」

これがこの原作の出だしです。自分と息子のキャッチボールにはじまり、大学野球部のコーチ、車のセールスマン、大実業家、アル中……と、さまざまの生き方をしている元大リーガー、大リーグ経営の成功者と脱落者、マーナーリーグの経営者と監督、現役のスーパースターをとりあげ、アメリカ野球における経営、監督、選手、チーム運営のノウハウなど、具体例を通して野球を通じてのアメリカ社会を伝えようとする姿勢が伝わってくる作品です。

翻訳をしている間に困ったのは、選手が使うスラングやジョークが使われている箇所でした。大リーグを代表するキャッチャー、ジョニー・ベンチが休日に新聞記者仲間とゴルフを楽しみ

イラスト／和田誠（丸谷才一編『本読みの達人が選んだ「この3冊」』毎日新聞社）

ます。スーパースターのベンチに若い女性キャディがサインをねだります。

「ここにサインをお願いします」

キャディは胸に付けた「ナンシー」とか「メアリー」の名札に書いてもらおうとします。ベンチはバストに触らないよう慎重に名札をつまみ上げてサインします。新聞記者がいいます。

「ベンチさんの手、でっかいね」

途端にベンチが返します。

「Thirtyfour C」

34Cってなんのことか。見当もつきません。スタンフォードの教授に聞いても判りません。

若いアメリカ人が大笑いしながら教えてくれました。

「これはブラジャーのサイズだ。ベンチがバストに触れないようにサインしただろう」

謎が解け、翻訳では「ブラジャーのサイズだと86センチCカップだよ」としました。

『輝けるアメリカ野球』（講談社、一九七八年）の翻訳は「予期せぬ難問」との闘いでした。

外務省の依頼によりアメリカで野球講演

長年野球とかかわってきたお陰で「お国の役」に立ったこともありました。

外務省広報課から「アメリカに野球の講演にいっていただけませんか」と依頼があったのです。従来、日本文化の紹介といえば、歌舞伎、日本画、映画などでしたが、能などはあのテンポに退屈し「NO MORE NOU」との声がきかれたとか。外務省はアメリカと日本に共通の「ベースボール」をテーマにすれば、普段日本に関心のない一般のアメリカ人の興味をひくのではないかと考えたのでした。

「喜んでお引き受けしますが、選手を経験された方と二人の方が良いと思いますが……」

「適任者はいますか」

「王貞治さんがベストですが、王さんは現役の監督で無理でしょう。カル・リプケンの連続出場記録を抜いた衣笠祥雄さんがいいのではありませんか」

こうして「鉄人衣笠」とニューヨーク、シカゴ、アトランタ、ロサンゼルスと回りました。小生は英語で、衣笠さんは日本語で通訳をつけての講演でした。日本にアメリカからベースボールが紹介されたのは一八七〇年代にさかのぼること、戦時中は「敵性スポーツ野球」の用語をすべて日本語にしたこと、日本の野球は学生野球から発展したが、一九三四年のベーブ・ルースの来日を機会にプロ野球が誕生したこと、アメリカは占領政策をスムーズにおこなうため「天皇とベースボールを利用した」こと、日本のプロ野球は外国人選手の加入により活性化したが、野球に対する考え方の違い、生活習慣の相違から思わぬトラブルや面白いエピソードが生まれたことなどを紹介し、聴衆は興味深く耳を傾けてくれました。

衣笠さんは、連続試合記録を達成するに当たり、「記録のための記録は作りたくない」と、デッドボールで骨にひびが入った翌日の試合でも力いっぱいバットを振りぬいたこと、新記録達成の日は緊張のせいか、歩道で信号待ちをしていると車がぶつかってくるのではないかとの恐怖を感じたことなどを話してくれました。

イチロー、松井が大リーグで活躍する前のことであり、講演は「知られざる日本野球」をアメリカのひとびとに知らせ、それなりのお役に立ったのは幸いでした。

第四章 ❖ エッセイとコラムを書く面白さ

エッセイを書くことが好きになったのは四十代のことでした。きっかけは一九七七年、東京新聞から夕刊のコラム「放射線」への執筆の依頼があったことでした。六ヵ月の長丁場です。メンバーは、月曜—浅田進（東大教授）、火曜—立原正秋（作家）、水曜—牛尾治朗（ウシオ電機社長）、木曜—小生、金曜—山田洋次（映画監督）、土曜—細見綾子（俳人）です。特に直木賞作家の立原正秋、「寅さんシリーズ」の山田監督と並んで選ばれたのが、大変嬉しかったのを覚えています。一月から六月まで二一回に亘って連載されたコラムは幸い好評でした。意識して身近な話題を取り入れるようにしました。特に好評だったのは小鳥を扱ったものでした。

逃げた小鳥

子どもが飼っていたオスのインコが逃げた。ヒナの時から育てた黄色いメスが大きくなったので、一羽ではさびしかろうと、子どもがクラスの友達から貰って「婿入り」した青いきれいなオスだった。

はじめは気の強いメスに突っつかれ、かごのすみで小さくなっていたが、やがてメスに卵が生まれると、猛然と父性愛を発揮しはじめた。母親となったメスに口移しに餌をやる、卵を抱くのが嫌いで外へ出てくるメスに早く小屋へ帰れと促す、人や犬が近づくとかっての気の弱さはどこへやら警戒心をむき出しにして向かってくる、ひなが孵ると母親と一緒にせっせと餌を運ぶ—といった頼もしい父親ぶりに、家族一同感心して眺めていたものだった。

そのオスが、子どもが水を取り換えようとかごの戸を開いた途端に飛び出し、ガラス戸のすき間をするりと抜け出して、隣家の屋根を越えてあっという間に飛び去ってしまったのである。

「家庭で飼う時は、羽を切って飛べなくしておくものですよ」と注意されたこともあったが、なんとなくかわいそうでそのままにしておいたのが〝逃走〟を容易にさせることになった。

妻子を捨て、「自由の世界」へのがれていったオスのインコは今ごろどうしているのであろうか。小さい時から、人間の手で育てられ、餌と水は与えられるもの、いつもあるものという生活にならされてきた一羽のインコにとって、春まだ浅い「外界の生活」は意外にきびしいのではないか。

電気、ガス、水道、食料品のあることが当然な文明社会の人間が、いきなり原始社会に放り込まれ、自給自足をやり、雨露をしのぐ宿を見つけるのに難渋しているのと同じことが、インコにも起こっているのではないか。

「いやいや、人間と違って小鳥はもっとたくましい、簡単に新しい環境に適応するさ」という人もいる。

そうした折、雀の群れにまじって野鳥化したインコが庭先で餌をついばんでいると近所のひとが教えてくれた。

「うちのやつかもしれない」

それ以来雀の群れを見ると、なかに毛色の変わったのが一羽いないかと「青い鳥」を探す日が続いている。

このエッセイが掲載された数日後、新聞社経由で読者からの手紙が届きました。

過日新聞紙上で「逃げた小鳥」拝見しました。わが家でも仲むつまじかったつがいのインコのオスが、水を取り換えるすきに逃げ、残されたメスはその日から餌も食べず、水も飲まず、二日後に冷たくなって死んでいました。人間も及ばない夫婦愛に感動するとともに、あまりの哀れさに、その後動物は金魚一匹飼う気がしません。お宅様の残されたメスはどうしているか、知りたくてペンをとりました。

拙宅のメスは、「蒸発した夫」を慕って感傷にふけるより、残されたヒナ鳥の飼育に全力を尽くす「肝っ玉かあさん」ぶりを発揮して、遺児たちも順調に育っていると手紙の主に伝えることができたのは幸いでした。

「詩歌、俳句にはあまり興味がないし。夕方仕事が終わってほっとして拡げた夕刊の先生のコラムはとてもなごやかな気分になり、毎回楽しみに読ませていただいておりました。先生の明るいお人柄が偲ばれるような気がいたしました……」と感想の手紙を別の方から頂戴し、いささか自分のコラムに自信を持つことができました。

次は翌五十三年、産経新聞夕刊のコラム「直言」からの依頼でした。今回は三ヵ月、月曜—潮木守一（名古屋大学助教授）、火曜—岡田英弘（東京外国語大学教授）、水曜—斎藤精一郎（立教大学助教授）、木曜—小生、金曜—原田統吉（評論家）、土曜—桑原寿二（中国問題研究家）のメンバーです。

サイズの革命

二〇年来懇意にしている洋服屋がある。確かな技術に裏付けられた妥協しない態度にほれ込んで注文服を作る時はこの店と決めているのだが、そこのおやじさんがしみじみと言っていた。「もう何年もしないうちに注文服はだめになりますよ。若い頃から修行しようという職人がどんどん減っちまってね。それに既製服が年々改良されてくるしね」

靴の場合も、戦前は「靴屋さんの仕事」といえば、そのほとんどが注文品をこつこつと作ることだった。だが戦後になって既製靴にも革命がおこった。アメリカの影響でデザインのみならず、長さと幅両面で既製靴が多様化し、アメリカの靴関係者の言葉を借りると「お客様を九九％満足させられるようになった」のである。

ご存知のように、アメリカは人種のるつぼといわれる。当然、足型も多種多様である。そうした人々に履いてもらうためには靴のサイズも多くしなければならない。一説によると、アメリカではひとつのデザインの靴が長さと幅の組み合わせによって一四四通り揃えてあるという。部屋のなかでも靴を履く生活がついてまわる欧米人は靴選びに慎重を期する。ニューヨークで二年あまり暮らした経験からいっても、靴屋の店員に二〇足以上あれこれと出させて結局買わないで帰る客の姿を何度か見かけた。

日本でも一九六〇年頃から甲高幅広の日本人特有の足型を考慮したEEサイズ、さらにEEEサイズまで登場し、デザインも年々洒落たものになってきているだけに、頼んでから一ヵ月はかかる注文靴を待つゆとりの無い現代人のせわしなさとあいまって、今や既成靴全盛時代を迎えようとしている。洋服と同様手作りでひとつの靴を入念に仕上げようとする職人もだんだん減っていく今日、こうした傾向はやむを得ない趨勢であろう。

電気製品も、団地族が増えるにしたがって収納に便利なように年々サイズが改良され、「大は小を兼ねる」時代から「小が大をしのぐ」時代へと移りつつある。

日本人の体型と生活様式の変化に応じて製品が変わるのは当然であるが、だからといってそれを使う日本人そのものが規格化され、個性を失っていいということにはならない。

エッセイの大部分は新聞社や雑誌社から依頼があって書くのですが、それは肩書―慶應の教授だからと頼んでくる場合がほとんどです。肩書なし、すなわち一市民として書こうとすると新聞や雑誌のエッセイ欄に投稿する以外にありません。面白くなければ当然採用されません。どうすれば、載せてもらえるか、それは選者、編集者の側に立って考え、執筆することです。

最初に目を付けたのは『週刊朝日』に連載されている「犬ばか猫ばかペットばか」でした。自分の飼っている犬、猫、うさぎ、カメ、小鳥などの写真を添えて八〇〇字で紹介するコーナーです。地味ながら一〇〇〇回以上続いている人気コラム。

人気の秘密は何といっても飼い主が自分のペットが日本一、いや世界一だと信じて書いていることです。欠点も飼い主にとっては〝自慢〟の種です。番犬にするつもりで飼ったが誰にでも尻尾を振り、まったく吠えない柴犬、女性特に若い女の子がくるとすぐスカートに首を突っ込むセクハラドッグ……。なかには「ほんとかね」と思われるエピソードも登場します。毎日近所の公園に遊びに行って帰ってくるアンゴラうさぎ、毎晩寝る前に「こんばんは」といいながら夜食を食べさせているうちに「コンニャンワ」と話すようになった三毛猫、だが飼い主がそう思っているのならそれでいいじゃないですか。

うちの犬も取り上げてもらおうと早速応募しました。「わが家の長生きの友―運動好きのモンティ」と題し、人気のない早朝の公園でボール拾いをさせたのち水道の蛇口から落ちる水を飲む写真を添えて送ったのです。

わが家の長生きの友、運動好きのモンティ

朝七時、ケージからキャンキャンの鳴く声がする。一歳になったばかりのモンティが「そろそろ散歩の時間だよ」と催促を始めるのだ。

大リーグの投手で、シーズンオフに起こした不慮の事故で再起不能といわれながらカムバック、「甦る熱球」のタイトルで映画にもなったモンティ・ストラットンから名前を借りた。

彼はわが家にとって三頭目のシェルティだ。

二頭目に死なれた時、次を飼うか家族ともめた。古希を迎える年齢とあって、犬の寿命を考えると、八〇歳過ぎまで面倒を見なければならない。大丈夫かというのが理由だった。

だが、ものは考えようだ。犬がいるからこそ朝晩の散歩も欠かさず、運動不足の解消にもなる。定年後の老夫婦の共通の話題にも困らないのではないかと説得した。

シェルティという犬種は元来、羊の群れを追う牧羊犬だけに運動が大好きである。

朝起きると、まず近所の公園に連れていく。人の気配はない。引き綱をはずしてボールを投

げる。

草野球歴六〇年、コントロールには自信がある。約二五メートルの砂混じりの地面にボールを転がす。それを追ってモンティは脱兎のごとく走り、ボールをくわえて戻ってくる。「オフ!」、口から放せと命じ、また投げる。繰り返すこと一〇回、全力疾走のモンティの足が若干鈍ってくる。一二回を過ぎると少々飽きた様子が見られる。

愛犬モンティ

一三回目。くわえているボールをぽとんと落とし、「もういいでしょう」といった表情を見せる。息も荒くなっている。公園の水道の蛇口を開いてやるとぺちゃぺちゃと実においしそうに水を飲む。

誰にでも尻尾を振って愛想を振りまき、怒ったりうなったりするのを見たことがない。近所のおばさんたちはモン様と呼んでかわいがってくれる。

長生きの友になりそうだ。


幸い採用され、掲載料六〇〇〇円が送られてきました。「モンティ、えらいぞ、餌代を稼いだぞ」とほめてやりました。

「犬ばか猫ばかペットばか」といっても、なんといっても多いのは犬と猫です。犬だけを集めて『やっぱり私はイヌが好き』(朝日新聞社、二〇〇六年)が刊行されました。掲載料をすでに貰ったので印税はなし、掲載された本が一冊送られてきました。「ご希望の方には定価の二割引でお分けします」の手紙が添えてありました。早速二〇冊購入、「うちの犬、モンティが本にでました」の手紙を添えて友人、知人に配りました。「犬ばか」の気持ちを一番ご存知だったのは、週刊朝日編集部と朝日新聞出版部のメンバーでした。

次に目を付けたのは月刊『文藝春秋』が募集した「高度成長時代の思い出」です。高度成長といえば、池田首相の唱えた「皆さんの月給を二倍にしてさしあげます」に代表される「所得倍増論」、その起爆剤としての東京オリンピックでした。おそらく、応募原稿はオリンピック、カラーテレビ、石原裕次郎の日活アクション映画などだろうと考え、ちょっとはずれたテーマ「トイレ」に目を付けました。

洋式トイレに戸惑って

初の海外留学のため、日本を出発したのは一九六四年一月のことであった。十月に開催されるオリンピックに向けて東京はいたるところで工事が行われ、騒音のなかでの旅立ちであった。いまならなんでもないアメリカ留学だが、当時は本人にとっても周囲にとっても大きな出来事であり、家族、親戚、友人など盛大な見送りのなか羽田を出発した。

はじめて乗った飛行機、〝大〟の用を足すためトイレに入ったがどう使うか判らない。なんと、馬蹄形の便器の上にしゃがみこんだ。

ロサンゼルスに到着して空港の男性用トイレでアメリカ人男性のやり方を学んだ。フリーウェイを疾走する大型車の群れ、それまで車は信号で止まるものだと思いこんだ身に、ノンストップで高速道路を時速八〇キロで飛ばす車は衝撃であった。

見たこともない分厚いステーキ、付け合わせのげんこつのようなじゃがいもにはバターの固まりがついている。某財団から支給された一ヵ月三三〇ドルで暮らさなければならなかった貧乏留学生にとって、五〇年前のアメリカはなにもかも豊かだった。

週一二ドルのごきぶりの這い回るニューヨークの安下宿に住むことになったが、家主のおばさんはいった。

「日本の家は木と紙でできているんだってね」

「昔はそうでしたよ。でもいまの日本は違います。この秋東京でオリンピックが開かれ現在の日本の姿がテレビや新聞で紹介されるので見てください。近代的なビルが立ち並んでいますから……」

だが、アメリカのテレビを通じて見た東京オリンピックはアメリカ人選手の活躍が中心で、下宿のおばさんに見てもらいたい肝心の復興日本の姿はあまり紹介されなかった。

一年間の留学を終えて帰国した目に映ったのは全く変わった日本の姿であった。高速道路、新幹線、近代的ホテル……。だが、変わらなかったのは自宅の汲み取り式便所であった。一年間水洗トイレに慣れた身に、臭く、しゃがみ込む和式に入るのは苦痛であった、
こうした折、大きな病院で健康診断を受ける機会があった。待合室で診察の順番を待っていると七〇歳を過ぎたと思われるおばあさんが受付にやってきた。

「ここのお便所は和式ですか、洋式ですか」

おばあさんの年齢から判断して受付嬢はいった。

「ここの病院は洋式しかないんですよ」

「それでいいのよ。オリンピック以来うちのお便所を洋式にしたら楽できれいで、もうすっかり洋式に慣れてね……」

汲み取りから水洗へ、和式から洋式へ、トイレは、東京オリンピックを機会に高度成長に転換する象徴のひとつであった。


二〇一五年二月新春号の「素晴らしき高度成長時代」に応募した四二六通のなかから三五通の入選作に選ばれたのです。文藝春秋の「編集だより」には「日本人が必死に学び、働いた時代の証言に編集部全員が深い感銘を受けました」と記されていました。


『文藝春秋』が「昭和・平成灼熱のライバル50人」を特集したのは一九九一年二月号でした。「スリリングな挿話を新証言で綴る」と銘打ったこの企画は、吉田茂と鳩山一郎、物理学の湯川秀樹と朝永振一郎、戦後プロ野球ファンの人気を二分した青バットの大下弘と赤バットの川上哲治、将棋の大山康晴と升田幸三、作曲家古賀政男と服部良一、ジャーナリズムの扇谷正造と花森安治、本田宗一郎と松下幸之助、東急の五島慶太と西武の堤康次郎、「柏鵬時代」といわれた柏戸対大鵬、「角福戦争」の当事者田中角栄対福田赳夫、ゴルフの青木功とジャンボ尾崎など、一世を風靡したライバルを取り上げたのです。

なんと「サユリストかコマキストか―吉永小百合と栗原小巻」の項目を書いてくれとの依頼

がありました。編集部がコメントをつけます。

吉永小百合（昭和二〇年〜）が、日活の青春スターとして不動の地位を築いた時代、和泉雅子、松原智恵子など、数々の青春スターが登場した。しかし、サユリストに対抗してコマキストと呼ばれる熱狂的なファン層を生んだのは、栗原小巻（昭和二〇年〜）ただ一人である。「キューポラのある街」以来、小百合が演じた健気でひたむきな少女と「忍ぶ川」の小巻が演じたしっとりした日本の女性は、今も中年の胸を熱くする。

池井優氏は、慶應大学教授。栗原小巻ファンを自認する映画通である。

サユリストかコマキストか

私はどちらか一人と言われれば、小巻ファン。「忍ぶ川」で見たしのの印象が強いんですよ。加藤剛が演じた夫と二人で新婚の夜、裸で毛布にくるまって雪の中を行く馬橇を見つめるシーンが忘れられません。美しかったですね。控え目で芯の強い日本の女性にピタリとはまっていました。

吉永小百合が出てきた頃は、あんな大女優の道を歩むとは思っていませんでした。なんて可愛い子なんだろうとは思ったけれど、和泉雅子や本間千代子と同じで、ハツラツとはしているけど、間もなく消えていくのだろうぐらいだったんです。

しかし、考えてみると、二人にはライバルと言われるだけの共通点と相違点があるんですよね。先ず、第一に生まれた年が同じでしょう。二人との終戦の年に生まれています。それに、監督と作品に恵まれていることも共通しています。吉永小百合は、昭和三七年の「キューポラのある街」や三九年の「愛と死を見つめて」という作品で、青春スターの地位を獲得しているし、その後は「夢千代日記」、「おはん」、「映画女優」などの作品に恵まれ、中年女優としての地位を獲得しています。本数は少ないけれど、節目節目で浦山桐郎監督のいい作品にでていますね。キューポラも夢千代も浦山作品です。

栗原小巻も、映画の本数は少ないが、「忍ぶ川」の熊井啓監督に巡り合っています。

三番目の共通点は、二人とも演技派だという点です。きれいなだけなら、容姿が衰えてしまえば終わりですが、二人とも特別美人でもないけれど、容姿と安定した演技力を備えています。

四番目はスキャンダルの臭いがまったくないことです。

もう死語かもしれないけれど、サユリスト、コマキストなんて言われて、ファンの方が猛烈なライバル意識を燃やしたりしたでしょう。ああいうライバル意識は、似ている環境の中で、ちょっとした相違があるからこそ大衆を焚きつけるのです。

まず女優としての生き方や私生活での相違点。吉永小百合は「赤胴鈴之助」の声優としてデビューし、日活でひたむきな少女の役を演じて開花した映画育ち。早稲田の第二文学部を卒業した大卒でもあります。一方、栗原小巻は桐朋学園の高校を中退し、バレエ学校にいき、お芝居がやりたくなって俳優座に入っているでしょう。「桜の園」や「三人姉妹」が代表的な舞台です。女優への入り方が違うんですよ。映画と舞台と活躍の場が違うことも、二人をライバルにする原因だと思います。

私生活でも、吉永小百合は十五歳年上の男性と結婚したけど、栗原小巻は結婚すると言われながら、独身を通しているでしょう。面白いのは、吉永小百合が中国ですごく人気があって、栗原小巻がソ連で人気があることです。栗原小巻は「モスクワわが愛」などいくつかの日ソ合作映画に出演していますし、吉永小百合の場合は、下町の太陽的な健気でひたむきなイメージが中国で受けたのですね。NHKの朝ドラ「おしん」が東南アジアで受けるのと、共通するところがあります。だから、中国大使館のレセプションに吉永小百合が呼ばれ、モスクワの日本大使館のパーティに栗原小巻が招かれるという具合なんですよ。でも、二人とも当人の意思に関係なく、イデオロギーとも無縁のところで、たまたま出演した映画の関係で人気が出ているのが面白い。

もうひとつ、共通点の方では二人ともCMに出ても、女優としてマイナスにならないところが不思議ですね。普通は、コマーシャルに出てしまうと俳優としての価値が下がることが多いと言われますが、あの二人に限ってそういうことがないですよね。スポンサーを慎重に選んでいる結果かもしれませんが……。

ただ、小巻ファンとしては、最近彼女の映画出演が少ないのが残念です。また、いい監督といい作品に恵まれて、もう一度スクリーンを通して二人はライバルなんだ、ということを感じさせて欲しいですね。サユリストとコマキストなんてファンが呼ばれたのは、彼女たち二人だけなんですから。

このエッセイを読んだ知人が言いました。

「小巻さんに会わせてあげようか」

「ほんとうですか」

知人の会社のレセプションに出席した小巻さんにお目にかかったのは、それから間もなくのことでした。三〇年前、まだロシアがソ連の時代です。清楚な美人で、スクリーンの印象そのままでした。一緒に撮った写真を見た教え子は言いました。

「この写真にキャプションをつけましょうか。〝栗原小巻、慶大教授と親密交際発覚！〟」

以後、小巻さんの舞台「令嬢ジュリー」を観に行ったり、年賀状の交換はいまでも続いています。

栗原小巻さんとツーショット

面白かったのは、ある雑誌に出した「締め切りと枚数は守れ」が富山大学の国語の入試問題に使われたことです。作家、評論家、研究者、画家、漫画家などは締め切りに追われると、さまざまな言い訳を考え、仮病を使ったり、編集者、出版社との間にさまざまな駆け引きがなされます。夏目漱石、森鷗外、川端康成、手塚治虫、長谷川町子などは締め切りにどう対処したか、締め切りにまつわる手紙、エッセイなどを集めた『〆切本』（左右社、二〇二〇年）が刊行されました。拙稿は次のようです。

締め切りと枚数は守れ

「君、原稿を頼まれたら、締め切りと枚数は守るんだよ」

大学院の博士課程を修了し、大学に残ることになったとき指導教授に言われた一言であった。以後四十数年、本、論文、書評、エッセイにいたるまで締め切り日から逆算して原稿の締め切りは絶対遅れないように執筆する、決められた枚数は必ず守るをモットーに今日にいたっている。

四十年前は、パソコンもメールもFAXもない時代だから、原稿用紙の枡目を万年筆で一字一字埋めていく作業を続け、原稿が完成すると時間に余裕がある場合は普通便、急ぐときは速達で送る、さらに時間に余裕がないときは直接持参するか、出版社に取りに来てもらうしか方法がなかった。

その後、学会誌の編集責任者になったり、出版社の編集担当者と親しくなるにつれて、世の中には締め切り日は破るものと居直ったり、四〇〇字詰め原稿用紙五〇枚以内と決められているにもかかわらず八〇枚を超過し、自分には決められた枚数なんか関係ない、書きたいだけ書くとわがままを通す大教授も多いことを知った。

締め切りを守らない常連には、編集者の方も対策をたてる。締め切り日前に「ご執筆は進んでおりますでしょうか」と電話する。自宅、研究室へ直接出向いて督促する。ホテル、あるいは出版社が所有している保養所に缶詰めにして書くことに専念させる……といった手段で締め切りに間に合うよう万全の手段を講じるのだ。

私自身、新書の執筆を依頼され、某出版社の軽井沢にある山荘に一週間部屋を用意してもらい書くことに集中したことがあった。部屋には二組の机と椅子、布団が用意され、椅子に掛けても、座っても書ける、疲れたり、眠くなったらいつでも横になれるといった、原稿用紙に向かわざるを得ない環境が整えられていた。最高の施設のお陰で原稿が完成、備え付けのノートに「できました。万歳！」と書き記してふと前のページをみると、売れっ子作家の「われ、食い逃げを恥ず」の一言が残っていた。山荘に缶詰めになっても書けず、未完のまま逃げ出したのだ。

締め切りに遅れるのは日本ばかりではない。国際会議でその日の報告書を会場の片隅で懸命にタイプしているイギリス人学者をみかけたこともあったし、日本文学の研究者として著名なドナルド・キーン教授からこんな話を聞いたこともあった。キーン先生は日光に別荘をもっておられる。

「日光はホトトギスが多いでしょう。日本人の耳には鳴き声が〝テッペンカケタカ〟と聞こえるそうですが、わたしには〝ゲンコウカケタカ〟としか聞こえませんね」

誰かが名言を残した。「人生は長く、締切日は短し」

締め切りを病的なまでに守る歴史小説の吉村昭の「早くてすみませんが……」、原稿が遅れがちの私小説の大家上林暁の「〆切哲学」、締め切り日から逆算して原稿の締め切りは絶対に遅れないように執筆する小生の三編をA、B、Cとして受験生に内容からタイトルを選択させる。文中の仮名を漢字に書き変えさせる、なかに出てくることわざの意味を問うなど、出題者の苦心が伝わってくる問題になっていました。

女子学生興国論

女子学生の入ゼミレポートのユニークさ、ゼミへの積極的な接し方、卒業後の活躍をみて、かつて「慶應ボーイ」「早稲田マン」といわれたが、いまや「慶應ボーイ」に代わって「慶應ガール」の時代になったのではないかと『婦人公論』一九八七年七月号に寄稿した同文のエッセイは、なんとその年のベストエッセイの一篇に選ばれ、他の選ばれた作品とともに単行本に収録されました。

その延長で月刊『文藝春秋』(一九九〇年六月号)に載った「女子学生興国論―〝亡国論〟に謳われた女子学生は過去の遺物だ」は意外な反響を呼び、編集部気付で何通かの手紙が届きました。アメリカのカリフォルニア在住の日本女性から「日本の女子学生がここまで進んできたとは思わなかった。もっと詳しく知りたい」との感想が届き、またある中年女性からは「言っていることは判るが、今後女性が社会に出ていく場合の障害、特に結婚、出産、育児と仕事の両立の問題を論じて欲しい」との要望が寄せられました。

早稲田大学文学部の暉峻康隆《てるおかやすたか》教授が『婦人公論』に「女子学生世にはばかる―彼女等の目的は何か」を寄稿し、卒業後どうするか将来の方針もないまま漠然と大学で学ぶ女子学生が多いことに警鐘を鳴らしたのは一九六二年のことでした。追い打ちをかけるように慶應文学部の池田弥三郎教授は、日清戦争に際しドイツ皇帝ウィルヘルム二世が唱えた黄色人種の進出によって白色人種が禍を被る「黄禍論」をもじって「大学女禍論―女子学生世にはだかる」を『婦人公論』翌月号に寄稿し、暉峻説をさらに発展させて女子学生批判を展開したのです。

　暉峻教授は井原西鶴研究の第一人者で、現代俳句大賞を受賞するなど早大文学部の看板教授であり、池田弥三郎教授はＮＨＫクイズバラエティ番組「私だけが知っている」に出演しタレント教授の走りともいえる存在でした。早慶両校の「二大粋人」と称された二人の教授が警鐘を鳴らしたことから、マスメディアは「女子学生亡国論」と銘打って大きく取り上げ、流行語となり、社会の注目を浴びることになりました。当時は「女性蔑視」といった反応はなく、早稲田で暉峻教授の授業を聴講した下重暁子《しもじゅうあきこ》はむしろ応援歌と受け取り、ＮＨＫアナウンサーとなり、エッセイストとして現在でも活躍しています。

　『文藝春秋』の「女子学生興国論」の反響の大きさに、折からスタートした男女雇用機会均等法について調べ、法学部で労働法専攻の川口実教授のご紹介により、労働省を訪れ、担当者にお目に掛かり、資料をいただき、インタビューをおこなうこともできました。さらに女性を積極的に活用し、結婚、出産をしても企業内託児所を設けるなど「働ける環境」を整えている西武デパートのケースを取り上げるなど材料が揃い、遂に『女子学生興国論』（共同通信社、一九九一年）となって結実したのです。この本は意外に読まれ、中央公論社から文庫になりました。

認知症の妻と向き合う

家内堪子に認知症の兆候が表れたのは、二〇一八年の春ごろでした。あれだけ得意だった料理の味がおかしくなり、料理の手順が判らなくなってきたのです。

「男の子は台所に入るものではありません」

幼い頃からそういわれて育ち、料理は女性がするものと思い込んでいた私にとって、料理上手の女性と結婚したのは幸いでした。香港、ニューヨーク、ミシガンなど海外で過ごした折も、地元の食材をうまく活用していろいろな料理に挑戦していました。アメリカの主婦はあまり料理はしません。「TVディナー」で知られるように、スーパーでディナーセットを買い、電子レンジにいれて「チン」する、テレビを見ている間に五分でできあがり……といった家庭が多いのです。家内は料理嫌いのアメリカ人女性が使う「I Hate Cooking」（お料理大嫌い）といった本を買ってきて、アメリカ流「手抜き料理」を覚えたりしていました。料理だけではありません。ケーキ作りも大好きでした。特にフルーツケーキは得意で、希望者に自宅で教えるほどでした。それができなくなったのです。

ベストセラー『80歳の壁』（幻冬舎新書）の著者、精神科医・和田秀樹博士によると、認知症の本質は「だんだん何もしなくなる病気」だそうです。家内の場合も、料理、ケーキに始まり、掃除、洗濯などこれまで普通にこなしていたことをしなくなりました。

娘と相談して、認知症の専門医の診察を受けることにしました。娘がインターネットで調べたI内科医院が認知症患者を診るとのことで、予約して出かけました。診察に当たった院長が「何歳になりますか」、「生年月日を教えてください」、「今日は何月何日ですか」、「ここはどこでしょう」など簡単な質問をします。認知症研究に長年携わってきた長谷川和夫博士が考案した「長谷川式認知症スケール」という認知度を測る方法であることを後日知りました。

「ご家族の希望はなんですか」

「本人は認知症の認識はないようですが、これ以上進行しないような治療をお願いしたのですが……」

「ここに来る患者さんで、自分が認知症だとおもっている人は誰もいませんよ。指定の大きな病院で頭部MRI検査を受けてください」

これまでの経過を説明しようとしても、「付き添いの方は黙っていてください」と発言は許されず、待合室には『認知症とは』、『認知症の見分け方』、『認知症マニュアル』といった本やパンフレットがずらっと並んでいます。それをみて「認知症になり、治療に連れてこられたんだ」と落ち込む患者もいるのではないでしょうか。このI医院はやめたほうがよいと感じました。

長年一家でお世話になっているかかりつけ医にも相談し、別の医療機関を探し、さほど遠くないところの大きな病院の精神科・心療内科を紹介されました。今回は感じのいい女医さんがこちらの話をじっくり聞いてくれ、認知症機能検査、CT、血液検査など二時間以上にわたって丁寧に診察してくれました。脳腫瘍の検査が必要だが、この病院にはその施設がないので脳神経科の病院でＭＲＩ検査を受けるようアドバイスを受け、嫌がる家内を説得し、早速受診した結果、髄膜腫の疑いがあるので三ヵ月後の再診を勧められました。

認知症には三種類あることを知りました。第一は、アルツハイマー型です。老化とともに脳内にアミロイドタンパクが蓄積され、凝集して老人斑が形成され、物忘れが次第に激しくなる。進行すると、幻覚、妄想、徘徊などの行動に出るようになるのです。第二は、脳血管性型です。脳の血管の障害によって発生するもので、血管が詰まったり破れたりすることで血流が低下し、脳の機能が部分的に失われることから出てくるものです。多くは急性に発症し、いわゆる「まだらボケ」が見られます。歩行障害、手足の麻痺、排尿障害など身体的影響がでてくる場合があるといわれます。第三は、レビー小体型といわれるものです。記憶障害のほか、実際にはいない小さな蟻がたくさんいるなど幻視があったり、夢に反応して大声をあげるなど睡眠行動障害を伴うこともあります。

家内の場合は、認知症のなかでも七割を占めるアルツハイマー型と診断されました。どの型にせよ、まだ認知症を治す薬は開発されていず、進行を抑える薬があるといわれ、指示されたメマンチン（メマリー）を服用することにしました。問題は一日どのくらいの量を摂取するかです。医師の判断により、メマンチン５ミリを毎食後一錠づつ取ることにしました。

認知症の診断が下り、介護認定を受けることになりました。区役所の担当者が訪れ、面接の結果、要介護１と認定されました。地域にいるケアマネージャーが相談に乗ってくれ、家内の面倒を見てくれるヘルパーが週一回来てくれることになりました。

こうしている間に、家内の認知症はすこしずつ進行していきました。料理のほかに仲間とイタリア語の勉強をグループでやっていたのですが、楽しみにしていたレッスンにいかなくなり、テレビドラマのストーリーが判らないなどの兆候がでてきたのです。家内の認知症が進むにしたがって、こちらの負担が増えてきました。ヘルパーが来る日を除いて、三度の食事の支度、着替えの手伝い、足のむくみの治療のためのマッサージへの同行などです。そうなると外出もままならず、定期的な会合も欠席せざるを得なくなりました。こうした状況でも、近所の地区センターでおこなわれる映画の会で寅さんや小津作品を一緒にいこうと誘うと、ついてきました。まだ多少は映画をたのしむことはできたのです。

認知症が徐々に進行するなか、二〇一八年が終わり、二〇一九年となりました。毎年三月か四月に関西在住のゼミＯＢに招かれ、大阪にいくことにしています。これまでは、ひとりでいっていましたが、家内と一緒に旅行をするのはこれが最後になるだろうと計画を立てました。

四月五日、タクシーで新横浜へいき、大阪へ。ゼミＯＢ二人とともに天満天神繁盛亭にいきましたが、家内は居眠りをはじめ、寄席の落語、奇術など楽しむことはありませんでした。その日の夜は、大阪、神戸、京都在住の卒業生十一名が集まり、池井ゼミ関西ミニＯＢ会が開かれました。ＯＢの諸君に〝まともな家内〟を会わせる最後のチャンスとなりました。翌日は神戸を散策、大阪に戻ってマジックバーに連れていきましたが、トランプなどのマジックに家内はさっぱり関心を示しませんでした。

二泊三日の〝旧婚旅行〟を終え、戻ってきましたが、その後認知症は進み、手間がますますかかるようになりました。

ケアマネージャーが「ご主人の負担をやわらげるため」デイサービスの利用を勧めてくれました。介護施設で一日預かってもらう制度です。施設の小型バスが朝八時半に自宅まで迎えにきてくれ、昼ごはんとおやつを施設で済ませ、夕方四時過ぎに帰宅するやり方です。施設では簡単な体操、ゲーム、歌などいろいろやってくれ、本人を飽きさせないよう工夫しています。施設にいっている間、出かけたり、自分の時間を持つことができ、大いに利用することにしました。しかし、ある時問題が発生しました。

「あの施設には絶対にいかない」と家内が言い出したのです。理由を聞くと、人前で裸にされたからいやだというのです。入浴の際、女性だけなので脱衣場で服を脱がされたのが我慢できなかったらしく、次のデイサービスの日、車が迎えにきても「絶対に嫌だ」と泣いて抵抗します。なだめすかしていかせましたが、施設から電話がかかってきました。

「どうしても車から降りてくれません」

タクシーで駆け付けると、車の椅子にしがみついて降りようとしません。「家に帰るから降りて」とようやく下ろし、なかばだます形で施設に置いてきましたが、次回は迎えの車を見ただけで拒否反応を示し、もうこの施設の利用はあきらめざるを得ませんでした。デイサービスの施設を別のところに変え、お風呂は不要と伝えてなんとかしのぐことにしました。

こうしているうちに、眼科で検査をうけたところ白内障の手術をしたほうがよいといわれました。二〇一九年六月にまず左目、二週間後右目の手術が終わり、視界がはっきりすることで認知症の進行が遅れるのではないかと期待しましたが、あまり変わりませんでした。

足が弱り、二階へ上がることが辛くなってきた家内の様子をみて、ケアマネージャーのアドバイスにより二階までの階段に手すりを付けることにしました。介護関係の設備の書類にサインし、関連の業者が入って、見た目もおしゃれな手すりが取り付けられました、費用は一万八〇〇〇円、まともに払ったら十数万円かかるところでした。大変助かりましたが、介護に要する費用の増大に国家は今後どうするのか、いささか心配になったのも事実です。

やがて変形性膝関節症のため、二階にあがるのが困難になり、一階にシャワールームを設置する、二階の寝室をあきらめ、レンタルのベッドを一階にいれることで解決しましたが、認知度はどんどん進んでいきました。娘と妹の名前を混同する、杖を戸棚にいれて「ない、ない」と騒ぐ、「今日は誰がくるの」と何回も聞く、脱いだ下着をたたんで元の場所に戻す、朝の食卓に三人分並べ、「うちは二人だよ」といっても「三人よ」と言う、食事の折ご飯おかずをこぼす……などが目立つようになりました。幸い、いいヘルパーに恵まれ、娘が「ママ、シャワーだよ」といっても、時々「今日は嫌だ」とわがままを言うのに、信頼できるヘルパーが「堪子さん、シャワーをして気持ちよくなりましょうね」と上手く誘導してくれるのには助かりました。

しかし、こちらの負担がますます増えてきたので、ケアマネージャーと相談し、デイサービスを週二回にし、さらにショートステイを活用することにしました。ショートステイとは宿泊して帰宅するシステムです。短ければ一日、二週間といった長期も可能です。まず、デイサービスで慣れている施設、顔なじみの職員で一泊の利用からはじめ、次第に二泊、三泊、一週間……と延ばすようにしました。この制度をうまく活用すると夜の会合に出たり、旅行も可能になります。

やがて、日中居眠りをするようになり、時々なにかを思い出して泣いたり、笑ったりするようになり、ひとりで朝晩の着替えができなくなり、「下の粗相」までするようになりました。小水は紙パンツやパットの活用で対応することにしました。大きな薬局にいくとさまざまな紙パンツが揃っています。一日に何回、どのくらいの量の尿をするかにより、サイズや厚さなどが異なるのです。朝、起こしてトイレに連れていきます。夜中の排尿で重くなった厚手の紙パンツを脱がせ、便をする間トイレの外で待ちます。終わったことを確認し、昼用の薄手の紙パンツをはかせます。それから洗面です。顔を洗い、タオルで拭いて、次は歯磨きです。歯ブラシは赤と青二本用意してあります。認知症対策としてどちらかを選ばせるためです。

「歯ブラシの赤い方を取って、違う、それは櫛だろう、歯ブラシ、青でなく赤いのだよ」

こうしてやっと赤い歯ブラシでようやく歯を磨き、着替えをさせます。黙っていると下着の上にブラウスをとばしていきなりセーターを着たり、靴下を二枚重ねてはいたりします。

二〇二〇年四月ごろから遂に便の粗相が始まりました。トイレが間に合わない、下着に付いた便をズボンでこするといった有様です。汚れた下着を脱がせようとすると「そんなことはしないでください」と抗議をします。ついこちらも切れて「こっちだってやりたくてやってるんじゃないよ」と、つい大きな声で叱りつけることもあり、そろそろ自宅で介護するのは限界だと考えました。

ケアマネージャーと相談し、改めて区役所から担当者に来てもらい家内に面接し「要介護4」との認定を受けました。もう自分の名前も言えないようになっていました。新しい認定の通知がきたのは二〇二一年一一月のことでした、これで特別養護老人ホーム（特養）に入所させることができると、適当な施設を探すことになりました。いくつかの条件を設定しました。
①距離的にあまり離れていないこと。面会の便など考え、車で三〇分以内。
②面倒見のいいスタッフを揃えていること。最近切れた看護職員が入居者に暴行を働いたなど耳にする。
③こちらの財政状態の範囲内であること。設備やスタッフは素晴らしいがあまり高額では対応できない。
この三条件に適う「特養」をケアマネージャー、ヘルパーの意見や介護老人を身近に持つ近所の人たちの話を参考にしながら、いくつかに絞り、娘と一緒に見学に訪れました。方々見ましたが、結局現在ショートステイで利用している施設がベストであるとの結論に達しました。そこで、区役所からの申請書の「入居を希望する施設を一番から五番まであげてください」に一番から三番まで同じ施設の名を書きました。「こういう申請のやり方はありませんね」と言われましたが、「ここしか考えられないのです」と主張し、受け取ってもらいました。

評判のいい施設は申し込んでから、半年待ち、一年待ちですよと聞かされ、全国で「特養待機老人四〇万人」といわれる厳しい現実を知りました。それならショートステイをしばらく続けて時間を稼ごうと考えていたところ、なんと二〇二二年一月に空きができて入居が決まったのです。しかもショートステイからそのまま移行することができ、もちろん入居にあたってのスタッフとの面談や持ち物の注意などありましたが、極めてラッキーな形で正式の入居が決まったのでした。

入居に当たり、契約書にサインし、必要なものを揃える。衣類、部屋履き、本、これまで飲んでいた常備薬を整えました。要求されたのは、これまで通っていた各医師から今後の施設の担当医の参考にするため「診断情報提供書」をもらってくることでした。内科、整形外科、眼科からこれまでの治療の経過、処方されている薬などの情報を提供してもらいました。

こうして、第一希望の特養施設に入居することができ、きめ細かいケアに満足していますが、コロナの影響で面会は三ヵ月に二回、しかも一回の面会時間が十分と限られているのはいささか残念です。

家内に認知症の兆候が表れてから特養に正式に入居するまでほぼ四年、さまざまなことがありました。いろいろ学び、さまざまな経験をしました。この経験は八十余年の人生の貴重な一部となっています。

自伝の執筆を終わって——あとがきに代えて

赤穂浪士が吉良邸に討ち入り、上野介の首級をあげたとの知らせを聞いた他の大名は「浅野殿はいいご家来をお持ちになった」と側近に語ったといいます。

他の大名風にいえば「私は実にいい教え子にめぐまれた」ということです。本書は、ゼミOB・OGが開いてくれる「米寿を祝う会」の出席者はじめ教え子に配ろうと企画したものです。二〇二三年一月二五日、八八回目の誕生日を迎えます。六〇歳で還暦、七〇で古希、七七歳で喜寿、八〇歳で傘寿、そして米寿です。まさかこの齢まで元気でいられるとは思いませんでした。

思い起こせば、八〇年余の間にはさまざまなことがありました。戦争、疎開、占領、戦後復興、高度成長、バブル、バブル崩壊、コロナの蔓延……。そしていろいろな人と知り合いました。学界関係者、慶應のスタッフ、留学や野球を通じての友人、知人、エッセイ誌の同人、多くの教え子たち……。皆、八〇年に及ぶ人生を豊かにしてくれました。

その人生を振り返り、あんなこともあったな、こんなことも起こったなと過去に書いたもの、日記、古い資料を参照しながら書き綴りました。これから何歳まで生きていられるか判りませんが、人に迷惑を掛けないよう元気で過ごすよう心掛けます。

元気の秘訣、それは「四つのかく」の実践です。

第一は「ものを書く」です。

はがき、手紙はほとんど毎日、メールの返事はその日のうちに送るのが原則です。かつては毎月、論文、書評、エッセイなどの依頼があり、書くことに事欠かなかったのですが、そうした依頼も次第に減ってきました。そうなると書く機会と材料を探します。

随筆の同人誌『蕗』が創刊以来五〇年続いているとの産経新聞の記事を読んで早速入会。年四回の刊行ですが「入院体験」、「財布を拾った話」など身辺雑記を含め、自由に好きなことを書いて投稿しています。毎号六〇編近くのエッセイが掲載されますが、前の号の各作品に対し、巻末の「ペンの錆」コーナーで同人のコメントが寄せられるのがこの同人誌の特徴です。

近くのデパ地下のパンのチェーン店が創業五〇年を迎え「パンの思い出」にまつわるエッセイを募集しているポスターをみて応募、入選し「三〇〇〇円のパン購入券」を獲得しました。入選するには〝こつ〟があります。そのチェーン店のパンは種類が豊富で、絶えず新製品への工夫がみられる、店のネーミングがおしゃれだ、店員のマナーがいいなど、ちょっと「ゴマをすること」です。アイディアが湧いたので教え子の名でもう一編投稿し、これも入選、パン券二枚をゲットしました。

第二は「汗をかく」です。

若い頃から汗をかくといえば、野球でした。高校時代は軟式野球部、大学では軟式野球の同好会、卒業後は世田谷区軟式野球連盟Aクラスのチームで一貫してキャッチャーとしてプレーしてきました。草野球歴二五年の経験を活かし、『草野球必勝Q＆A』（講談社、一九七七年）を草野球仲間三人の共著で出したほどでした。五〇歳を過ぎて野球のスピードについていけなくなっても、ゼミ対抗のソフトボール大会には定年の六五歳までファーストにポジションを変えて学生に交じって汗を流し、戦力としても十分通用したのです。

しかし定年を迎え、ソフトボールとの縁が切れると、これまで封印してきたゴルフにチャレンジすることになりました。「止まった球を打つのは定年後だ」といったことを覚えていた教え子がゴルフクラブのセットをプレゼントしてくれたのです。早速ゴルフレッスンを受けることにしました。野球のバットのつもりでドライバーを握ると早速注意されました。

「それはベースボール・グリップといって、いまではその握りをする人はいません」とインターロッキング・グリップを教わりました。センターオーバーのつもりでドライバーを振っても、ボールは大きく右や左へと曲がって飛びます。たった一メートルの距離でグリーン上のカップを外します。

しかし、ゴルフを始めたことで、池井ゼミゴルフコンペが毎年開催されるようになりました。さまざまな業界にいる参加者がいろいろな賞品を用意します。毎回名産米三キロ、一キロの袋がずらりと並び、「これが本当の全米選手権」となります。慶應の体育会ＯＢがメンバーのゴルフ愛好会「五塵会」に入会し、霞が関カントリー倶楽部、東京倶楽部、保土ヶ谷カントリーなど超名門のゴルフコースでプレーする機会に恵まれ、関西ＯＢの案内で日本最古のゴルフ場神戸ゴルフクラブを回ることできました。

しかし、転倒し左肩の腱を切った結果、ゴルフもできない身となりました。スポーツクラブで水泳、サウナで汗を流すことにしましたが、コロナの蔓延で足が遠のき、散歩に落ち着きました。幸い、近所にいい散歩コースがあります。恩田川沿いの道です。川では鴨の親子が餌をついばみ、鯉が群れをなして泳いでいます。四季折々の花を楽しみ、夕焼けの美しさを堪能することもできます。一日最低五〇〇〇歩を目標に歩いています。

第三は「恥をかく」です。

「水のやりすぎです」「追肥を与えてください」「もう少し深く掘って耕さないと大根が曲がってしまいますよ」……。近所の家庭菜園を借りて野菜作りに挑戦したとき、なんの知識もないことに愕然としました。「家庭菜園、利用者募集」のポスターを見て、生まれて初めての畑仕事に取り組んだのですが、知らないことばかり。恥をかくことは覚悟のうえで土地の耕し方、種の撒き方、肥料のやり方など一から教えてもらったのです。

トマト、キュウリ、ナス、小松菜、トウモロコシとつぎつぎ収穫があると、自宅では食べきれず、近所に配ったりしました。夏など忙しさにまぎれ二日もいかないと、キュウリがへちまの大きさになる失敗を犯したり、雑草との闘いに疲れはてたり、「畑友」(はたとも)のアドバイスで何とか立て直すことができたこともありました。

「横浜市には現在いくつの区があるか、ご存じですか」

「一五ぐらいですか」

「一八です。お調べの青葉区はその一八番目の区なのです」

会長を務める横浜青葉三田会が、コロナで二年間中断していた総会と講演会を開催することになりました。依頼された講演「青葉区の起源と発展―田園都市構想と関連させて」の資料をもらいにいった青葉区役所の担当者の言葉でした。

五〇年以上住んでいる横浜市の区の数も知らず、青葉区についても知識がほとんどないことを悟りました。そこで二ヵ月かけて『横浜市史』、『青葉区史』、『多摩田園都市の発展』、『東急百年史』などじっくり読み込み、田園都市線の開通と延長が青葉区への人口流入を促し、分区にいたった経緯などを学びました。その結果、青葉区が横浜市内で一位なのは、街路樹数（歩道並木）、公園の数、柿、梨などの栽培農家の数、大学数（六校）、私立中学への進学率であることが判明しました。極め付きは青葉区の男性平均寿命は全国一位―八三・三歳です。空気が良い、野菜はじめ新鮮な食物が簡単に手に入る、医療制度が整備されている……などがその原因と思われます。田園都市線の駅名も古くから伝わる地元の伝統的なものを活かす一方、土橋→宮前平、元石川→たまプラーザ、荏田→江田、成合→青葉台、恩田→田奈などわかりやすい、あるいはおしゃれなものにしたことを紹介することができました。これも最初に「恥をかいた」結果です。

第四は「未来を描く」です。

「われわれのサラリーマン時代はよかったよな。一旦大きな会社に就職すると、年功序列ですこしずつ昇進する。サラリーも毎年上がる。夏休み、冬休みは家族連れで会社の保養所―海の家、山の家で過ごすことができる。退職金の金利と年金で老後もまあまあの生活ができる。それが今はひどい時代になったものだ……」

「毎日残業で、帰りに一杯やって家に帰るのはいつも午前様。日曜日は接待ゴルフ、家族もそんなもんだと別に文句もいわなかったな」

「たまに早く帰ると、冷えたビールを飲みながらジャイアンツ戦のテレビ中継をみる、巨人・

阪神戦の村山対長嶋。江夏対王の対決、どきどきしながらテレビの画面にくぎ付けになったよ」

「そういえば相撲もよかったな。栃錦に若乃花、土俵狭しと暴れまわる、いまの力士は体ばかり大きくなって、すぐに土俵を割る、腕や膝にサポーターをしてでてくる、みっともないとおもわないのかね」

「いまの楽しみは孫の成長だけだね。じいじ、じいじといって家に来るのが楽しみでね。これが三歳の誕生日の時の写真だ」

「先日、大腸がんの手術をしたよ。幸い経過は順調だ」

同年代の仲間が集まると、でてくるのはぐちと孫の自慢、病気の話です。もうすこし前向きの話題はないのか。なにか考えることはないのか。

藤井聡太の活躍が、将棋を知らない女性さえ関心を持つきっかけになりました。これをきっかけに、ＡＩが将棋の常識、戦法を変えたのか考えてみる。

クイズ番組花盛りです。解答を考えるだけでなく、自ら出題者となって「自分ならこんな問題を出す」と考えてみる。

高齢者でできるボランティア活動を実践する。例えば目の不自由なひとのため読み聞かせをおこなうことです。

なにより重要なのは「日本の未来を考えること」です。かつて誇った経済力は見る影もなく、国際競争力が低下。特に気になるのは若い世代が無気力になっていることです。若い人たちに希望を与え、「日本を立て直そう。そのためにがんばるぞ」という気持ちにさせるにはどうすればよいのか、そうした指針を示したいものです。

本書の刊行は、ゼミＯＢ会の小林基金の援助と岡敬氏のご寄付によって可能になりました。『あの頃日本人は輝いていた』に続き、芙蓉書房出版から出すことになりました。平澤公裕代表は小生の意図を汲んで、タイトル、装丁を含めさまざまなアイディアを出してくれ、八十八年を振り返る著作になったのは嬉しい限りです。

わが人生を豊かにしてくれたすべての人たちに捧げます。

二〇二二年一一月

池　井　優

池井　優年譜・主要著作

年　譜

一九三五年　一月　東京都文京区に生まれる
　東京第一師範（現東京学芸大学）付属小学校、同中学校、東京都立青山高等学校卒業
一九五九年　三月　慶應義塾大学法学部政治学科卒業
一九六一年　三月　慶應義塾大学大学院法学研究科政治学専攻修士課程修了
　四月　慶應義塾大学法学部副手
一九六二年　四月　慶應義塾大学法学部助手
一九六四年　一月　米国コロンビア大学留学（一九六五年一月まで）
一九六五年　四月　慶應義塾大学法学部専任講師
一九六五年一〇月　高橋堪子と結婚
一九六六年　三月　慶應義塾大学大学院博士課程修了
一九六六年一二月　長女朝子誕生
一九六七年　四月　慶應義塾大学法学部助教授、「池井ゼミ」開講
一九六八年　八月　在香港日本総領事館特別研究員（一九六九年七月まで）

一九七二年　四月　慶應義塾大学法学部教授（二〇〇〇年三月まで）
一九七三年　四月　慶應義塾体育会競走部長（一九九二年三月まで）
　　　　　　八月　米国コロンビア大学客員准教授としてニューヨーク赴任（一九七四年七月まで）
一九七七年　四月　慶應義塾書道会会長（二〇〇〇年三月まで）
一九七八年一〇月　東京大学教養学部非常勤講師（一九七九年三月まで）
一九八一年　八月　米国ミシガン大学に客員教授として赴任（一九八二年七月まで）
一九八七年　四月　慶應義塾応援指導部長、野球部春の東京六大学野球リーグ戦で優勝、優勝パレードでオープンカーに乗り、三田で祝勝会
一九八九年　七月　南京大学で集中講義のため中国訪問（八月まで）
一九九三年　四月　慶應の体育会を総括する体育会理事に就任
一九九四年　一月　法学博士号取得（慶應義塾大学）
一九九四年　四月　横浜桐蔭大学法学部非常勤講師（一九九五年三月まで）
一九九四年　九月　米国ジョージ・ワシントン大学で集中講義のため渡米
一九九五年一〇月　還暦を迎え、門下生による還暦記念『アジアのなかの日本と中国―友好と摩擦の現代史』（山川出版社）刊行
一九九八年　四月　早稲田大学大学院アジア太平洋研究科非常勤講師（二〇〇三年三月まで）
二〇〇〇年　一月　定年前の最終講義「慶應義塾における外交史研究の伝統と発展」をおこなう
二〇〇〇年　三月　慶應義塾を定年退職、名誉教授となる

二〇〇〇年　四月　清和大学法学部教授（二〇〇一年三月まで）
二〇〇一年　四月　青山学院大学国際政経学部教授（二〇〇三年三月まで）
二〇〇三年　三月　青山学院大学を定年退職、最終講義「戦後日本外交の展開とスポーツ」
二〇〇三年　四月　東洋英和女学院大学非常勤講師（二〇〇五年三月まで）
二〇〇四年　四月　フェリス女学院大学非常勤講師（二〇〇六年三月まで）
二〇一二年　四月　政治大学で「日本政治外交史」講義のため台湾訪問（六月まで）
二〇一三年　四月　慶應婦人三田会「外交史研究会」スタート、八月を除く毎月一回
二〇一四年　四月　NHK文化センター講師として「近現代史」を毎月一回講義
二〇一七年一一月　八〇歳、ゼミOB会主催「傘寿を祝う会」開催
二〇二二年一一月　ゼミOB会主催「米寿を祝う会」開催

主要著書

『日本外交史概説』（慶應通信、一九七三年）
『白球太平洋を渡る―日米野球交流史』（中公新書）（中央公論社、一九七七年）
『大リーグへの招待』（平凡社カラー新書）（平凡社、一九七七年）
『東京六大学野球外史―慶應義塾大学野球部にみる学生野球の真髄』（ベースボール・マガジン社、一九七七年）
『増補日本外交史概説』（慶應通信、一九八二年）

『ハロー、スタンカ元気かい―プロ野球外人選手列伝』（創隆社、一九八三年）本書は講談社から三年後文庫となり刊行された。
『ハロー、マニエル元気かい―プロ野球外人選手列伝②』（創隆社、一九八五年）
『決断と誤断―歴史に学ぶ国際交渉・45の名言とドラマ』（ＰＨＰ研究所、一九八九年）
『野球と日本人』（丸善ライブラリー）（丸善、一九九一年）
『女子学生興国論』（共同通信社、一九九一年）
『三訂日本外交史概説』（慶應義塾大学出版会、一九九二年）
『オリンピックの政治学』（丸善ライブラリー）（丸善、一九九二年）
『陸の王者慶應―体育会名勝負ものがたり』（慶應義塾大学出版会、一九九五年）
『慶應義塾大学法学部政治学科百年小史―師友人物記』（慶應義塾大学出版会、一九八八年）
『藤山一郎とその時代』（新潮社、二〇〇〇年）
『第二の故郷三田の山』（慶應義塾大学出版会、二〇〇〇年）
『駐日アメリカ大使』（文春新書）（文藝春秋、二〇〇一年）
『近代日本外交のあゆみ』（ＮＨＫ出版、二〇〇六年）
『語られなかった戦後日本外交』（慶應義塾大学出版会、二〇一二年）
『オリンピックと日本人』（ＮＨＫ出版、二〇一三年）
『あの頃日本人は輝いていた―時代を変えた24人』（芙蓉書房出版、二〇一七年）

著　者

池井　優（いけい　まさる）
慶應義塾大学名誉教授
1935年東京都生まれ。法学博士。専門の日本外交史のほか日米の野球の歴史にも詳しい。
著書は『三訂日本外交史概説』（慶應義塾大学出版会）、『語られなかった戦後日本外交』（慶應義塾大学出版会）、『白球太平洋を渡る―日米野球交流史』（中公新書）、『オリンピックの政治学』（丸善ライブラリー）、『藤山一郎とその時代』（新潮社）、『あの頃日本人は輝いていた』（芙蓉書房出版）など多数。

学問と野球に魅せられた人生
――88歳になっても楽しく生きる――

2022年12月 2日　第1刷発行

著者
池井《いけい》　優《まさる》

発行所
㈱芙蓉書房出版
（代表 平澤公裕）
〒113-0033東京都文京区本郷3-3-13
TEL 03-3813-4466　FAX 03-3813-4615
http://www.fuyoshobo.co.jp

印刷・製本／モリモト印刷

ISBN978-4-8295-0850-3